# 인공지능과 흙

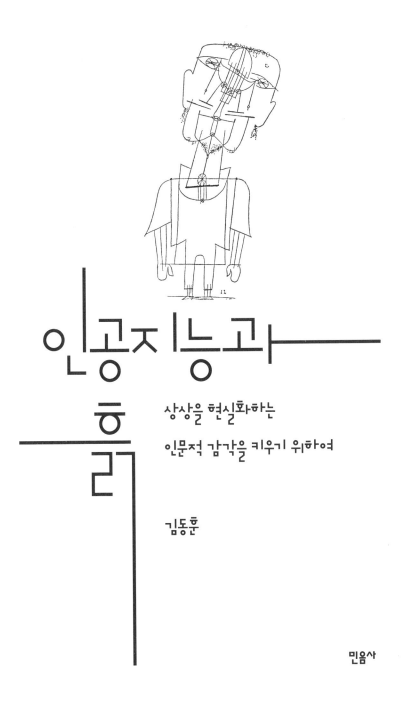

# 인공지능과 흙

상상을 현실화하는
인문적 감각을 키우기 위하여

김동훈

민음사

# 불안은 상상과 현실의 괴리에서 온다

'흙'은 삼라만상에 퍼져 있는 모든 물질의 대명사다. 같은 흙이라도 사람마다 거기서 느끼는 감정은 다르다. 고향을 떠나온 사람이 느끼는 전원의 흙과 콘크리트와 아스팔트에서 성장한 사람이 느끼는 도시의 흙은 촉감도 빛깔도 냄새도 다르다. 창조 신화를 만들어냈던 고대인들이 느끼는 흙과 가마에 넣어 그릇을 구워내는 도공의 흙, 배양기구 속을 들여다 보는 식물학자가 느끼는 흙은 저마다 다른 상상을 품어낸다. 흙이 주는 상상으로 각종 이야기와 청자와 백자, 그리고 과학 이론들과 인공지능이 현실화되었다. '인공지능'은 요즘 가장 트랜디한 용어다. '인공'이나 '지능'이란 말에 물질성이 느껴지지는 않지만, 인공지능 장치들은 모두 물질로 구성되어 있다. 최신 인공지능 장치의 재료를 비롯하여 우리의 몸을 구성하고 있는 것도 물질이다. 이 책은 총 서른 개의 주제들로써 흙이 주는 상상이 인공지능과 같은 현실의 물질로 어떻게 변신해 가는지를 추적하였다. 세 개의 큰 주제로 묶어보면 이렇다.

'상상', '현실'이라는 단어는 철학에서 말하는 잠재성과 현실성을 반영한 것이다. 프랑스 철학자 질 들뢰즈는 '현실성(actuality)'과 '잠재성(virtuality)'을 구분하고, 이 둘을 모두 포괄하는 개념으로 '실재성(reality)'을 말했다. 그는 아리스토텔레스의 '잠재태'와 '현실태'를 풀어 '잠재적(virtual)'이라 할 때는 '아직 현실적(actual)이지는 않지만 실재하는 어떤 것'이라 여겼다. 여기서 잠재성, 현실성, 실재성이라는 세 구분이 분명해진다.

이 책에서는 잠재성이라는 말을 보다 친근한 '상상'이라는 말로 바꾸고, 르네상스, 고대, 근현대에 좀 거칠게 대입해 보았다. 근현대는 '현실'의 시대, 고대는 '상상'의 시대, 그리고 이 두 가지를 전부 포함한 르네상스는 '실재'의 시대다. 물론 이러한 분류는 강조점의 차이일 뿐, 어느 것 하나로만 규정되는 시대는 사실상 불가능하다. 이를테면 현실이란 범주에 넣은 근현대에도 상상은 작용하고 있으며, 상상이란 범주에 넣은 고대에도 현실이 작동했다. 하지만 시대적 강조점은 분명 다르다.

현대는 지나칠 정도로 물질에 집착하고 있다. 그런데 이상한 현상은 물질에 집착하면 할수록, 그만큼 다른 한편에 정신의 영역을 떼어다 놓고 그 역할을 강조한다는 점이다. 이를테면 돈에 집착하면서도 안 그런 척하며 교양과 정신의 각종 잡다한 보상재로 치장하는 경우가 그렇다. 이런 괴상한 분열적 증상을 보이는 환자로 인문학이 지목되기도 한다.

정신과 물질을 나누어 물질에 집착하면서 정신이 우월하다는 이론을 구축하고 옹호한 게 바로 인문학이었다. 인문학은 명실상부하게 '자본주의의 시녀'가 되어 그토록 내세우는 정신과 교양으로 과대광고를 해왔다. 어느덧 인문학은 소비풍조로 점점 몸집을 키워 감당하지 못할 갑부가 되었다. 대중을 현실성 없는 상상의 세계에만 가둬두고 마약과 같은 교양 타령만 하면서도 먹고살 만하니 거기에 안주하곤 했다.

68혁명 당시 "현실주의자가 되자. 불가능한 것을 요구하자!"라는 구호 아래 인문학이 지탄의 대상이 된 이유가 바로 여기에 있다. 하지만 인문학 자체에 반성의 기미는 전혀 없었고 근래 와서는 인문학이 게임, 영화, 가상현실, 각종 온라인 매체 등 소위 금융자본의 연장선에서 물질의 과소비를 부추기는 '가상화'에 진력하고 있다. 세대를 이어 시녀의 역할을 톡톡히 하고 있는 셈이다.

2000년대에 이르러 일부 양심적인 인문학자들은 환경 문제, 생태 위기, 불평등 등 전 지구적 문제점들이 거세지자 비로소 '포스트인문학'이라는 깃발 아래 전통적 인문학과의 단절을 선언했다. 이들은 인간의 핵심적 구성요소들이 정신만이 아니라 자연, 장소, 인공물, 기술 등이라 여기고 그 바탕에 '새로운 물질관', 즉 '신유물론(new-materialism)'을 두었다. 이 용어는 이것 외에도 그 쓰임새에 맞춰 '환경인문학'이나 '생태인문학' 등 여러 이름으로 호명되고 있다. 필자는 간단히 '물질인문학'이라 부르려 한다.

물질이 모든 존재물의 바탕에 놓여 있다는 시각으로 세상을 보면 우리 신체가 바로 물질이라는 점을 인식하게 된다. 무거운 짐이라도 들어 생몸살을 앓으면 팔을 주무르고 손발을 주무르고 몸을 주무르기 일쑤다. 이윽고 스르르 잠에 빠지면서 고단한 하루를 끝내려 하지만 까닭 모를 불안감에 휩싸인다. 어쩌다 선잠에 들지만 그런 날은 꿈도 참 아슬아슬하다. 번지점프 하다 곤두박질치고 썰매 타다 낭떠러지를 활강한다. 우주의 검은 구멍으로 소용돌이치는가 하면 무한궤도에 빠질까 몸부터 옴칫옴칫한다. 좀비 영화를 너무 많이 본 탓일까? 연이어 피가 낭자한 몸뚱이를 보고서 놀라 꿈을 깨면 그나마 한숨이 놓인다. 꿈속에서는 몸을 잃었을까 마음 졸였지만, 현실에서는 꿈이 다 사라졌을까 싶어 불안하다. 꿈속에서는 현실과의 차이를 보고 현실에서는 상상과의 차이를 보기에, 우리는 매사에 애를 태운다. 별 수 없다. 우리는 상상과 현실을 동시에 추구하는 존재다.

우리가 느끼는 불안감은 상상과 현실 사이의 괴리에서 생긴다. 이 괴리는 들뢰즈의 철학에서 '힘(puissance)'과 '권력(pouvoir)'의 문제로 환원된다. 들뢰즈는 '상상'에는 정의 내릴 수 없는 총체적이고 포괄적인 '힘'이, '현실'에는 금기하고 억압하는 '권력'이 있으며, 이 두 개가 조화되지 못할 때 긴장관계가 계속된다고 보았다. 들뢰즈에게 있어 자유로운 상상에는 능동적인 힘이 있고 현실성에는 강압적인 권력이 작동한다. 그러고 보니 자유롭게 상상할 수 없는 현실의 상황들, 좀 더 구체적으로 말하자면 일정 영역에 만들어진 금기들에는 크든 작든 하나의 권력이 도사리고 있다. 불안은 바로 이 지점, 그러니까 우리의 무한한 상상력과 또 그것과 대립해 있는 억압적인 현실 권력이 어긋나기 때문에 생긴다. 그런 권력 앞에 서면 맞상대가 만만찮다.

권력은 인문학의 힘을 빌려 '기억'이나 '상징'과 같은 인류사적 접근을 하는가 싶더니 금융자본과 결탁되면서 '가상화'를 본격화하고 있다. 실물경제를 못 보고 수치로만 보게 되는 '금융자본-권력'은 대단한 식성과 번식력을 지닌 채 온갖 과잉을 산출해냈다. 물론 기억, 상징, 가상 등이 그 자체로 문제인 것은 아니지만 그것들이 현실감각을 잃어서 한쪽에만 머무르게 될 때 결국 우리는 현실에 있는 신체와 지체를 소홀히 여긴다. 식사도 거르고, 잠도 잊은 채 게임이라는 가상 속에 몰입했던 경험을 떠올려 보자. 현실을 무시한 가상화는 몸의 회복과 치유의 문제를 외면한다. 이제라도 우리는 능동적인 상상력이 지닌 그 '힘'을 어떻게 긍정적으로 끌어내고 분출할 수 있을지, 그리고 그것은 구체적으로 어떤 회복과 치유를 선사할 수 있을지 숙고해야 한다.

이 책에서 말하는 상상이란 정신과 물질이라는 이원론으로 나뉘어 거기서 우위를 차지한 정신이 아니다. 이 둘을 물질이라는 하나의 개념으로 보고 거기서 뿜어져 나오는 체계, 의식, 잠재력, 기억, 경험 등을 총망라한, 우리의 저변에 깔려 있는 능동적인 힘이라 본다. 그렇다면 힘과 권력, 다시 말해 상상과 현실이 동일하게 강조된 그 모델을 어디서 구할 수 있을까? 고대의 상상과 근현대의 현실은 그 자체로만 볼 때 괴리가 큰 듯하지만, 르네상스를 거치게 되면 상상력이 현실에 적응되고 융합되는 하나의 모델을 보게 된다.

르네상스인들이 십자군 전쟁과 흑사병을 겪으면서 처참하게 파괴된 현실을 딛고 다시 일어설 수 있었던 이유는 자유로운 상상을 그 현실의 문제에 접목했기 때문이다. 그들은 고대 그리스와 로마로부터 상상력의 보화를 캐내어 현실적 대안을 하나씩 만들어 나갔다. 흙을 빚어 사람을 만들었다는 신화적 상상력은 르네상스인들이 인간을 물질과 관련시키는 길을 열었으며, 상상과 현실을 결합한 실재의 개념에 주목하게 했다. 우리의 신체를 물질로 받아들이고 거기서 자연스럽게 등장하는 신체와 감각의 복권에 주목했다. 이에 반해 근현대에는 여러 현실의 문제가 권력과 함께 등장하면서, 상상력은 상상의 수준에만 갇혀 있었다. 특히 오늘날 거의 모든 국가는 금융자본주의 체제로 진입했는데, 금융자본의 실체는 너무 복잡하여 파악하기조차 어렵다. 어쩌면  비정상적인 거대 권력이 만든 거대 담론에 우리 스스로가 맹종하고 있는지도 모른다.

앞에서도 밝혔듯이 2000년대가 되자 이후 세대들은 이전 세대의 온갖 거창한 의미 부여에 치를 떨고, 현실을 강조하는 '신유물론'을 주장하기에 이른다. 그러면서 그동안 인간들 사이에서만 거론되던 '행위자 상관성'은 이제 비인간 및 무생물에까지 확장되었다. 인간만이 우월한 존재라는 아집에서 벗어나 생물과 무생물의 배치에 초점을 두고 있다. 공진화, 행위자, 배치를 통한 일원론이 과학, 철학, 지리학 및 페미니즘까지 포함하는 전 영역의 원리로 한창 전개되고 있다. 또한 인공지능은 인간을 닮기 위해 맹렬히 추격하고 있는 반면, 인간의 생체 안에는 최신식 보강물들이 이식되고 있다. 이제 육체라는 물질을 통해 과학, 철학, 예술, 문학, 종교가 모아지는 방식으로 인간과 물질의 경계를 넘어 우주까지 확장되는 시대가 열리고 있다.

이 책은 그 숙고를 위해 상상을 통해 현실세계와 어떻게 접할 것인지를 서른 개의 주제로 나열했다. 자신이 좋아하는 글부터 손이 가는 대로 읽었으면 한다. 누구나 책을 읽다 보면 자연스럽게 상상과 현실, 실재의 개념에 익숙해질 것이다. 흙으로 상징된 '물질적 일원론', '포스트인문학', '물질인문학'이 늘 변화하고 있는 세계를 좀 더 분명하게 이해하게 해주는 도구가 됨과 동시에 우리 행성의 문제를 해결할 하나의 실마리가 되길 바란다.

이번 코로나 바이러스의 범유행이 우리가 사는 행성, 지구에 주는 커다란 경고임을 상기하면서 이 책을 필두로 물질인문학의 관점, 필자 나름대로 해석한 '포스트인문학'을 전파하려고 한다. 1부를 르네상스로 시작한 것은 이런 의지의 표현이다. 흑사병을 겪고 인간 회복에 역점을 둔 르네상스인들을 다루면서 각종 화장품과 향수, 염색법, 성형수술, 인체도 등을 사례로 들어 '몸을 발견한 사람들'로 소개했다. 정신이나 관념에 치우친 인간성이 아닌 자기 몸을 일상에서 재발견하는 것은 비단 르네상스뿐만 아니라, 코로나19를 겪고 있는 우리에게도 절실하다. 이 책에서 제시된 물질인문학에 대한 구체적인 실천 방안이 아직은 부족하지만, 하나의 씨앗이 되었으면 한다. 독자들의 많은 관심을 바란다.

# 고대, 상상의 세계

# 현실에서 실재의 세계로

# 르네상스,
# 상상과
# 현실의 세계

헤르메스

## 상상력으로
## 경계를 넘어라

지암바티스타 티에폴로, 「머큐리」(1753년경)

태양 주위를 도는 수성의 영어식 이름 '머큐리(Mercury)'는
로마 신의 이름이다. 수은의 영어 이름 또한 그렇다. 연금술사들
이 헤르메스의 로마식 이름인 '메르쿠리우스'를 수은에 붙이면서
부터 '액체 금속'보다는 신이 호명되었다.

## 그리스 신에서 '헤르메스 트리스메기스토스'로

제우스의 비서실장 헤르메스는 하늘, 땅, 지하의 경계를 마음껏 드나드는 권한을 가졌다. 이동의 편리를 위해서 그의 모자, 샌들, 심지어 지팡이에도 날개가 있다. 그러다 보니, 헤르메스라는 이름도 길 한편에 쌓여 있는 돌무더기인 '헤르마이온'에서 파생되었듯, 길과 깊은 관련이 생겼다. 그는 길을 잘 알기에 길을 지배할 뿐만 아니라 저승으로 망자들을 안내했다. 저승의 강을 건너기 위해 뱃사공 카론에게 노잣돈을 건네면서까지 그들의 곁을 지켜주기도 했다. 이후 상업, 교역, 여행, 통역, 출판, 목축, 통신 등의 분야에서 직업의 선조나 수호신으로 기억되었다.

그런데 헬레니즘 시기(기원전 305-30)를 지나면서 헤르메스는 무슨 영문인지 이집트의 신 '토트'로도 숭배되었다. 로마의 정치가이자 철학자였던 키케로는 헤르메스가 눈이 백 개 달린 괴물 아르고스를 처치하고 이집트로 건너가 본토인들에게 문자와 법률을 가르쳤는데 거기선 '토트'라 불렸다고 전한다. 그래서인지 이집트의 토트도 헤르메스와 마찬가지로 문자의 신이자 저승길의 안내자로 알려져 있었다. 이후 헤르메스와 토트는 융합되어 '세 배로 위대한 헤르메스'라는 뜻의 '헤르메스 트리스메기스토스'라 불렸다.

## 금과 같은 지식을 얻기 위하여

1~3세기에 유행한 민간신앙에 따르면, 헤르메스를 신봉하

는 자들은 '비밀' 교리인 '그노시스(Gnosis)'를 통해 정화되기를 원했다. 비밀이란 말은 고대 그리스어로 '미스테리온'인데, 그 말 자체가 입문 의식과 같은 '비밀 의례'를 포함한다. 그러니까 '비밀을 안다'라는 말은 '비의에 들어간다'는 의미와 같았고, 연금술사들은 이 비의에 들어갈 수 있는 비밀 교리를 알기 원했다. 그래서 흔히 우리말로 비밀스러운 영적인 지식, 즉 '영지(靈智)'로 번역되는 '그노시스'는 연금술의 기술만이 아니라 신비한 지식까지 내포하는 것이었다.

그런데 이런 지식을 헤르메스가 선사하는 것으로 여겼으니, 그 근거는 다음에서 찾았다.

> 내(＝헤르메스)가 자네를 재앙에서 풀어주고 구원하리라.
> 여기 이 약을 가지고 키르케의 궁전으로 가라.
> 이 약은 그대의 머리에서 재앙의 날을 물리칠 것이니.
> (……)
> 약초 뿌리는 검고
> 꽃은 우유와 같은데 신들은 그 풀을 몰뤼라 부르지.
> 사멸할 인간들에게는 그것을 얻는 게
> 어려운 일이건만 신들은 무엇이든 할 수가 있다네.
>
> ──호메로스, 『오디세이아』 10권에서

헤르메스는 침입자를 돼지로 둔갑시키는 마녀 키르케로부터 구원하기 위해 오디세우스에게 약초 '몰뤼'를 준다. 돼지로의 둔갑을 막을 수 있는 이 약초는 로마 제정 초기 풍유적으로 해석되어 어둠에 빠지는 본능을 정화하는 '그노시스' 또는 우주정신인 '누스'로 해석되었다. 당시 사람들은 헤르메스도 이런 지혜를 소유했기에 어둠 속에서도 길을 잃지 않고, 경계를 넘어 망자들을 인도하며, 자신을 안 보이게 할 수 있다고 믿었다.

이쯤 되면 연금술사들의 목적이 단지 금을 만드는 것이 아니라는 점이 분명해진다. '금'은 보배를 상징하는 것으로, 연금술의 진정한 목표는 금을 만드는 과정을 통해 정신을 보배롭게 하는 것이며, 연금술사들은 이를 위해서 신적인 소통을 중히 여기고 숨겨진 지식과 비법을 찾았다. 하찮은 금속들도 수은의 촉매 작용과 결합을 거쳐 귀금속으로 변화되듯 보잘것없는 인간들이 헤르메스의 '영지'를 통해 구원을 받는다고 간절히 믿었다.


## 헤르메스의 신비주의가 이성주의를 퍼뜨리다

'헤르메스 트리스메기스토스'가 전했다고 하는 비전(祕典)들은 르네상스 시대에 『헤르메스주의 전집』으로 편찬되었다. 메디치 가문의 최초 지배자였던 코지모 데 메디치(1389-1464)는 피렌체의 위대한 인문주의자 마르실리오 피치노(1433-1499)에게 이 전집의 그리스어 사본을 주고 번역을 맡겼다. 1463년 완료된 『헤르메스주의 전집』은 약 17편으로 구성되었는데 마법에서부터 천문학과 연금술에 이르는 폭넓은 주제를 담고 있다. 그 내용은 당시 학자들에게 너무나 충격적이었다.

예를 들면, 첫 편인 「포이만드레스」에는 헤르메스가 포이만드레스라는 유일신과 나눈 대화가 기록돼 있다. 종교적이기보다 오히려 천문학적인 대화 속에서 해, 달, 수성, 금성, 화성, 목성, 토

'헤르메스 트리스메기스토스'는 그리스어로
세 배 위대한 헤르메스라는 의미다.

이집트의 신 토트 : 헤르메스 트리스메기스토스와
같은 신으로 묘사된다.

1400년대

1500년대

1600년대

「에메랄드 서판」

성의 일곱 개 행성이 서술된다. 놀라운 점은 각각의 행성이 인간의 특정한 정신 작용을 담당하는데, 수성은 지성을, 금성은 사랑과 욕망을 주관한다. 그뿐 아니라 인체의 장기까지 연결된다. 지상의 물질이나 인체의 장기가 '우주 전체의 축소판'이라는 헤르메스주의의 원리는 각각의 다양한 소우주와 대우주가 상응되는 하나의 원리가 있다고 전제한다.

'천상과 지상의 상응'이라는 헤르메스주의의 특징은 열세 개의 구절로 요약된 「에메랄드 서판」에 잘 나타나 있다. 그 서판에서 유명한 두 번째 구절은 다음과 같다.

한 물질의 기적을 완수하는 데서는 아래에 있는 것은 위에 있는 것과 같으며, 위에 있는 것은 아래에 있는 것과 같도다. (……quod est superius est sicut id quod est inferius est.)

근대 의학의 아버지인 파라켈수스(1493-1641)도 헤르메스주의의 영향을 받아 소우주로서의 인간에게서 대우주로서의 생명력을 발견하고자 했다. 그에 따르면 질병이란 천체의 생명력이 사라지거나 불균형일 때 발생하는 것이다. 전자기학의 선구자인 윌리엄 길버트(1544~1603)나 천동설을 주장한 갈릴레오 갈릴레이(1564-1642), 근대 천문학의 개척자인 요하네스 케플러(1571~1630) 모두 헤르메스주의를 거쳐 자신들의 이론을 발전시켰다.

흥미로운 사실은, 헤르메스주의가 과학혁명의 시대인 17세기까지도 건재했다는 점이다. 다음의 이미지를 보자. 마르부르크 대학교에서 신학과 의학을 전공한 요한네스 다니엘리스 묄리우스(1583-1642)가 1618년에 출간한 『의화학』 표지인데, 헤르메스주의가 잘 표현돼 있다.

표지의 아래에는 좌우로 두 사람이 보이는데 연금술의 둥근 표식을 떠받치고 있다. 왼쪽에 있는 사람이 헤르메스이고 오른쪽이 고대 의사의 전형인 히포크라테스다. 헤르메스 바로 위로는 무기질이, 더 위로는 별들이 있다. 반대편 히포크라테스 바로

『의화학』(1618)의 표지

위로는 소우주가, 더 위로는 원소들이 있다. 그리고 표지 맨 위 정중앙에 대우주를 상징하는 12황도가 있다.

12황도에 있는 일곱 개의 행성을 금속과 인체 장기에 연결시키면 이렇다. 중앙에 있는 사람 얼굴은 태양(Sol)인데 황금과 뇌에, 12시 방향에 있는 토성(Saturnus)은 납과 비장에, 시계방향으로 내려오면서 보이는 화성(Mars)은 철과 쓸개에, 6시 방향에 있는 달(Luna)은 은과 뇌에, 그 다음에 있는 금성(Venus)은 구리와 신장에, 목성(Jupiter)은 주석과 간에 상응한다.

천체와 금속, 그리고 장기의 신비로움을 경험했던 사람들은 그 배후에 어떤 강력한 힘이 있다고 생각했다. 우주는 이런 신비한 힘으로 가득 찬 곳이었다. 그 힘을 헤르메스주의자들은 두 가지로 구분하여 끌어당기는 힘을 '공감(sympathy)', 밀어내는 힘을 '반감(antipathy)'이라 불렀다.

뉴턴(1643-1727)은 한평생 연금술에 몰두했으며 연금술에 대한 100만 개 이상의 단어로 구성된 원고를 남겼다. 뉴턴의 전기 작가로 유명한 과학사가 리처드 웨스트폴(1924-1996)도 뉴턴의 인력과 척력 개념이 헤르메스주의 문헌에 나오는 '공감과 반감'에 근거한다고 분석한다. 우리는 흔히 르네상스의 문예부흥이 아주 이성적인 방식으로만 이루어졌다고 알고 있지만, 사실 르네상스는 이 시기에 헤르메스주의 전통 및 이와 연관된 연금술과 천문학을 통해서도 전파되었다. 신비사상이 17세기에 과학적인 사고방식을 퍼뜨리는 데 크게 일조한 것이다.

## 경계를 넘나들기 위해 우리에게도 헤르메스가 필요하다

헤르메스는 원래 마을마을 돌아다니는 장돌뱅이의 신이자 불한당과 날치기, 나그네의 신이었다. 그런 헤르메스가 올림포스 12신의 체계에 들어갔다는 것은 가난에 허덕이고 불만 가득한 사람들도 기존 세상에 허용되었다는 점을 시사한다. 경계를 넘나드는 헤르메스는 어쩔 수 없이 성읍과 집을 월담하는 자들, 이곳저곳을 떠돌아다니며 숙소와 음식을 구걸하는 자들의 보호자였다. 또한 한 많은 이승에서 어쩔 수 없어 저승으로 가는 자들의 곁을

지키는 자였다.

그런 헤르메스에게 신전이 없었던 까닭은 어쩌면 신 스스로가 자청해서인 듯싶다. '나그네의 설움'을 공감했던 그 신은 한사코 길 위에 자리를 폈다. 헤르메스의 이런 마음마저 없었다면 각박하고 메마른 세상에서 온통 억눌린 자들의 상실감과 파괴감은 더 컸을 것이다. 다른 신전은 가지 않았던 나그네들조차 붐벼대는 경계 지역과 입구 한편에 헤르메스 신상을 세워두었다. 무일푼의 장돌뱅이라도 돌멩이를 그곳에 신줏단지 모시듯 쌓아 두었다.

17세기까지 영감의 원천이 된 그 신의 이름은 오늘날 다른 신들처럼 하나의 행성과 금속의 이름으로만 남았다. 하지만 해석학, 즉 '헤르메노이틱스(hermeneutics)'라는 철학의 한 분과 이름으로도 그를 기념하고 있다. 특별히 미셸 세르(1930-2019)는 『헤르메스』5부작을 통해 과학과 철학의 경계를 넘나들며 헤르메스를 불러들이고 있다. 그렇다면 오늘날 헤르메스는 철학자들만의 보호신일까? 우리에게도 연금술사들이 현자의 돌을 찾아 끝없는 여행을 하듯 이성의 한계 너머로 인도할 헤르메스가 필요한 것이다.


현자의 돌은 그 자체로 전체이며 완전무결한 것이다. 이것은 여성인 동시에 남성이기도 하며 그 때문에 스스로 자신을 만들어낼 수도 있다. (……) 동시에 그것은 각 개인들을 다양한 일상세계 저 너머, 즉 다원성이 신 속으로 사라져 버리는 초월적인 근원점으로 인도한다.

— 앨리슨 쿠더트, 『연금술 이야기』에서

1부 르네상스, 상상과 현실의 세계

헤르메스의 돌이 있어야 한 개의 물질이 액체와 고체로 나뉘었다가 또 다시 물인 동시에 은이기도 한 하나의 수은이 될 수 있다. 또 '한–우주(Universe)'에서 '다중–우주(Multiverse)'로 넘어서기도 했다가 다시 하나의 점으로 뚫어버리는, 르네상스의 철학자 니콜라우스 쿠자누스(1401-1464)의 말처럼, '접힘(complicatio)과 펼침(explicatio)'의 상상이 가능할 것이다.

우리의 갑갑한 일상은 접히고 펼쳐지는 헤르메스적 상상으로 비상할 수 있어야 한다. 상상이 이성에 앞선다. 물의 상상, 불의 상상, 흙의 상상, 공기의 상상 등 여러 가지 상상이 있다. 자, 지금 어떤 상상이 번뜩이는가. 음, 그렇다면 마음껏 펼치기 위해 우린 어떤 헤르메스를 생각해야 할까.

르네상스의 머릿결

# 소용돌이치는 운명에서 인간애를 기억하라

『잃어버린 시간을 찾아서』의 저자 마르셀 프루스트(1871-1922)는 화자의 첫사랑인 질베르트의 머리카락에 대해 아주 상세한 묘사를 한다.

질베르트의 삶에서 발산되는 그 특별하고도 고통스러운 매력이 더욱 짙게 풍기는 그 방을 알게 되었다. (……) 그럴 때마다 질베르트의 땋은 머리가 내 뺨에 스치곤 했다. 자연스럽고도 초자연적인 잔디의 섬세함에 기교를 부린 덩굴무늬처럼 힘차게 엮인 그 머리카락은 흡사 천국에서 가져온 잔디로 만든 유일한 작품인 듯 보였다. 그녀의 가느다란 머리카락 한 올을 갖기 위해서라면 천상의 식물을 담은 성궤라도 기꺼이 내주었으리라! 그러나 이런 땋은 머리의 진짜 조각을, 아주 작은 올 하나도 기대조차 할 수 없었던 내게 그 모습이 담긴 사진만 한 장 있었다면, 다빈치가 스케치한 작은 꽃들 사진보다 얼마나 더 소중해 보였을까!?

——마르셀 프루스트, 「꽃핀 소녀들의 그늘에서」, 『잃어버린 시간을 찾아서』에서

질베르트의 땋은 머리 사진 한 장이 뭔 대수기에 프루스트는 "다빈치가 스케치한 작은 꽃들 사진"에 비교할까? 더 궁금한 것은 그 두 가지를 비교선상에 떠올린 프루스트의 사고구조였다. 무엇 때문에 그는 여인의 머리카락과 레오나르도 다빈치(1452-1519)를 관련시킨 것일까?

**1부 르네상스, 상상과 현실의 세계**

「아름다운 공주」(1496)

## 르네상스 여인들의 모발 관리가 시작되다

다빈치가 살던 르네상스 시대에 모발을 관리하는 특별한 유행이 시작되었다. 간단한 머리 손질이나 가발의 사용은 그리스인, 페니키아인, 아시리아인, 이집트인의 시대로 거슬러 올라가는 고대 기원을 가지고 있다. 하지만 오늘날 우리에게 흔한 헤어 에센스, 트리트먼트, 오일 등을 통한 모발 관리나 염색은 르네상스 시대에 본격적으로 시작된 것들이다.

다빈치는 피렌체의 부유한 은행가의 아내를 그리던 「지네브라 데벤치」, 「수태고지」, 「담비를 안은 여인」, 「동굴의 성모」, 「모나리자」 등에서 여인을 묘사하고 있지만, 머리카락이 가장 섬세하게 묘사된 것은 그가 마흔네 살인 1496년에 그린 「아름다운 공주(La Bella Principessa)」다. 이 여인은 꼬아 엮어 만든 망을 머리에 쓰고 있다. 땋은 듯한 긴 머리를 금색 끈으로 묶어 내렸다. 르네상스 이탈리아어로 머리를 덮은 망을 '트렌잘레(trenzale)'라 하고, 금색 끈을 '코아초네(coazzone)'라 한다. 옷의 어깨선과 '코아초네'가 만나는 지점에 끈을 고정시키는 작은 핀도 볼 수 있다. 르네상스 여인들은 머리핀을 비롯한 고가의 귀금속과 장식품들을 머리에 고정시켰다는 것을 알 수 있다.

이 그림 속 여인처럼 머리카락을 어깨 너머까지 완벽하게 내리기 위해서는 머리카락 끝까지 영양분이 충분히 공급되어야 한다. 르네상스 여인들은 이것을 위해 포도주와 달팽이를 적당량 섞어 끓여서 에센스를 만들었다. 머리를 헹굴 때마다 이것을 발라주고 반쯤 건조된 상태에서 머리카락을 골고루 잘 문질러 관리했다. 다빈치에 따르면 타르타르, 설탕 및 꿀을 일정량 섞어 증류하여 얻은 액체로 머리를 헹구는 것이 좋다고도 하였는데, 그의 방법은 피렌체와 토스카나 밀라노에서 사용되었다.

또한 머리카락을 단정하게 하거나 이마를 넓게 하기 위해 원치 않는 모발을 제거할 필요가 있었다. 머리카락의 일부를 면도하거나 제모 테이프로 떼어내기도 했고, '메르도코'라는 제모제를 사용하였으며, 심지어 미백 약품 '로토리오'로 피부를 하얗게 만들거나 피부의 잡티를 제거하기도 했다.

**베네치아 여인의 염색 장면**

특별히 윤기 나는 머릿결을 만들기 위해 베네치아 여성들은 뜨거운 태양 아래 있는 것도 마다하지 않았다. 그들은 옥상 테라스로 올라가 '솔라나'라고 불리는 넓은 창의 원형 밀짚모자를 쓰고 모자 구멍으로 머리카락을 최대한 넓게 펴서 태양에 노출시켰다. 이때 머리빗에 두피용 약제를 충분히 발라 빗질하면서 보습을 유지했다. 그러면 매끈하고 반질반질한 머릿결이 오래 보존되었다.

모발 관리에 관하여, 교황 알렉산드르 6세의 딸이었던 루크레치아 보르자(1480-1519)는 한 편지에서 구체적으로 밝히고 있다. 그녀는 닷새에 꼭 한 번씩 대황(rabarbaro)을 바르고 햇빛에 머리카락을 노출시킬 뿐만 아니라 미용 관리까지 하였다.

레오나르도 다빈치의 자화상(1512년경)

「레다의 머리 연구」(1504-1506)

「베들레헴의 별」(1505-1510)

## 황금을 찾는 연금술과 금발 염색

르네상스 당시 가장 유행하던 모발색은 「아름다운 공주」에서처럼 금발이었다. 15세기가 되기 전까지 원래 이탈리아에서 금발은 소수였다. 유전적 특성이 아니었기 때문이다. 하지만 밀라노, 베네치아, 피렌체 등 이탈리아 북부와 중부의 귀족층 여인들은 금발이 되기를 갈구했다. 그들은 앞 다투어 최신 유행을 따르고 있었기 때문에 금발로 바꾸는 염색약과 그 조제법은 신속하게 퍼져나갔다.

금발로 염색하기 위해서는 우선 이전 모발을 탈색시켜야 하는데, 그 방법도 유행하였다. 당시 햇빛에 의해 물건 색이 바래거나 색소가 없어지는 점에 착안하여 모발의 탈색도 동일할 것이라 여겼다. 하지만 실효를 거두기 어렵게 되자 급기야 원래의 머리색을 탈색하는 약품이 급속도로 퍼지게 되었다. 염색약 제조에 당시 유행하던 연금술 방법이 고려되었다. 강력한 탈색제(liscia/lisciva)를 끓는 물에 녹여 조제한 후 머리색을 밝게 만들었다. 그리고 금발로 만들기 위해 사프란과 같은 염색약을 발라주었다. 때에 따라선 금발용 로션도 사용했다.

사용된 탈색제와 문화적 선호도에 따라 같은 금발이라도 베네치아, 피렌체, 나폴리에서 약간의 차이를 보였다. 특히 베네치아에선 하얀 금발(white blonde)이 유행하였다. 베네치아 여인들은 하얀 금발로 염색하기 위해 해마다 장마철이 되면 노란색 유황을 태워 거기서 나오는 '연기'를 머리카락에 쏘였다고 전해진다.

다빈치가 「아름다운 공주」에 묘사한 황갈색 금발은 르네상스 궁정에서 유행하던 다양한 금발 중 하나였다. 이 황갈색 금발은 따뜻하고 부드러운 색조로, 심미적 가치뿐만 아니라 연금술에서 말하는 황금과도 연관되는 상징적 색소를 표현하고 있다.

## 다빈치는 왜 곱슬머리에 집착할까

그렇다면 프루스트가 질베르트의 땋은 머리를 보면서 떠올렸던 것이 다빈치의 「아름다운 공주」였을까? 그렇지 않은 것 같다. "다빈치가 스케치한 작은 꽃들 사진"이라고 프루스트가 꼭 집어 말하는 것으로 볼 때 이제 남은 일은 "다빈치가 스케치한 작은 꽃들 사진"이 왜 여인의 머리카락과 연관되는지를 살피는 것이다.

프루스트가 질베르트의 땋은 머리에 관심을 보였다면, 50대가 된 다빈치는 사람의 곱슬머리에 관심을 갖는다. 그는 그리스신화 「레다와 백조」를 묘사하기 위해 여성의 머리를 다양하게 소묘했다. 「레다의 머리 연구」라는 그림을 보자. 여기에 머리의 뒷면 스케치 두 점과 앞면 스케치 두 점이 있다. 얼굴을 표현한 두 점의 스케치에서 여인은 고개를 옆으로 약간 돌려 아래를 향하고 있을 뿐, 펜의 터치는 아주 간략하다. 반면 머릿결을 소묘할 때 선들의 밀도는 상당히 높다.

오른쪽 스케치에는 꽉 낄 정도로 정교하게 땋은 머리카락과 사방으로 휘날리는 머리카락들이 뒤섞여 있다. 머리 옆면의 똬리 튼 가운데와 주변으로 흐트러진 머리숱들로 볼 때, 이 여인의 모발은 곱슬머리일 것이다. 구불거리고 소용돌이치는 머리카

기계공학 습작　　　　　　　「노아의 대홍수」 습작(1517-1518)

「물의 소용돌이」 습작

락이 곱게 빗질을 해 땋아 다시 달팽이처럼 꼰 머리카락과 결합되면서 묘한 정서를 불러일으킨다. 양옆으로 삐져나온 머리카락은 바람에 의해 나부끼듯 소용돌이치고 있다. 이때 보이는 운동을 다빈치는 두 가지로 말한다.

> 머리카락은 두 가지 운동을 보이는데, 그중 하나는 머리숱의 무게에 반응하며 다른 하나는 곱슬거리는 방향에 따른다.
> ── 레오나르도 다빈치의 습작에서

동일한 나선과 소용돌이에 대한 다빈치의 스케치는 58세에 완성한 「베들레헴의 별」(1505-1510년)에서 절정에 달한다. 바로 이 스케치가 위에서 프루스트가 말한 "다빈치가 스케치한 작은 꽃들 사진"일 확률이 높다. 이 스케치는 곧게 솟은 꽃들의 줄기와 소용돌이치는 이파리의 조화가 돋보인다. 「레다의 머리 연구」에서 소용돌이 머리카락이 인위적인 머리카락의 틈새로 삐져나왔다면, 「베들레헴의 별」에서는 수많은 이파리들이 직선의 꽃대가 있는 중심에서 바깥쪽을 향하면서 우아한 곡선을 이루며 소용돌이친다.

「소용돌이 습작」, 「무희 습작」, 「원추형으로 흐르는 수류 연구」, 「바람에 통째로 날아가는 군용 천막, 직물 연구」 등 레오나르도가 말년에 그린 것은 온통 소용돌이였다. 특히 그의 「자화상」은 숱은 적지만 곱슬거리는 머리카락으로 인해 화가에게 현자와 같은 풍모를 선사했다. 또한 파도를 마치 곱슬거리는 머릿결처럼 묘사한 「노아의 대홍수를 위한 습작」과 「홍수로 붕괴하는 바위 둑」 등의 「대홍수」 연작은 휘몰아치는 인생의 폭풍 속에서도 사뿐히 유영하는 방주의 안정감을 느끼게 한다.


## 나선형의 소용돌이에 인생관을 담다

말년에 온통 소용돌이에만 전념하던 레오나르도는 괴상한 유언을 남기고 운명을 달리했다. 그는 자신이 죽으면 교회에서 세 번의 대규모 미사와 서른 번의 소규모 미사를 드려달라고 했다. 특히 자신의 관을 횃불을 든 걸인 예순 명이 옮기게 해달라고 유언했다. 그리고 그 가난한 자들에게 충분한 대가를 지불해 달라며 돈을 남겼다고 한다.

다빈치가 죽어 가면서 가난한 자들을 배려한 까닭은 무엇일까? 그는 사생아로 태어나 학교 교육을 거의 받지 못하였고, 스스로 터득한 글씨를 하필 왼손으로 쓰면서 평생 특이한 글씨체를 남겼으며, 고기는 한 점도 입에 대지 않는 채식주의자로 살았다. 그도 그럴 것이 많은 종류의 동물들을 집에서 키우고 있었기 때문이었다. 라틴어를 읽게 된 것도 마흔 살 이후였으며, 복잡한 나눗셈은 할 줄도 몰랐다. 서른 살이 된 그는 피렌체에서 불안한 인생의 전환기를 맞으면서 그곳을 떠나기로 결심한다. 어쩔 수 없이 밀라노 통치자에게 자신의 고용을 부탁하는 편지를 썼는데, 시작부터 교량, 수로, 대포, 장갑차, 공공건물을 설계할 수 있는 자신의 공학적 능력을 늘어놓고 가장 좋아하는 그림 그리기는 편지의 끝부분인 열한 번째 문단에 가서야 살짝 밝히게 된다. 그에겐 그토록 일자리 문제가 절실했다. 유언으로 걸인 예순 명을 돌보라 했던 이유가 여기에 있었다.

흔히 다빈치의 위대성은 마음에 무엇인가 간직하고 환상이나 몽상으로만 멈춘 게 아니라 상상한 것을 작품으로 만들어 냈다는 점에 둔다. 그래서 그는 현실과 몽상의 경계를 무너뜨리고 실행력을 높이기 위해 7200쪽의 기록과 낙서를 했다고 한다. 하지만 더 놀라운 점은 자신과 같은 불운한 사생아와 소수자를 향한 사랑, 즉 인간애를 유산으로 남겼다는 것이다. 그는 인간의 머릿결이 머리 속 가마에 모이듯 소용돌이치는 운명에서라도 그 중심이 인간애로 모아지길 원했다. 이런 따뜻한 마음 덕분에 「자화상」 속에 있는 다빈치의 나선형 머릿결은 우주의 중심에서 결코 소멸되지 않을 것 같다.

소용돌이치는 우리의 머리 속 가마에 그의 인간애가 살아 있으면 좋겠다. 나의 마지막 숨결이 폐부에서 간신히 휘돌아 나올 때 다빈치의 유언이 메아리쳤으면 좋겠다. "내가 죽었을 때 비록 내 관이 작지만 횃불을 든 걸인 예순 명이 들게 해주십시오. 꼭 그렇게 해주십시오."

## 다빈치의 인체도

# 인간은 소우주다

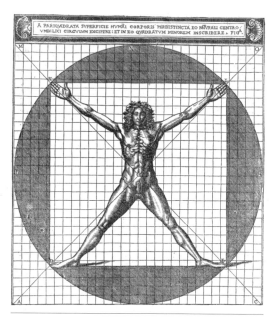

비트루비우스 인체도

레오나르도 다빈치(1452-1519)는 인체의 근육, 신경, 골격, 내장기관 등을 아주 자세하고 꼼꼼하게 그렸다. 르네상스 시대에 접어들자 해부학은 빠른 진전을 보였고 의학자, 예술가, 철학자, 문학가를 막론한 다양한 분야 사람들의 호기심을 상당 부분 채워주었다. 해부학은 르네상스의 예술, 건축, 철학을 인간중심주의로 이끌었을 뿐만 아니라 수십 종의 '비트루비우스 인체도'를 낳았다. 그것들 중에는 다빈치가 그린 「비트루비우스 인체도」가 있다.

## 인간은 '소우주'다

고대부터 우주, 건축, 사원 등은 신체의 일부로 비유되었다. 지금도 산의 각 부분이 산허리, 산머리, 산등이라 불릴 때라든지, 자동차의 특정 부분이 핸들이니 페달이니 일컬어지고, 의자의 각 부분이 등받이, 팔걸이, 다리 등으로 칭해질 때도 신체의 특정 부분이 호명된다. 집단의 지도자가 '우두머리'이고, 그의 최측근이 '오른팔', '왼팔'로 호칭되는 것도 같은 예이다. 그러니까 신체가 이해되는 방식으로 온갖 사물이 인식되었다는 증거가 무심코 내뱉는 언어 습관에 고스란히 남아 있는 셈이다. 어디 그뿐인가. 17세기에 토머스 홉스(1588-1679)가 보여주었듯이 국가도 신체와 상응하는 것으로 이해된다.

또한 신체 구조가 우주 구조까지 반영한다는 사실은 원과 정사각형 안에 사람을 그려 넣는 전통 속에서 나타난다. 1300년경에 제작된 「램버스궁 세계지도」를 보면 원과 정사각형 안에 한 사람이 들어가 있다. 원은 천체를 상징하고 정사각형은 지구를 상징하는데, 이 지도는 하늘과 땅을 포함한 우주를 인간이 반영한다는 것을 말한다. 이런 생각을 '인간 소우주론(Mikrocosmos, minor mundus)'이라 하는데 수세기가 넘도록 유럽의 종교, 과학, 미술 사상을 주도하면서 르네상스 시대까지 이르게 되었다. 한마디로 르네상스의 인간관은 고대부터 있었던 '인간 소우주론'의 확장 버전이다.

특히 르네상스의 장인들은 도제 관계에 있던 견습생들에게 '인간 소우주론'을 익히도록 했다. 이들은 주문에 따라 다량의 예술품을 제작해야 했기 때문에 자신들과 거의 맞먹는 기술을

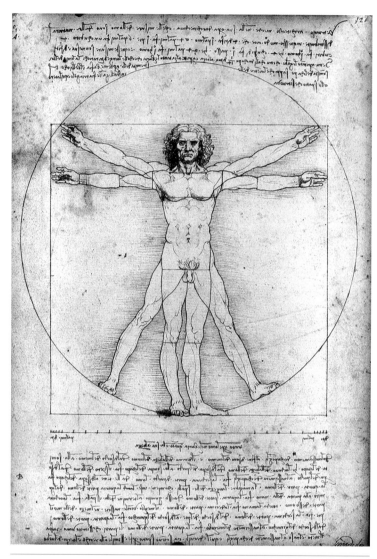

레오나르도 다빈치의 「비트루비우스 인체도」

1부 르네상스, 상상과 현실의 세계

지닌 도제들이 필요했고 지시에 따라 정확하게 작업을 하도록 그들을 교육해야 했다. 열네 살의 다빈치도 견습생으로 지냈던 공방에서 '인간 소우주론'을 배웠다.

다빈치가 배운 첸니노 첸니니(1370년경-1440년경)의 『예술서』에 따르면, 얼굴은 삼등분되어야 하며 신장은 두 팔을 옆으로 뻗은 길이만큼 되어야 한다는 식으로 "이상적 인체 비례"를 설명했다. 이것은 약 1500년 전 비트루비우스가 말했던 인체의 비례를 반복한 것이었다. 당시 피렌체 공방들에서 세대를 거듭해 인체 비례로 작업을 해왔던 것처럼 도제 생활을 하던 다빈치도 '인간 소우주론'에 입각한 인체 비례를 익히고 있었다.

## 화가는 인체 우주를 관찰하는 천문학자

견습생이었던 다빈치가 큰 영향을 받은 또 한 명의 인물이 있었다. 레온 바티스타 알베르티(1404-1472). 그는 '인간 소우주론'에 매력을 느낀 철학자이자 건축가로 인체 탐구에 대해 다음과 같이 말했다.

> 화가가 인체의 형태를 탐구하는 동안, 철인이 별만 보고 안 것을 전부 합친 것보다 더 많은 것을 깨달았다.
> ── 레온 바티스타 알베르티, 『모무스』에서

알베르티는 몸의 어느 부분이든 탐구한 결과를 수치로 남기길 원했다. 그래서 인체를 높이, 너비, 깊이의 삼차원 좌표로 기록한 '인체 지도'를 제작했다. 또한 이 좌표를 측정하는 장치 '피니토리움'을 만들어 신장과 벌린 팔의 길이, 머리 크기와 각 부분 등 68개의 신체 치수를 기록하여 '인체 지도'를 만들었다. 이것을 통해 르네상스 화가들은 이상적인 신체 비율을 간편하게 알 수 있었다.

다빈치는 견습생 시기부터 알베르티의 '인체 지도'를 보았으며 본인도 그와 같은 책을 구상하기도 했다. 그는 점토 조각상에서 얻은 특정 신체의 치수들을 대리석상에 옮기는 방법으로 '인체 지도'를 활용하기도 했다. 다빈치는 비례와 관련된 인체의 신비를 철저히 밝힐 수만 있다면 세상 만물을 훨씬 더 잘 이해할 수 있을 것이라 확신했다.

알베르티의 『회화와 조각에 대하여』 일러스트(1684년 판본)

**1부 르네상스, 상상과 현실의 세계**

인체의 비례와 그 원리는 단순히 인간에게만 적용되는 것은 아니었다. 다빈치가 보기에 육체는 철선과 도르래, 톱니바퀴와 지렛대로 이루어지고 온갖 역학적 방법으로 움직이는 하나의 기계(machina)였다. 마찬가지로 기계도 역시 인체의 원리와 분리된 도구가 아니었다. 기계의 각 부분이 특정한 비율로 결합되어 작동된다면 인간처럼 움직일 수 있는 하나의 신체였다. 그래서 다빈치는 인체를 세심하게 탐구할 때 기계의 작동 원리를 터득할 것으로 기대했다. 결국 지리학, 수학, 기하학 등 그 모든 학문들 속에는 일종의 비례 관계가 있고, 그 원리를 깨우치는 열쇠가 비트루비우스의 인체에 있다고 그는 생각했다.

## 모든 예술과 법칙은 인체에서 나온다

마르쿠스 비트루비우스 폴리오가 살았던 기원전 1세기 로마는 이전에 볼 수 없었던 엄청난 규모의 공사가 진행되었다. 초대 황제 아우구스투스(기원전 63~기원후 14)가 로마를 새롭게 재건했기 때문이다. 황제는 제국의 수도 로마를 완벽한 도시로 만들고자 비트루비우스의 의견을 따르기로 했다. 비트루비우스는 인간의 몸은 세계의 축소판이자 소우주라는 고대의 사상으로 건축학 개념을 집대성했다.

이를테면 도시의 수맥과 상하수도는 인간의 피, 젖, 땀, 소변, 눈물 등의 다양한 체액이라든지, 도시의 암석과 나무는 인체의 뼈에, 정원과 거리의 식물들은 머리카락과 손발톱에 비유하는 식이었다. 이러한 그의 개념을 담은 『건축에 대하여』열 권은

15세기까지 많은 사람들에게 필사되어 전해졌다. 하지만 그 안에 있던 원본 그림들이 소실되어서 정확한 이해를 할 수 없다는 아쉬움이 있었다.

다빈치는 서른다섯 살(1487년) 때부터 인체와 인체 비례를 엄밀히 연구하면서 해부학과 건축학을 연결시키고 있었다. 그는 조화를 만들어내는 비례의 모든 암호가 육체에 담겨 있다고 깨달았다. "모든 예술과 모든 법칙은 훌륭한 구도와 비례를 갖춘 인체에서 나온다." 화가였던 그가 밀라노에서 도시 설계를 할 수 있었던 이유도 바로 이런 깨달음 덕이었다. 다빈치는 단지 도시 설계를 하는 것으로 그치지 않고 인간과 자연, 우주에 이르는 기본 원리를 도시에 적용해야 한다고 생각했다.

이 원리를 발견하기 위해 다빈치는 우선 동물 해부학을 시작했는데, 거기서 모든 운동과 생명의 근원이 척수에 있다는 사실을 알아냈다. 2년 뒤 그는 인체 해부학을 본격적으로 연구하면서 두개골에 매달리게 되었다. 아직까지 스콜라주의의 영향을 받은 대학에서 신체와 영혼을 구분한 채 몇백 년 동안 공허한 주장만 반복하고 있을 때였다. 하지만 다빈치는 "영혼의 판단이란 신체의 감각이 서로 만나는 부분에 자리 잡는다."는 결론에 도달했다. 인체 해부를 통해 작동 원리뿐만 아니라 영혼의 원리도 알아낸 것이다.

이런 상황에서 1492년 다빈치는 건축학자 조르조 마르티니의 프란체스코(1439-1501)에게 자극을 받아 그동안 미뤄온 '인체도'를 드디어 완성했다. 프란체스코는 비트루비우스의 『건축에 대하여』를 중심으로 126개의 인체도를 그렸다. 그 이론의 핵심은 원과 정사각형과 같은 하나의 기하학 도형에서부터 전체

도시들에까지 인체의 비례가 적용된다는 것이었다. 프란체스코는 "교회(바실리카)는 (그리스도) 몸의 비례와 형상을 갖고" 있으며 "소우주라 불리는 인간은 그 안에 대우주의 완벽함을 내포하고" 있다는 등의 인간관을 중심으로 '인체도'를 그린 인물이었다.

다빈치는 프란체스코처럼 비트루비우스의 『건축에 대하여』의 설명을 토대로 벌거벗은 한 남자를 원과 정사각형 안에 놓았다. 원에 내접하는 인체는 양팔을 머리 높이로 뻗어 올리고 양다리는 두 어깨 넓이로 벌렸는데, 그 중심점은 배꼽이 되었다. 반면 정사각형에 내접하려면 이번엔 양팔을 어깨 높이로 벌리고 다리는 가지런히 모아야 했다. 이때 중심점은 생식기 부분이 된다. 원과 정사각형의 중심에 인간이 있다는 것은 천체와 지구의 중심이 인간이라는 의미를 지닌다. '천-지-인'에 대한 고대의 깨달음이 비트루비우스를 거쳐 르네상스 시대 다빈치를 통해 인체도로 구현된 것이다.

## 너 자신을 알라

일부 연구가들은 다빈치의 「비트루비우스 인체도」가 다빈치 자신의 자화상이라고 주장한다. 그는 벌거벗고 있는 자신의 신체를 천체와 지구의 상징인 원과 정사각형의 중심에 위치시켰다. 연구가들의 주장이 맞다면, 다빈치는 자신의 신체 비례를 중심으로 온 세상을 이해하려고 시도한 것이다. 결국 다빈치에게 있어서 자신을 아는 것은 곧 우주를 이해하는 길이었다.

다빈치의 인체도를 자화상으로 이해할 수 있는 또 다른 근거는 르네상스 공학의 거장이었던 야코포의 마리아노(1381-1455년경)의 기록에서 발견된다. 그는 비트루비우스식 인체도를 그려놓고 그 아래에 소크라테스가 한 말, "너 자신을 알라."를 약간 변형해서 "자신을 아는 사람은 온갖 것을 안다."고 했다. 추측컨대 다빈치도 이런 의미 때문에 자신을 모델로 삼아 인체도를 제작했을 것이다.

이처럼 르네상스 시대에 "너 자신을 알라."는 육체가 배제된 영혼이나 이성 차원의 자기인식이 아니었다. 자신의 육체를 예리하게 관찰하고 탐구하면서 거기서 얻은 깨달음으로 사물과 세상을 꿰뚫어 보는 것이 곧 자기인식이었다.

흙을 빚어 사람을 만들었다는 고대에는 흙과 인간의 몸이 하나로 이해되었다. 그 시대가 끝나자 흙과 몸은 분리된 듯했지만, 르네상스인들은 살아 있는 자신의 몸을 관찰하면서 흙을 비롯한 모든 물질을 신체와 관련시켰다.

사물인터넷, 인공지능, 사이보그, 빅데이터 등 4차 산업혁명과 관련된 많은 논점은 결국 우리 신체가 사물이 되고 사물은 육체가 된다는 말로 요약된다. 오늘날 인공지능은 인간을 닮기 위해 맹렬히 추격하고 있는 반면, 인간의 생체 안에는 최신식 보강물들이 이식되고 있다. 이제 육체라는 물질을 통해 과학, 철학, 예술, 문학, 종교가 모아지는 그 방식으로 인간과 물질의 경계를 넘어 우주까지 확장되는 시대가 또다시 열리고 있다.

하지만 현재 우리는 자기 몸의 구석구석을 잘 알지 못한다. 설령 건강에 관심이 있다 해도 헬스 기구나 정해진 운동 코스에만 신경 쓰거나 다른 사람의 멋진 몸매에 눈요기를 할 뿐이다. 자신의 육체를 깊은 곳까지 샅샅이 알지 못하면서도 타인의 방식과 기준을 따라하느라 욕구불만은 커져만 간다. 마치 알지도 못한 사이 최첨단 수술 도구를 배 속에 봉합한 후 그 녹슨 쇠붙이로 고통스러워하는 것처럼, 아무리 좋은 처방과 보철물들이라도 자신의 몸에 맞지 않으면 살갗 속에서 썩어 들어갈 뿐이다.

레오나르도 다빈치의 「비트루비우스 인체도」 속 그 남자는 타인이 아니었다. 다빈치가 마흔 살이 되어 원과 정사각형의 정중앙에 자신을 놓았듯이, 우리는 이제 조용히 알몸으로 거울 앞에 서야 한다. 자기인식 없이는 아무리 좋은 것들도 부작용을 초래한다. 거울 앞에서 인간과 물질의 경계를 아우르는 그 신비한 비율을 탐구하도록 하자.

# 나만의 지도를
# 만들어라

해외 토픽에 이름 모를 지명이 사건 사고의 현장으로 거론
되거나 여기저기 새로운 지명들이 등장하면 집에 가자마자 이 책
을 펼쳐보았다. 바로 『사회과부도』다. 지금은 간편한 인터넷 위성
지도로 대체되었을 뿐, 지도의 쓰임은 여전하다. 우리는 여행에 앞
서 지도를 살핀다. 박물관이나 미술관에 가고 싶다면 웬만한 여
행 지도라도 괜찮겠지만 무도회 마스크, 커피그라인더, 깃펜 등
특이한 앤티크 소품들을 찾는다면 적당한 지도가 눈에 띄지 않
는다. 자체 지도를 제작하는 수밖에 없다. 이런저런 기록을 뒤적
여 앤티크 숍의 위치들을 찾아 지도에 적어 넣는다. 물론 생기발
랄하고 행동이 앞서는 경우라면 일일이 수소문하며 돌아다니는
것도 즐겁겠지만 낯선 장소로 가야 한다면 차라리 자신의 작은
책상에 지도를 펼쳐 놓고 얻을 수 있는 정보를 총망라해 갈 곳부
터 표시할 것이다.

그 어느 시대보다 미지의 세계에 대한 호기심이 컸던 르네
상스인도 이와 비슷했다. 그들은 여행담이나 책들 속에 등장하
는 지명들에 주의를 기울였으며, 상업과 인쇄술의 발달이 더해지
면서 르네상스는 지도의 황금기를 맞았다.

크리스토퍼 콜럼버스가 1492년부터 1504년까지 네 차례
대서양 횡단에 나섰을 때 들고 간 것 세 가지가 있었다. 프톨레마
이오스의 『지리학』 최신판, 마르코 폴로의 『동방견문록』, 토스카
넬리의 편지. 이것들을 통해 근대의 신세계가 열리기 전에 그 바
탕이 되는 지도의 황금기를 통과하게 된다. '대항해'는 르네상스
인들의 '상상의 지도'가 구체화된 결과물이었다.

## 『지리학』, 볼로냐에서 만들어낸 베스트셀러

지도에 특별한 관심을 보이지 않던 사람들이 지도 제작에 가속도를 붙인 것은 15세기 초 한 권의 책이 발견되면서부터다. 피렌체의 야코부스 앙겔루스(1360-1411)는 그리스 고서적을 찾기 위해 콘스탄티노플의 서적상을 찾아다녔다. 그는 우연히 프톨레마이오스(90-170)의 『지리학』을 발견하고 황급히 라틴어로 번역해 1406년 세상에 내놓았다. 이 번역본은 이후 수백여 권의 필사본이 생길 정도로 인기가 높았다.

이미 2세기의 최대 항구도시 알렉산드리아에 살았던 프톨레마이오스가 『지리학』을 통해 지도 제작의 기준을 제시한 바 있다. 그는 위도와 경도의 좌표 체계를 구축한 뒤 지구를 일곱 개의 '기후대'로 구분해 도시의 지명 8000곳을 거론했다. 지도 제작을 위해 프톨레마이오스는 삼차원 구 표면의 정보를 이차원 평면이 투영하는 '원통형 도법'을 제시했다. 이후 지도 제작자들은 프톨레마이오스가 만든 체계를 확장하여 동서로 연결돼 있는 유라시아가 하나의 대륙이라 확신하였고, 동쪽 끝은 말레이반도까지 다다르며 인도양은 대륙과 바다로 둘러싸여 있을 뿐만 아니라 대서양도 인도에 접한 바다 중 하나라 여겼다.

프톨레마이오스의 『지리학』 번역본은 1475년 인쇄술의 도움으로 대량 보급되었으며, 2년 뒤 26쪽의 지도가 포함된 볼로냐 판본이 나오면서 베스트셀러가 되었다. 이전까지만 해도 이 번역본에는 설명만 있었고 어떤 지도 그림도 포함되지 않았는데, 지도가 추가되자 폭발적인 반응이 있었다. 지도 제작자들은 계속적으로 프톨레마이오스의 『지리학』에 지명과 지도를 보충한 증

1467년 판본의 영국 지도

1482년 피렌체 판본

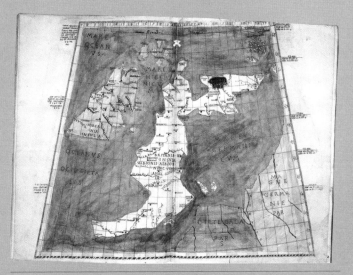

1477년 볼로냐 판본

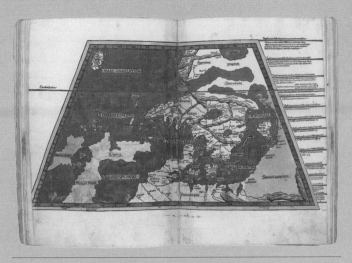

1482년 울름 판본의 스칸디나비아 지도

보판을 선보였다. 그중 1482년에 아름샤임의 요한네스가 울름에서 인쇄한 지도가 가장 훌륭한 작품으로 손꼽힌다. 이것은 당시 『지리학』의 최신판에 다섯 장의 목판인쇄 지도가 추가된 것인데, 인쇄된 세계 지도로서는 처음으로 그린란드를 포함했다.

이후 지도책이 일대 유행이 된 것은 베네치아에서였다. 지도 판매상들은 '맞춤형 지도'라는 탁월한 발상으로 고객이 원하는 용도에 맞춰 지도책을 만들었다. 지도는 르네상스인의 호기심을 더욱 자극했다.


## 『동방견문록』, 베네치아의 경제 분야 베스트셀러

지중해의 해양 네트워크를 통해 베네치아는 이미 중세 말부터 동서양 물류의 거점으로 떠올랐다. 우선 수많은 상선을 확보하고 있었다. 오늘날 '베네치아비엔날레'가 개최되는 장소인 아르세날레는 원래 조선소였다. 이 조선소는 8세기에 지어져 1320년에 확장된 이후 하루 만에 배 한 척씩 건조할 수 있는 생산 시설과 1만 6000여 명의 작업자들을 갖추고 있었다. 당시 지중해 무역은 연안 항로를 중심으로 펼쳐졌기 때문에 선박이 항해 중에도 육지를 시야에서 놓치는 경우는 거의 없었고, 베네치아 출신의 토지 소유주는 지나가는 모든 선박들에 통행세를 부과할 수 있었다.

베네치아 상인들은 멀리 말레이반도로부터 동양의 향신료와 진귀품들이 시리아나 알렉산드리아의 항구들로 모이면 지중해와 아드리아해를 통해 가져다가 다시 육로로 유럽에 공급했다. 하지만 이런 중개무역에 머물기보다 더욱 경제적인 물류의 거점들을 새롭게 확보하기를 원했다. 자신들의 손에 지도도 있었다, 이제 필요한 것은 그 거점들을 표시하는 일뿐이었다. 프톨레마이오스의 최신판『지리학』이 거듭 인쇄될 때마다 지역들이 추가된 이유가 여기에 있다. 그런 점에서 르네상스기의 여행담은 더욱 새로운 지도를 제작하도록 불을 댕겼다고 할 수 있다.

당시까지 가장 인기 있던 여행기는 단연 마르코 폴로(1254-1324)의『동방견문록』이었다. 폴로는 상업을 위해 아버지를 좇아 원나라에 갔다가 그곳에서 관리 생활을 했다(1271-1292). 이후 고향 베네치아로 돌아왔지만 제노바와의 전쟁에 참여하였다가 포로가 되어 감옥 생활을 한다. 거기서 1년간 감방 동료들에게 자신의 아시아 여행담을 들려주었는데, 마침 그 동료 중에 작가 한 사람이 있었다. 루스티켈로 다 피사(1249-1312)가 마르코 폴로로부터 들은 이야기를 기록한 것이 바로『동방견문록』이다.

이 책은 1300년부터 필사본 형태로 전해졌고 150년 뒤에 베네치아 출판사들이 인쇄본을 내면서부터는 베스트셀러가 되었다. 베네치아 상인들은 이 책을 참고하여 최신판 지도를 만들고 상업 활동을 하였다. 마르코 폴로의 여행담에 담긴 것은 탐험 자체가 아니라 그 지역 특산물에 대한 상업 정보였다. 폴로의 책은 아랍 세계를 넘어 '인도와 중국, 멀리는 금으로 가득 찬 일본'이라는 상상력까지 부추겼다.

『지리학』 1482년 울름 판본 세계지도

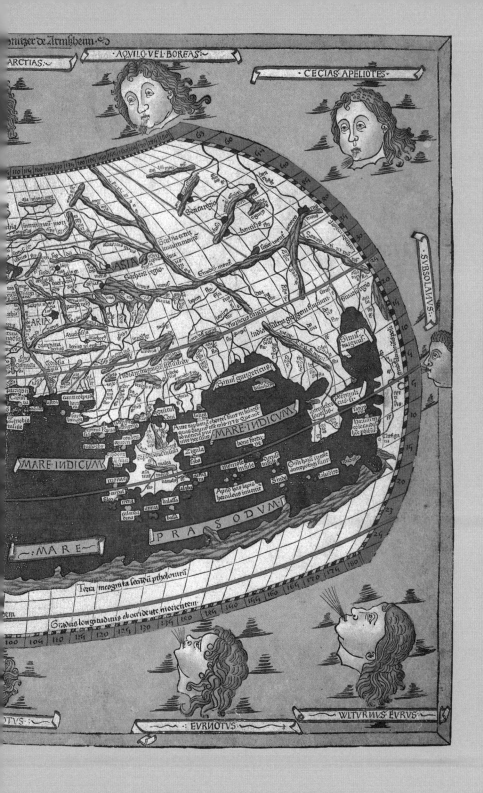

## 신세계 '세계지도'의 탄생

마르코 폴로의 『동방견문록』을 참고하여 1457년에 당시로서는 아주 획기적인 세계 지도를 제작한 사람이 베네치아의 수도사 프라 마우로(1400-1464)다. 그는 베네치아 무라노섬에 지도 공방을 만들고 앞서 제작된 프톨레마이오스의 세계지도를 비롯해 「포르톨라노 해도」 등 포르투갈이나 이슬람 등지에서 제작된 수많은 지도들로 지도의 틀을 구상해 놓았다. 그뿐만 아니라 베네치아를 자주 방문하는 많은 상인과 선원, 각국의 사절들에게서 얻은 온갖 정보를 참고해 거대한 세계지도를 만들어냈다.

이전까지는 지중해가 항상 세계의 중심에 있었지만 프라 마우로의 지도는 아프리카 남단 및 인도, 중국, 일본, 인도네시아의 자바섬까지 포함하였다. 이 지도를 주문하게 된 포르투갈의 항해왕 엔히케 왕자(1394-1460)는 이것을 보고 지중해를 거치지 않고 아프리카 남단을 돌아 인도까지 항해하는 것이 가능하다는 것을 알게 되었다. 이때는 포르투갈 출신 바르톨로 메우 디아스(1451-1500)가 아프리카 대륙 최남단에 위치한 희망봉을 처음 항해하기 30년 전이었다. 프라 마우로의 지도는 인도로 가는 신항로를 찾던 디아스에게 큰 자극과 도전을 주었다.

또 한 명의 인물에게 인도로 가는 신항로에 대한 기발한 착상이 떠올랐다. 당시 천문학자, 수학자로 이름이 높았던 파올로 달 포초 토스카넬리(1397-1482)는 아시아에 가기 위한 최단 경로를 '대서양 횡단'이라 주장했다. 그는 콜럼버스에게 보낸 편지에서도 이 주장을 되풀이하는데, 서두에서 말한 것처럼 콜럼버스가 대서양을 횡단할 때 그의 손에 있었던 것이 바로 토스카넬리의 이 편지였다.

토스카넬리는 이런 주장을 뒷받침하는 지도를 제작하여 포르투갈 리스본의 대성당평의원에게 보냈다. 그는 유럽 중에 가장 서쪽에 있는 포르투갈이 대서양 횡단에 유리한 나라라고 설명하면서 아프리카의 희망봉까지 돌아갈 필요 없이 서쪽으로만 항해하면 된다고 주장했다. 별자리와 지도책만 의지하여 지구의 둘레를 너무 짧게 생각했던 토스카넬리는 콜럼버스로 하여금 신대륙의 바하마제도를 중국이나 일본으로 착각하게 만들었다. 하지만 콜럼버스는 토스카넬리의 생각이 자신의 생각인 양 스페인을 설득해 후원을 얻어내는 데 성공한다.

콜럼버스의 대서양 횡단 이후 1507년 마르틴 발트제밀러(1470-1520)는 세계지도를 펴내며 직접 제작한 목판화 지도 스무 점을 추가하였다. 그 지도의 제목은 바로 「신세계 지도」였고, 구세계에는 프톨레마이오스의 전통이라 표시하고, 신세계에는 제노바의 탐험가 콜럼버스가 카스티야 왕의 명을 받아 항해했다고 설명하는 문구도 넣었다. 지도책에 실린 지도로서는 최초로 아메리카만을 다룬 지도가 등장한 것이다.

## 지도의 일상화

이후 한 세기가 지나서 지도는 우리의 『사회과부도』처럼 친근한 일상 속 도구가 되었다. 17세기 네덜란드 회화를 대표하는 얀 베르메르(1632-1675)의 「회화의 알레고리」에는 배경이 되는 벽 전면에 커다란 지도가 펼쳐져 있다. 당시 일반 가정에서 천으로

쿠빌라이 칸에게 통행증을 받는 모습(위)과 쿠빌라이 칸의 사냥 장면(1400년대 판본)

프라 마우라 지도(1460년 판본)

인도(1700년대 판본)

마르틴 발트제뮐러, 「신세계 지도」(1507)

된 지도로 벽을 장식하는 것이 흔한 일이었다. 지도를 지시하는 영어 '맵(map)'은 식탁보나 깃발이란 뜻의 라틴어 '맙파(mappa)'에서 온 말이다. 중세부터 이 말은 '세계'라는 뜻의 '문디'와 함께 쓰여 '세계지도(Mappa mundi)'를 뜻하다가 그 영어형인 '맵' 자체로 지도를 뜻하게 됐다. 보자기천에 불과했을 여기에 르네상스 이후 사람들은 지명을 적어 넣고 채색을 하여 벽에 붙였다. 날마다 보고 있노라면 저절로 상상의 나래가 펼쳐졌을 것이다.

내가 여러 해 동안 보아온 해도의 여백에 빽빽하게 그려져 있는 것들이야말로 그렇게 유혹당한 항해자들이 남긴 증거다. (……) 항해자들은 궁극적인 목적지가 자기들이 상상하고 묘사한 세계의 모습과 일치하는지 확인하고 싶어 했다.
— 제임스 코완, 『프라 마우로의 세계지도』에서

인도로 가는 신항로 개척에 지대한 영향을 끼친 프라 마우로도, 몸은 베네치아 무라노섬의 한 수도원에 박혀 있었지만 머릿속에는 '새 하늘과 새 땅'을 그리고 있었다. 그는 자신의 상상에 걸맞은 지도를 먼저 그려놓고 확인하고 싶었을 뿐이었다. 지도는 실제 공간의 반영물이기보다는 머릿속 공간의 자극제다. 지도가 사람들의 머리 안에 공간을 그려내기 때문이다.

낯선 곳에 가기 위해 먼저 머릿속에 지도가 있어야 하듯 신항로 개척에 앞서 르네상스인의 손에는 지명들로 빼곡한 세계지도가 있었다. '지중해 네트워크에서 세계 네트워크로', '지중해 물류에서 세계 물류로' 향한 베네치아인에게는 촘촘하게 그려진 지도들이 있었다.

얀 베르메르, 「회화의 알레고리」(1667년경)

지금 이 순간 내 머릿속에는 어떤 지도가 그려져 있을까? 르네상스인이 세계 물류를 향한 새로운 거점들을 궁리하듯 나만의 최신판 지도를 만들고 싶다. 이제 작은 책상에 지도를 펼쳐 놓고 그 여백을 상상의 장소들로 채워보자.

성형수술

# 자발적으로
# 변신하라

뮤지컬 「오페라의 유령」에 나오는 주인공은 흉측한 외모 탓에 항상 숨어 지낸다. 어쩔 수 없이 사람들 앞에 설 때면 가면을 쓴다. 그가 숨어 살면서 유령으로 오해받는 가장 큰 이유는 그의 몰골 때문이다. 가스통 르루(1868-1927)의 원작 소설 『오페라의 유령』에 따르면 "그저 죽은 자의 해골에 박혔을 법한 커다랗고 시커먼 구멍 두 개만 볼 수 있을 따름이다." 얼굴의 정중앙에 위치한 코가 사라지거나 상처를 입으면 사람은 얼굴을 들고 다닐 수 없다. 그렇다, 그는 코가 없어 유령이 되었다.

### 르네상스 시대 '안장코' 피해자들

코를 재건하는 성형 기술은 생각보다 그 역사가 길다. 고대

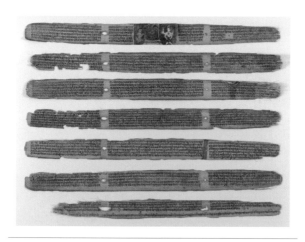

수슈루타상히타

1부 르네상스, 상상과 현실의 세계

중국의 5대 형벌 중 하나인 의형(劓刑)이
있고, 서구의 고대 부족에겐 패배의 상징
으로 피섬령자들의 코를 베는 형벌이 있
었다. 집행 절차도 간단한 데다 감옥에 비
해 비용 절감 효과도 컸기에 이 형벌은 동
서양을 막론하고 오래 지속되었다. 코가
잘리더라도 그 떨어져 나간 살점을 주워
되도록 빨리 붙이면 다시 복원되는 경우
가 더러 있자, 형을 집행하는 당국은 잘
린 콧등을 불에 태워버렸다. 이것은 단지
신체의 일부가 없다는 것 이상으로 훨씬
더 큰 심리적 상처, 수치심과 모욕감을 주
었다. 이미 기원전 800년부터 인도에 이
런 일이 생기자 그들에게 연민을 느낀 '수
슈루타'라는 의사는 수많은 시행착오 끝
에 코 재건에 성공한다. 검투 경기의 열기
가 높았던 로마 제정기에도 코가 잘린 전
사들이 의사에게 성형수술을 받았다고
한다.

매독 환자(17세기)

매독균으로 살이 썩은 환자의
초상화(1820년)

　　웬일인지 르네상스가 되어 이탈리
아에서 코 성형에 대한 수요가 급증한다.
오래전부터 성질 급한 귀족들 간에 결투
를 하거나 고약한 전쟁 탓에 코가 베인
사람들도 많았지만, 16세기 유럽 전역에
서 코가 녹아내리는 감염 환자도 헤아릴

안장코 환자(1907년)

수 없었다. 매독이 기승을 부리면서 당사자들뿐만 아니라 균에 감염된 태아들도 부지기수였다. 이들은 콧대가 내려앉는 일명 '안장코' 피해자들이었다. 피해 증상은 무시무시했다. 보기 흉한 궤양이 생기는가 싶더니 곧 피부가 무감각해지고, 점진적인 궤사로 코 밑에 있는 연골 또는 뼈 조직이 약해지면서 코가 내려앉게 된다. 심지어 코뼈가 얼굴에 파고들어 살이 썩어 가는 경우도 있었다.

이 시대는 매독균에 의해 구멍만 남은 코를 성적 부도덕의 낙인이라 여기면서 '낮은 코'에 대한 강한 거부감이 생겼다. 도덕적 타락과 육체적 부패를 상징하는 수치스러운 이 '흔적'을 지우려는 피해자들의 절박한 심정은 의사들에게 연민을 불러일으키기에 충분했다. 1928년 페니실린이 발견되기 전까지 매독은 불치병이었고 매독에 걸린 환자를 돕는 방법은 성형밖에 없었다.

## 시칠리아에서 시작된 성형수술

그렇다면 고대에 코를 재건하는 성형은 어떤 방법이었을까? 코 성형에 대한 공식적인 첫 저작은 볼로냐대학교 외과교수이며 해부학자였던 가스파레 탈리아코치(1545-1599)가 라틴어로 쓴 『이식재건성형론』이다. 탈리아코치는 재건성형과 미용성형을 구분하고, 코 성형을 재건성형에 포함시키면서 그 방법을 자세히 소개한다.

당시 볼로냐를 비롯한 유럽의 의과대학들에서 가르치는 교육 과정은 그리스어와 아랍어로부터 라틴어로 번역된 문헌에 바탕을 두었다. 고대 그리스의 히포크라테스나 헬레니즘 시대 갈레누스의 저술들, 그리고 아랍, 특히 11세기 페르시아의 아비첸나(이븐 시나)의 『의학규범』이 중심이 되었다. 그런데 탈리아코치의 성형은 고대의 수술을 그대로 답습하는 데 그치지 않고 독창적인 방식을 포함했다.

이탈리아에서 코 성형은 이미 15세기 초에 시칠리아의 카타니아에서 시작되었다. 외과의들은 위에서 말한 고대 인도 의사인 수슈루타의 책으로 알려진 『수슈루타상히타』에 소개된 방법과 유사한 기술을 사용했다. 다른 점이 있다면 인도에서는 이마의 피부를 사용했지만 카타니아 지역 외과의사, 특히 브랑카는 뺨의 피부를 사용했다는 것이다. 뺨의 피부 일부를 잘라내되 일부는 뺨에 붙어 있게 한 채 코에 밀착시켜 일정 기간 혈액이 공급되게 하였다. 손상된 부위에 피부를 꿰매어 놓았기 때문에 코에 적합한 '덮개'가 재생된다. 하지만 뺨이 되었든 이마가 되었든 얼굴에 흉터가 남게 되는 문제점이 있었다.

그래서 브랑카의 아들 안토니오는 얼굴 피부가 아닌 팔의 피부를 사용하게 된다. 팔에서 피부를 두 줄로 절개한 후 늘어진 피부 사이에 린넨 드레싱을 넣어둔다. 약 두 주 후에 늘어진 피부의 한쪽 끝을 잘랐다. 한쪽 끝이 팔에 연결된 늘어진 피부를 코 단면의 피부를 벗겨 손상된 코에 이식했다. 환자의 팔은 약 두 주 동안 붕대를 사용하여 고정하여 이식된 피부가 코 모양을 형성하게 한다. 코에 피부가 제대로 재생되면 팔에서 '코'에 연결된 피부를 잘라낸다. 여섯 차례의 수술과 4주 이상의 기간이 걸리는 훨씬 더 복잡하고 번거로운 성형이었지만, 얼굴 피부엔 어떤 흉도 생기지 않았다. 탈리아코치도 이와 같은 코 재건성형술을 사용했다.

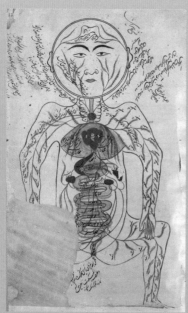

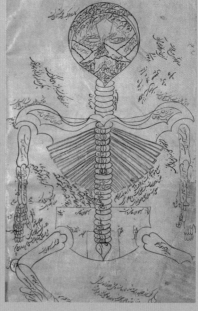

탈리아코치의 코 성형수술 일러스트

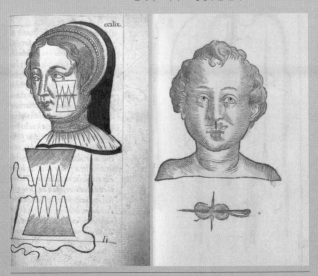

앙브루아즈 파레가 자신의 외과술 경험을 기록한 목판화

## 성형수술 박해와 수도사들의 엉터리 수술

하지만 탈리아코치의 성형수술은 무슨 이유에서인지 금방 쇠퇴하고 만다. 가장 큰 이유는 프랑스에서 코 성형이 사실상 금지되었으며, 다음 몇 세기 동안 이탈리아를 비롯한 그 밖의 유럽에서 재건성형에 대한 어떤 이야기도 공식적으로 들을 수 없었기 때문이었다.

프랑스는 다른 어느 나라보다 일찍부터 미용성형에 대한 관심이 높았다. 이미 14세기 프랑스의 궁정의사였던 앙리 몽드빌(1260-1320)은 『외과론』(1314)을 남겼다. 원래 계획한 5부 중에서 2부만 저술하고 폐결핵으로 갑작스럽게 죽은 몽드빌은 '남녀의 미용'에 관한 장에서 '젊어지는 방법', '얼굴과 머리 손질', '탈모 방지', '가슴성형' 등을 언급했다. 그래서 그는 '미용성형의 아버지'라고까지 불린다. 또한 프랑스의 이발 외과의 출신인 앙브루아즈 파레(1510-1590)는 베인 상처를 접합할 때 수술자국을 남기지 않는 방법을 고안해서 얼굴의 아름다움을 최대한 살리고자 했다. 그는 피부를 직접 꿰매지 않고, 상처 양쪽에 붙인 연고 바른 천을 꿰매어 피부를 접합했다. 상처 부분을 직접 바늘로 꿰매는 기존의 방법에 비해 흉터가 그리 흉하게 남지 않아 획기적인 결과를 얻을 수 있었다. 이렇게 미용성형은, 프랑스에서도 명성이 퍼지고 있던 탈리아코치의 재건성형을 통해 그 기술이 진일보한다.

하지만 교회 지도자들은 재건성형의 기술을 미용성형에 사용하는 것을 탐탁하지 않게 여겼다. 인간의 외모를 고치는 것을 창조자에 대한 모독과 불경으로 간주했기 때문이다. 그뿐만 아니라 무지와 미신, 시샘과 적의에서 비롯된 경쟁자들의 반대가 거세진 탓으로 급기야 탈리아코치는 죽은 후에 이단으로 몰려 교회 묘지 매장을 거부당했다.

성형수술이 유행하기 조금 전 유럽은 수도원과 성직자 수가 급증하면서 그 타락도 극에 달했다. 이런 모습을 히에로니무스 보스(1450년경-1516)는 노골적으로 묘사했다. 그가 살던 스헤르토헨보스시에는 수많은 수도원들이 있었고, 시대에 걸맞지 않는 수도사들의 어리석은 행동은 일반 시민들에게 상당한 반감을 샀다.

그 한 예로 1494년경 보스가 그린 「바보 치료」가 수도사들의 무지와 억지스러운 주장을 표현하고 있다. 당시 수도사들은 바보들의 머리 속에는 돌이 들어 있다고 여겼다. 이들은 우의적 상징과도 같은 '돌머리'를 문자 그대로 해석하여 똑똑한 사람이 되기 위해서는 돌을 끄집어내야 한다고 믿었다. 이 그림 속에서 수도사로 보이는 외과의사는 남자의 머리를 날카로운 칼날로 구멍 내고 있다. 아마도 돌을 끄집어내고자 수술하는 것 같다. 물병을 들고 있는 수도사는 뭔가 불안해 보이며, 수녀는 머리에 책을 얹고 한 손으로 턱을 괴고 수술 장면을 물끄러미 지켜보고 있다. 보스는 이 그림을 통해 엉터리 치료법으로 사람을 현혹시키는 사이비 수도사들을 비판하고 있다. 16세기 이후 종교의 이름을 빌린 엉터리 치료는 탈리아코치의 성형수술보다 더 많이 행해지기에 이른다.

앙브루아즈 파레

「바보 치료」

## 미란돌라의 '자율적 자기 변신'

탈리아코치는 사람의 외모를 바꾼 이단자로 낙인 찍혔지만, 다행스럽게도 이 억울한 사정을 공론의 장으로 끌어내어 오해를 불식시킨 그의 친구들이 있었다. 그들은 탈리아코치가 저술한 책을 통해 항변했다.

우리는 자연이 선사했지만 운명에 의해 빼앗긴 부분을 복원하고, 재건하고, 그리고 온전케 합니다. 이는 눈을 즐겁게 하기 위함이 아니라 영혼을 회복하여 고통받는 사람들의 마음을 위로하려는 것입니다.

　　　　　　　　　　　　　　—탈리아코치, 『이식재건성형론』에서


탈리아코치는 누구든 코가 없다면 반드시 불행할 것이며 이 불행은 사람을 충분히 병들게 한다고 생각했다. 그는 얼굴과 성격, 몸과 마음을 연결 짓는 많은 이론을 주장했다. 그가 목표로 삼는 것은 단지 얼굴을 예쁘게 꾸미는 '미용'이 아니라 육체의 본래 형태, 즉 이상적인 형상(forma)을 재창조하는 '재건'이었다. 미용성형 이전에 자신의 이상적인 형상에 대한 재건이 먼저라는 주장이었다.

르네상스 학자들은 탈리아코치의 이런 사상을 그보다 한 세기 먼저 살았던 천재 피코 델라 미란돌라(1463–1494)에게 영향 받은 것으로 본다. 그리스어, 히브리어, 아랍어, 라틴어와 그 사상들을 익히고 수사학, 시학, 철학, 신학을 공부한 젊은 미란돌라는 '자율적 자기 변신'의 개념을 갖고 있었다. 그는 1486년 24세에 지은 책에서 다음과 같이 말한다.

**피코 델라 미란돌라**

아담아, 우리는 네게 어떤 자리도, 고유한 얼굴도, 특별한 선물도 주지 않았으니, 네가 원하는 자리와 얼굴과 선물을 너의 판단과 결정에 따라 소유하게 함이라. (……) 그것은 제 존재를 마음껏 자발적으로 바꾸고 (plastes) 구성할 수 있는 네가, 형상을 원하는 대로 온전히 만들 수 있도록 하기 위함이라.

—— 미란돌라,『인간의 위대함에 대한 연설』에서

미란돌라나 탈리아코치는 인간이란 각자 자기 몸에 대해 갖고 있는 형상으로 변형하고 재창조하는 존재라 확신했다. 인간이 진정 자유하다면 그 형상을 향한 자기 변신과 끊임없는 운동이 가능하다고 여겼다. 탈리아코치는 친구들의 변호 덕분에 산 조반니 바티스타수도원 묘지에 이장되었다. 어쩌면 그는 땅속에서 자신이 원하는 형상대로 수많은 변신을 거치고 있을지도 모른다.

적어도 탈리아코치가 생각한 성형은 미용 이전에 자신이 생각한 이상적인 형상을 향한 수많은 변신 중 하나였다. 우리는 어떤 변신을 꿈꾸는가? 그렇다면 우선 "제 존재를 마음껏 자발적으로 바꾸고 구성할" 수 있는 이상적인 형상을 그려보자. 그런 이후 변신에 도전해 보자.

이제 그동안 바쁘다고 후순위로 내려놓았던 운동에 나서야겠다. 숨이 벅차오를 때 상승하는 맥박과 몸의 온기를 통해 변하는 내 몸의 상태를 느껴야겠다. 그렇다. 내가 꿈꾸는 내 몸의 형상은 곧 내 자유의 시작이다.

# 6

마스크팩

회복을 향한

열망의

에너지

예언가이자 의사인 노스트라다무스(1503-1566)가 '화장법'에 관한 글을 썼다. "치아를 검게 하지 않고 얼굴을 희게 하는 화장품" 이야기였다. 그를 프랑스 궁정으로 초빙한 사람은 샤베트, 과실주, 파라솔, 포크, 하이힐, 마카롱 등을 프랑스에 전달한 여인이다. 이탈리아 피렌체 출신으로 프랑스의 왕비가 되었으며 남편이 죽고 세 명의 아들이 차례로 왕이 되는 동안 섭정을 했던 카트린 드 메디시스(1519-1589)다. 카트린은 앙리 2세(1519-1559)와 결혼하여 프랑스에 자신의 미용사를 대동하고 이탈리아 르네상스식 화장법을 전파했다. 남편을 이어 첫째 아들마저 죽자 겁먹은 그녀는 주위의 반대를 무릅쓰고 노스트라다무스를 궁정 의사로 초빙했다. 바로 그 예언가가 하필 화장품, 그것도 치아를 검게 하지 않는 화장품에 대해 말했다.

카트린 드 메디시스

　　　　　　　　　　　　　　　　　　　　1부 르네상스, 상상과 현실의 세계

## 르네상스 여인의 치아는 왜 까맸을까

중세의 속박이 느슨해지고 여성들의 화장이 시작된 곳은 이탈리아다. 그런데 그 르네상스의 여인들은 치아까지 검게 화장했다는 오해가 있다. 사실은 치아가 검게 변색된 것이었다. 얼굴에 칠했던 분에 납과 같은 중독 성분이 많아 치아에 흡수되어 쌓였기 때문이다.

르네상스 시대에 이상적인 미녀는 얼굴이나 살갗, 손가락이 하얗다고 생각했다. 심지어 검은 벨벳으로 된 가느다란 리본을 이마에 늘어뜨려 대조적으로 얼굴이 희어 보이게 했다. 피부를 하얗게 만드는 화장품은 은과 수은, 납 가루와 백반을 섞고 그 혼합물을 유향을 씹었을 때 고인 침으로 묽게 만들어 빗물 속에서 끓인 뒤 거기서 발생하는 연기를 식혀 만들었다.

납은 몸속에 축적되어 치아와 뼈를 검게 만들고, 백반은 치아가 힘없이 빠지게도 했다. 이런 독성 물질을 함유한 화장품이 프랑스와 영국에까지 전해지면서 이후 많은 비극적 사건이 발생했다. 그래서 의사였던 노스트라다무스가 치아를 검게 하지 않는 화장품에 관심을 가졌던 것이다.

중세에 꺼려하던 화장품이 유럽에서 다시 사용되었지만, 생각지도 못했던 납 가루의 중독성이 밝혀지자 베네치아 여인들은 그 독성을 중화시키려고 노력했다. 지금이야 궁금한 것이 생길 때마다 인터넷을 검색하면 쉽게 해결되지만 당시는 그럴 수 없었기에, 해독 정보가 필요했던 르네상스인들은 고전 문헌을 뒤졌다.

특히 르네상스인들이 관심을 가진 책은 고대 로마의 플리니우스(24-79)가 저술한 『박물지』였다. 이 책은 플리니우스가 464명의 작가가 쓴 2000여 권의 책을 읽고 거기에 자신의 견해를 덧붙여 약 2만 개의 항목을 37권으로 정리한 사전이다. 르네상스인들은 그 책에서 '얼굴 화장품(Medicamina faciei)'이라는 항목을 발견했다. 약을 뜻하는 영어 'medicine'의 고대 라틴어는 약품만이 아니라 화장품까지 포함하는 의미를 가진다.

## 로마 시대 화장법에서 마스크팩을 찾아내다

플리니우스는 1세기의 이상한 메이크업을 소개한다. 벌꿀, 콩과 보리의 가루, 달걀, 포도주 앙금, 녹용가루, 수선화 뿌리를 반죽하여 얼굴에 올린다는 내용이었다. 이것은 피부의 미백을 유지하는 일종의 얼굴덮개였다.

르네상스 여인들은 이것을 보고 전해져 내려오는 한 이야기를 떠올렸다. 네로 황제(재위 54-68)의 아내 포파이아 사비나(30년경~65)가 사용했다는 '포파이아 마스크'다. 지방, 벌꿀, 곡물가루를 반죽한 두꺼운 팩으로, 얼굴에 올리면 가면을 쓴 것처럼 보여서 당시 사람들은 '마스크'라 불렀다고 한다.

포파이아는 네로가 로마를 비우면 며칠 동안 밤낮 없이 얼굴에 반죽을 올린 채 지냈다. 그녀의 살결이 진주나 비단처럼 고운 색채를 띠고 있었기에 이 마스크는 로마 여인들에게 대단한 인기가 있었다. 로마의 남편들은 밤마다 부인의 진짜 얼굴을 보지 못했을 정도였다. 네로 시절에 있었던 로마의 마스크가 베네치아 여인들의 관심을 끌게 되었다.

## 해독용 마스크팩을 찾아내라

르네상스 여인들은 일명 '포파이아 마스크'를 활용해 납 성분을 해독하는 새로운 마스크를 제작하기로 했다. 그렇다면 이제 어떤 성분으로 해독용 팩을 만들어야 할까? 르네상스인들은 다시 고전 문헌에서 '재발견'하는 수밖에 없었다.

뜻밖에도 플리니우스보다 이전 사람인 오비디우스(기원전 43-기원후 17)의 글에서 그 단서를 찾을 수 있었다. 『변신 이야기』의 작가 오비디우스는 『사랑의 기술(Ars amatoria)』과 『여인의 얼굴 화장품(Medicamina faciei femineae)』에서 메이크업에 대해 아주 상세하게 기록했다.

> 당신은 분을 발라 희게 할 줄 알지요. 창백한 혈색도 화장술로 붉게 하죠. 숱이 적은 눈썹은 기술적으로 그려 넣고요. 아무것도 바르지 않은 양쪽 볼에는 연지를 찍지요.
>
> ──오비디우스, 『사랑의 기술』에서

요즘과 같은 '치크 블러셔'가 없었기 때문에 고대 로마 여인들은 연지를 열심히 찍었을 것이다. 여기서 말하는 '연지(aluta)'는 '컴프리(Comfrey)'라는 약초로, 상처 부위에 바르면 효험은 있지만 피부에 자극을 가해 그 주위를 붉게 만들었다. 이렇게 자극받아 벌겋게 된 민감한 피부에 로마 여인들이 '양모기름(oesypum)'을 사용했다고 오비디우스는 전한다. 양모기름은 피부에 자극적이지도 않고 흡수가 잘 되어 피부연화제나 자극완화제로 쓰였다. 오비디우스는 미인들이 이 기름으로 만든 액체를 하루에 몇 번

씩이나 몸에 발랐다고 전한다. 결국 르네상스 여인들은 오비디우스에게서 힌트를 얻어 마스크의 성분으로 동물성 기름에 관심을 갖는다.

그런 시각에서 보니 플리니우스의 저서에도 동물성 약품(화장품)을 말한 곳이 상당히 많았다. 특히 미백과 주름 개선, 상처 완화, 햇볕에 자극받은 민감한 피부와 건조해진 입술에 송아지 기름을 린넨천에 싸서 얼굴에 얹으면 효과가 있었다고 한다. 여기에서 르네상스 여인들은 완전히 다른 개념의 해독용 마스크팩을 생각해 낸다. 반죽을 올리는 것이 아니라 얇은 동물성 팩을 얼굴에 붙이는 것이었다.

수많은 시행착오 끝에 베네치아 여인들은 송아지의 생살을 얇게 저민 것으로 가장 효과적인 팩을 만들었다. 천연 성분의 곡물이나 흙을 반죽하여 올리는 방식의 팩은 이전에도 있었으나 요즘처럼 간편히 붙이는 마스크팩의 역사는 이렇듯 르네상스 시대에 시작되었다. 하지만 르네상스인들은 여기서 멈추지 않았다.


## 모나리자의 달팽이점액 추출물

르네상스에 있었던 증류법의 발전을 통해 마스크팩에는 이제 갖가지 성분이 들어가게 된다. 꽃잎뿐만 아니라 동물성 원액도 포함된다. 추출물에 함유된 단백질, 즉 콜라겐, 엘라스틴, 케라틴 및 점액 다당류를 마스크팩에 사용하게 된 것이다. 이전 시대에는 시트지를 얼굴에 깔고 그 위에 반죽을 올려야 했지만 꽃

「모나 리자」(1503~1506)

잎 에센스를 팩에 흡수시키면서 향을 낼 수도 있게 되었다.

점차 완성을 향해 가던 르네상스의 마스크팩 중에 가장 특이한 성분은 바로 달팽이점액 추출물이었다. 레오나르도 다 빈치가 그린 「모나 리자」의 실제 모델로 알려진 리자 게라르디니(1479-1542)는 달팽이를 껍질이 녹을 때까지 고아서 거기에 레몬즙과 포도즙을 가미해 만든 에센스를 사용했다고 한다. 피렌체의 부유한 직물 상인의 아내였던 리자, 즉 리자 부인이란 뜻의 '모나 리자'의 은은한 미소는 '달팽이점액 마스크팩'의 효과로 만들어진 흐뭇한 미소일지도 모른다.

흥미롭게도 리자 부인이 달팽이점액을 얻은 곳은 성 우르술라 수녀원이었다. 리자는 이 수녀원을 자주 방문하였는데, 달팽이의 신비한 추출물을 얻고 관대한 기부를 했다고 전한다. 여성들이 화장을 시작하자 보수적이었던 수녀원에서도 '달팽이점액 화장품'을 만들게 된 시대가 르네상스였다. 이 밖에도 이미 르네상스 초기 인문주의자로 알려진 레온 알베르티(1404-1472)의 『아밀라』, 여걸이었던 카테리나 스포르차(1463-1509)의 『실험』 등 메이크업과 관련된 책들이 봇물 터지듯 쏟아져 나와 있었다.

르네상스는 프랑스어로 '재생', '부활'이라는 뜻으로, 일반적으로 '고전의 재발견'으로 이해한다. 하지만 르네상스 사람들은 플라톤이나 키케로가 저술한 책만을 재발견한 것이 아니라 자신들의 일상이 현실에서 새롭게 부활하는 데 도움이 될 만한 책들을 샅샅이 뒤지고 또 그런 책들을 저술한 것이다.

## 회복을 향한 열망

미용, 화장법, 성형 등을 뜻하는 영어 'cosmetic'은 '질서', '조화', '세상'을 뜻하는 그리스어 '코스모스'의 형용사형에 뿌리를 두고 있다. 혼란을 뜻하는 카오스에서 코스모스로 만드는 것이 코스메틱의 원래 의미다. 십자군전쟁과 흑사병으로 이탈리아 인구의 3분의 1을 잃은 직후 르네상스인들의 마음에는 파괴되고 상처 입은 세상을 회복하려는 열망이 꿈틀대기 시작했다. '질서'와 '조화'를 불어넣어 '세상'을 회복하려는 르네상스인들의 이야기는 화장품이라는 그리스어의 뜻과 그 맥을 같이한다. 르네상스 여인들에게는 아름다움에 대한 미적 추구가 있었다. 그러다가 얻게 된 납중독, 비록 치아는 검게 변색됐지만 또 회복해야겠다는 강한 의지가 있었다. 건강이 필요했고 치료가 필요했다. 그래서 이리저리 모든 것을 동원해 들춰 보고 수소문하며 오랜 시도 끝에 만들어낸 마스크팩, 그것은 회복을 향한 몸부림이었다. 구체적 실천의 하나로서 마스크팩을 얼굴에 붙이며 회복을 다짐하는 것이었다.

이처럼 르네상스 시대의 마스크팩에는 '재생'과 '부활'의 열망이 들어 있었다. 그렇다면 당시보다 책도 많고 정보도 많고 수명도 길어진 오늘날, 르네상스와 크게 차이 나는 것은 무엇일까? 우리 시대는 당장 나 자신부터 회복을 향한 열망이 없다. 변색되고 찢기고 터졌는데도 회복과 재생의 필요를 느끼지 못한다. 상처와 결핍에 민감한 적이 있었으나 언젠가부터 애써 포기하고 순응하며 산다. 그러다 보니 상처가 곪고 있는데도 둔감하거나 무감각한 사람이 된다. 돌같이 딱딱한.마음이 되었다. 감동도 없고 눈물도 없고 미소마저 사라졌다.

르네상스 시대에는 인문주의자들의 '문예부흥'이나 '고전의 재발견' 이전에 회복의 열망이 먼저 돋아나고 있었다. 전역을 휩쓸고 지나간 전쟁과 전염병의 지울 수 없는 생채기에 새살이 돋듯 감각이 살아나는 것이었다. 감기에라도 걸렸다가 회복될라치면 그동안 아무 맛도 느끼지 못했던 입맛부터 되살아난다. 관심 없었던 하늘이 갑자기 푸르고 드높은 것으로 보인다면 기력이 회복되는 것이다. 보이지 않던 세상의 색채가 눈에 들어오기 시작하면서 세상이 마냥 아름다워진다. 상처 때문에 겁부터 먹고 닫아뒀던 감각의 문이 비로소 열리기 때문이다.

르네상스는 재생을 향한 감각이 불 일듯 열리는 시기였다. 오늘밤에는 마스크팩 하나 가만히 붙이고 그 '재생'의 꿈을 꾸고 싶다. 회복을 향한 르네상스인들의 열망을 진정 닮고 싶다.

르네상스 정원

## 생명력을 회복하기
## 위하여

레오나르도 다빈치가 피렌체에서 밀라노로 옮긴 뒤 첫 번째로 그린 그림은 「동굴의 성모」였다. '순수'를 주장하는 어느 종교단체로부터 주문을 받아 1483년에서 1486년에 완성한 그림인데, 성모와 아기 예수, 아기 요한, 그리고 천사를 어슴푸레한 바위와 식물을 배경으로 그렸다. 하단에 그려진 식물들은 우리가 보기에 왼쪽부터 노랑꽃창포(*Iris pseudacorus*), 매발톱꽃(*Aquilegia vulgaris*), 앵초꽃(*Primula vulgaris*)이다. 이 식물들은 빛이 잘 들지 않는 동굴과 같은 습한 환경에 적합한 식물이다. 오른쪽 뒤편의 바위 사이를 자세히 보면 잎이 무성한 로부르참나무(*Quercus robur*) 가지가 있다.

꽃과 식물은 르네상스 회화에서 상징적 의미를 가지고 있는데, 여기 있는 식물들과 '순수'는 어떤 관련이 있는 것일까? 누구보다 식물을 열심히 관찰하고 습작한 다빈치는 화장품과 향수를 만들었을 정도로 식물 지식에 해박하였다. 그 식물들이 순수하다는 것은 중세의 정원 개념과 맞닿아 있다.

## 비밀의 정원

영어 '가든(garden)'은 '닫힌 정원'이란 뜻의 중세 라틴어 '호르투스 가르디누스(hortus gardinus)'에서 온 말이다. 원래는 '호르투스'가 정원을 뜻하지만 중세 이후로는 '닫힌'을 의미하는 '가르디누스'가 정원이란 뜻으로 정착되었다. 그만큼 중세의 정원은 닫힌 공간의 의미가 컸다. 한마디로 중세 정원은 아무나 들어갈 수 없는 '비밀의 정원'이었다.

청춘남녀 열 명이 '비밀의 정원'에 들어간 이야기가 보카치오(1313-1375)의 『데카메론』에 나온다. 1348년 피렌체에 창궐하고 있는 흑사병을 피해 정원에 들어간 열흘 동안의 기록인데, 여기에 묘사된 14세기 정원은 "사방이 담으로 둘러쳐진 곳"이었다. 중세부터 있었던 '닫힌 정원'의 전통은 적어도 『데카메론』이 발표된 1353년까지 흔한 모습이었다.

중세는 정원을 성경에서 「창세기」의 최초 생활공간인 '에덴동산', 「아가서」 연인들의 '밀애의 공간', 그리고 종말을 예언한 「계시록」의 '영원한 낙원' 등의 종교적 상징으로 받아들였다. 그렇기 때문에 중세의 정원은 천상과 세속의 사랑이라는 우화의 상징으로 가득했고, 정원 안에서 근엄한 기사와의 사랑 이야기가 문학의 주제가 되기도 했다. 정원은 울타리를 쳐야 짐승과 외적들, 전염병으로부터 보호받는다고 여겼고, 그 안을 기하학적으로 구획하는 것이 가장 아름다운 것이라 여겼다. 그렇게 닫혀 있는 '비밀의 정원'은 아름다움 또는 순수를 보호하는 공간이 된다.

중세 정원의 모습을 추측할 수 있는 좋은 자료가 「생갈수도원의 계획도」로 불리는 9세기의 관리 규정에 남아 있다. 생갈수도원에 소장된 계획도에는 두 명의 수도사들이 남긴 식물 목록과 함께 달력이 남아 있다. 기록에는 많은 그림들과 색실로 짠 직물 그림, 채색 사본이 담겨 있다.

수도사들은 식물에 대한 과학 및 약초의학에 관한 소양을 가져야 했다. 허브나 풀들은 '허브정원'에, 관상 목적의 수목은 '마당정원'에, 식재료가 되는 식물은 '주방정원'에, 의약품과 화장품의 재료가 되는 식물은 '약초정원'에, 분수와 키 작은 식물은

레오나르도 다빈치, 「동굴의 성모」(1483-1486)

'회랑정원'에 각각 배치되거나 재배됐다. 그뿐만 아니라 제단을 장식하기 위해 백합과 장미, 제비꽃 등을 재배했는데, 백합은 순수, 장미는 순교, 제비꽃은 겸손을 상징했기 때문이다. 중세인들은 상당히 실용적인 목적을 위해 꽃과 허브를 정원에서 재배하고 의약품과 식재료를 만들었다는 사실을 알 수 있다.

특히 시토수도원을 설립한 신비주의자 베르나르 드 클레르보(1091-1153)는 야생에 자생하고 있던 자스민, 라벤더, 붓꽃, 동백꽃 등을 정원에 옮겨와 식물의 향에 집중할 것을 강조했다. 이 수도원에서는 옷을 삶을 때 붓꽃의 말린 뿌리와 함께 삶았고, 자단나무로 된 벽장에 옷을 두었을 뿐만 아니라 비누에도 향을 넣었다고 한다.

정원을 갖춘 수도원의 구조 중에 특이한 점은 예배당, 회랑정원, 주방, 약초정원, 마당정원에다가 진료(정)원을 갖추었다는 것이다. 이것은 중세 정원의 궁극적 이상이 회복에 있다는 점을 잘 드러낸다. 이와 같은 수도원의 구조는 유럽의 병원에까지 영향을 주었다. 1423년 베네치아의 산세르볼로섬에 세워진 최초의 격리 병원은 중세 수도원의 '비밀의 정원'이 '회복의 정원'으로 진화한 형태였다.

## 물의 정원과 지옥의 정원

정원 안에 기하학적 구획으로 유명한 르네상스 정원도 사실 중세의 이상을 구체화한 것에 불과했다. 하지만 르네상스 시대에 정원은 최전성기를 맞이했다. 그도 그럴 것이 그 시기에 무역이 발달하고 농산물에 대한 의존도가 낮아졌기 때문이다. 재력가들은 남아나는 토지에 경쟁적으로 정원을 만들기 시작했고, 이런 유행은 피렌체에서 로마로, 그리고 이탈리아 전역으로 확산되었다.

그런데 특이한 점은, 르네상스식 정원이 유행하면 할수록 좀 더 이상적인 정원의 모습을 상상했다는 점이다. 보카치오의 글에도 마음속에 꿈꾸는 이상적인 정원이 나타난다.

> 정원을 채운, 아마도 백여 종류는 될 법한 귀여운 짐승들이 눈에 들어온 것입니다. 그들은 서로에게 짐승들을 가리켜 보여주었는데, 이편에서 집토끼가 나오는가 하면 저편에서는 산토끼가 뛰어다녔고, 암사슴들이 누워 있을 뿐만 아니라 새끼 사슴 몇 마리가 돌아다니며 풀을 뜯는 것이었습니다. 그 외에도 해롭지 않은 온갖 종류의 짐승들이 마치 가축처럼 저마다의 모습을 뽐내며 즐겁게 노닐고 있었습니다. 이런 모습은 그 어떤 것보다 큰 즐거움을 더해 주었습니다.
>
> ─보카치오, 「세 번째 날」, 『데카메론』에서

보카치오가 바라본 이상적 정원은 맹수와 초식동물들이 함께 노니는 곳이었다. 르네상스 시기에 구체화된 이상적인 정원

중 하나는 '물의 정원'이란 별명이 붙은 '빌라 데스테(Villa d'Este)'이고, 또 다른 하나는 '지옥의 정원'이라 불리는 '사크로 보스코'이다. 빌라 데스테는 가파른 경사에서 수로를 따라 막대한 양의 물이 내려오면서 거의 모든 공간에 분수가 솟아오르게 했다. 폭포 소리가 나듯 장엄한 원형 분수, 1킬로미터의 길을 따라 쭉 펼쳐지는 백 개의 분수, 넵투누스 분수, 오르간 분수, 용의 분수, 다산의 분수, 그 밖의 수많은 분수들이 보는 이들에게 즐거움을 선사한다. 빌라 데스테를 만든 아폴리토 에스테 추기경은 20여 년간 교황 선거에서 다섯 번이나 낙선하였지만 그 기간 동안 극적인 즐거움을 주는 놀이공원을 만들어냈다. 적어도 그의 경쟁심과 패배감이 유쾌한 위락 시설을 만드는 창의성으로 승화된 것이다.

르네상스 정원 중 가장 극단적으로 변형된 형태는 이탈리아 보마르초에 있는 '사크로 보스코', 즉 '성스러운 숲'이다. 정원 안에는 돌로 된 거대한 조각상들이 흩어져 있다. 장미꽃을 든 곰, 스핑크스, 군인들을 코로 휘감아 높이 쳐든 코끼리, 인간의 두 다리를 찢는 거인 등 정원 자체가 음습한 데다 조각상들마저 그로테스크해서 '괴물들의 정원'이라는 별명이 붙었을 정도다. 특히 피사의 사탑처럼 곧 쓰러질 듯 기울어진 작은 집과 단테의 지옥의 문을 모방한 듯 "모든 생각을 날려버리라.(Ogni pensiero vola)"라고 적혀 있는 '지옥의 입' 등은 기묘하고 괴기스럽기까지 하다.

'성스러운 숲' 정원이 더욱 환상적으로 느껴지는 이유는 모든 조각물에 녹색 이끼가 끼어 있기 때문이다. 이 정원을 방문한 뒤 『보마르초의 괴물』이란 책을 쓴 프랑스의 초현실주의 시인이자 소설가 망디아르그(1909-1991)는 "이것은 인간의 손으로 가공된 돌, 청동, 나무, 수액 및 부식토에서 끊임없이 뿜어내는 엽록소

'죽음의 신' 오르쿠스의 입

케레스 여신

헤르메스 주상들

괴물 에키드나

▲ 거북이

◀ 바다의 신 글라우코스

▼ 넵투누스

전체와의 결혼이다. 그것은 사마귀가 교미하는 것과 같다. (……) 예술품이 먹혀버리는 결혼이다.”라고 말했다. 그런 점에서 '성스러운 숲'이라는 이름은 예술적으로 창조됨과 동시에 나무의 수액과도 같은 초록에 집어삼켜지는 “성스러운 결혼”인 셈이다.

이 정원을 만든 오르시니는 도대체 어떤 이유로 이런 특이한 정원을 만든 것일까? 오르시니가 교황을 위해 용병으로 복무한 것은 카를 5세의 로마 침략(사코 디 로마)이 있었던 시기였다. 당시 교황 클레멘스 7세는 상대적으로 권력이 막강해지는 황제 카를 5세를 대항하기 위해 프랑스, 밀라노, 베네치아, 피렌체와 코냑동맹(1527-1530)을 맺었다. 이에 분노한 카를 5세는 1527년 교황령의 수도 로마를 대대적으로 침략하여 무차별적으로 약탈을 자행했다. 교황은 피신하여 유폐생활을 하는 수모를 겪어야 했다. 이때 교황청 근위대로 고용된 스위스 용병 전원이 전사하는 급박한 상황까지 벌어졌다. 용병대장으로 이런 뼈아픈 체험을 한 오르시니는 모든 것을 뒤로 한 채 몽골계인 아름다운 아내 파르네즈를 보기 위해 집으로 돌아갔다. 하지만 젊은 아내는 이미 죽은 후였다. 그는 죽은 아내를 보고서 광기에 휩싸여 이후 30여 년간 괴기스러운 정원을 만들게 된다.


## 회복의 정원


상처 받은 자들이 보기에, 이리저리 한 치의 오차도 없이 설계되고 개간된 정원들은 자신들의 생채기만 긁을 뿐이었다. 그 공간은 승리자들의 자신만만한 오만의 증거처럼 보였다. 비밀의 정원처럼 울타리를 치고 자연을 경작하여 거기서 약을 만들고 치유하면서 야생으로부터 아름다움을 지키고 보호할 수 있다는 중세인의 생각은, 르네상스기에 이르러 절정을 이루었다. 하지만 이제 인간의 힘이면 그런 아름다움이 가능하다고 큰소리치며 으스댈 즈음에 인간의 무기력함과 불완전함을 체험한 사람들에게는 그 정원이 꺼려지고 부담스럽게 보였다. 르네상스인들은 정원이 자연의 법칙을 표현하기 위해 구성되어야 한다고 주장했지만 그것은 또 다른 폭력을 낳았다.

에스테와 오르시니는 비밀의 정원이 점차 회복의 정원이 되기를 소망했다. 한 사람은 유쾌한 분수로, 또 한 사람은 끔찍하게 망가진 괴물을 통해 자신들의 상처가 승화되는 공간을 20여 년, 30여 년 동안 만들고 거닐었다. 그들은 당시 르네상스인이 거닐지 못했던 '회복의 정원'을 남몰래 거닐었던 것이다.

그렇다면 중세부터 가졌던 이상적인 정원은 어떤 모습일까? 르네상스 시기에 보카치오도 꿈꾼, 온갖 맹수들과 초식동물들이 어울려 함께 뒹구는 그 '회복의 정원'을 중세인들은 다음의 문구에서 찾았다.

늑대가 새끼 양과 함께 살고 표범이 새끼 염소와 함께 지내리라. 송아지가 새끼 사자와 더불어 살쪄 가고 어린아이가 그들을 몰고 다니리라. 암소와 곰이 나란히 풀을 뜯고 그 새끼들이 함께 지내리라. 사자가 소처럼 여물을 먹고 젖먹이가 독사 굴 위에서 장난하며 젖 떨어진 아이가 살무사 굴에 손을 디밀리라. (……) 그때에 다리 저는 이는 사슴처럼 뛰고 말 못 하는 이의 혀는 환성을 터뜨리리라. 광야에서는 물이 터져 나오고 사막에서는 냇물이

루카스 크라나흐, 「에덴동산」(1530)

흐르리라.

— 「이사야」 11장 6~8절, 35장 6절

에덴동산, 솔로몬의 방초동산, 영원한 낙원을 구현하겠다는 중세의 그 이상적인 동산은 동물들도 다투지 않는 정원이었다. 르네상스의 전성기를 살았던 에스테와 오르시니는 경쟁도 없고 전쟁도 없는 저 '회복의 정원'을 위해 물의 정원과 괴물의 정원을 만들었다. 그렇다면 우리도 꽃씨 하나 얻어다가 한 줌 흙에 담아두고 작은 정원이라 하면 어떨까? 우리의 작은 정성에 움트는 새싹의 강인한 생명력이 우리에게도 큰 위로가 될 것이기 때문이다.

## 8

렘브란트의 유리잔

# 예술은
# 삶으로 완성된다

17세기 네덜란드 정물화 속에는 여러 종류의 유리잔이 등
장한다. 특히 인생의 헛됨을 표현한다는 '바니타스 정물'의 단골
소재다. 그런데 바니타스화가 아닌 듯한 렘브란트(1606-1669)의
「바타비아인들의 음모」(1661-1662)에도 유리잔이 그려져 있다. 절
반 이상이 잘려 나가 유리잔과 함께한 독립투사들만 남아 있는
이 그림에는 비극적인 사연이 있다.

렘브란트, 「바타비아인들의 음모」(1661~1662)

　　　　　　　　　　　　　　　　　**1부 르네상스, 상상과 현실의 세계**

## 렘브란트의 걸작, 유리잔 때문에 박해받다

　　렘브란트는 1661년 암스테르담 시청사의 사방 벽면을 장식할 연작을 의뢰받았다. 스페인의 식민 지배에 대항한 네덜란드의 80년 투쟁을 표현해야 했다. 렘브란트는 이 의뢰에 의욕적으로 임했으며, 독립정신을 표현하기 위해 로마 역사가 타키투스(56-120)가 전하는 사건을 꼼꼼히 읽었다. 네덜란드인의 조상인 바타비아 부족이 69년에 키빌리스의 지휘 아래 반란을 일으킨다는 일화를 찾았다. 몇 년 동안 속주에서 장교로 복무한 키빌리스는 바타비아 부족을 규합한다. 그는 투사들과 함께 로마에 맞서 결국 독립을 이끌어냈다. 렘브란트는 1세기의 이 사건을 통해 스페인에 대항한 민족의 투지를 그리기로 마음먹었다.

　　「클라우디우스 키빌리스 영도 하의 바타비아인들의 음모」라는 긴 제목이 붙은 이 그림은 암스테르담 시청사의 큰 벽면화로 선정되었다. 그런데 웬일인지 얼마 가지 못해 철거된다. 그 이

남성 귀걸이(부분)

고블릿 유리잔(부분)

유가 무엇인지 전해진 바가 없지만, 현재 남은 그림을 렘브란트의 작업 스케치와 비교해 볼 때 애초 훨씬 더 컸던 그림임을 알 수 있다.

남아 있는 그림에는 키빌리스라는 인물을 중심으로 열 명이 함께 서약하고 있다. 왼쪽과 오른쪽에 두 개의 유리잔이 보인다. 큰 유리잔은 포도주가 담겨 도는 듯하며, 또 다른 유리잔은 테이블 한편에 묵묵히 놓여 있다. 하지만 긴 테이블의 윗면에 렘브란트 특유의 명암 효과가 두드러져 오른쪽 유리잔은 더욱 투명하게 보인다. 마치 레오나르도 다빈치의 「최후의 만찬」에서처럼 투사들의 각오가 비장하다.

바니타스화도 아닌데 이 그림에 유리잔이 등장한 이유는 무엇일까? 16세기 바니타스화는 향락을 의미하는 사치품과 함께 죽음을 상징하는 해골을 소재로 인생무상을 표현했다. 반면에 17세기 네덜란드 정물화는 깨지기 쉬운 투명한 유리잔을 소재로 사치, 죽음, 헛됨을 동시에 드러냈다. 유리잔이 사치품이라는 풍조는 17세기 초 테오도로 반 메르켄(1600-1659)의 "바니타스(허영)가 유혹하니 베리타스(진실)는 깨지기 쉬운 것"이라는 문구에 잘 나타난다. 특히 아드리안 반 위트레호트(1599-1652)와 빌렘 칼프(1619-1693)와 같은 바니타스 화가들의 정물화는 유리잔들을 통해 사치와 향락에 대한 반감을 강하게 드러낸다.

렘브란트의 「바타비아인들의 음모」에서도 사치에 대한 묘사가 여러 군데 나타난다. 우선 반란의 주동자인 키빌리스가 보석으로 장식된 값비싼 의복을 입고 권위를 나타내는 높은 관을 쓰고 있다. 또한 그림 정중앙에 맹세하고 있는 두 남자는 보석 목걸이뿐만 아니라 귀걸이까지 착용하고 있다. 렘브란트의 이런 묘사가 예사롭지 않다. 남성 귀걸이는 고대 이집트나 페르시아에서 왕족이나 귀족을 중심으로 사용된 고급 액세서리로, 16세기에는 프랑스 왕 앙리 3세(1551-1589), 17세기에는 찰스 1세(1625-1649)가 애용하여 크게 유행했다. 이 귀걸이는 렘브란트 당시에도 최상위 귀족들만 소비할 수 있었던 귀중품이었다. 그런 귀걸이를 네덜란드인 독립투사들이 하고 있다는 렘브란트의 묘사는 순식간에 물의를 일으켰다. 게다가 테이블에 놓여 있는 투명한 유리잔도 상당히 비싼 귀중품이었다. 이 고급 유리는 '크리스탈로'라 불리는 베네치아식 유리로 그곳 장인들이 발명하여 독점하고 있던 고가의 상품이었다.

## 베네치아 크리스탈로, 사치의 상징이 되다

르네상스 시기에 가장 번성한 나라는 중개무역으로 이윤을 남긴 베네치아였다. 하지만 포르투갈이 인도의 신항로를 개척하고 더욱 싼 값에 물품을 공급하면서 베네치아의 경제는 파탄으로 치달았다. 급기야 1514년 포르투갈로부터 후추를 사들이면서 베네치아는 최대의 고비를 맞았다. 잔인한 약육강식의 무역업계에서 이제는 제조업계로 눈을 돌렸고, '선택과 집중'을 하기로 마음먹은 제품이 유리였다.

베네치아는 습지가 많은 데다 자갈과 소다의 수급이 쉬워 유리 생산에 좋은 입지 조건이었다. 더군다나 베네치아의 유리 산업은 로마 제국과 비잔틴 제국으로부터 이어져 온 유서 깊은 것이었다. 나무창문이나 밀랍을 입힌 천으로 된 창문 가리개

찰스 1세(1635)

앙리 3세

가 고작이던 1세기에, 로마 제국에 속해 있던 폼페이에서는 이미 공동 목욕탕 천장을 판유리로 장식했었다. 이런 유리 제작 기술은 비잔틴 제국에도 전파되어 4세기경 창유리는 벌써 수요가 많았다. 이탈리아 전역에 있던 유리 장인들이 하나둘 베네치아에 모였고 1204년 4차 십자군전쟁 때에는 콘스탄티노플이 침략받으면서 그곳 유리 장인들이 대거 베네치아로 이주하였다. 수많은 유리공방들이 시내 여기저기에 세워졌다.

유리 작업은 불을 피워 고온에서 하기 때문에 화재 위험이 많았다. 1291년 베네치아 정부는 도심에 목조 건물이 많다는 이유로 유리공방들을 근해에 있는 무라노섬으로 이주시켰다. 1453년 비잔틴 제국이 오스만 제국에 멸망당하자 유리 장인들이 또다시 이 섬에 몰려들어, 결국 베네치아의 무라노섬은 유리 제조업의 명소가 되었다.

이런 상황에서 1470년경 무라노섬의 유리 장인이었던 안젤로 바로비에(1405-1460)가 고급 수정 유리인 '크리스탈로'를 발명했다. 베네치아 정부는 그에게 '크리스탈로' 생산 독점권을 주

렘브란트의 「자화상」(1661)

고 기술 유출을 막았다. 하지만 16세기경 이탈리아의 여러 곳에 무라노의 유리 장인들이 공방을 열었고, 또 일부는 무라노섬에서 탈출했기에 스페인, 프랑스, 네덜란드, 영국 등에 유리 기술이 전파되었다. 그럼에도 불구하고 수정 유리 가격은 여전히 높아서 포도주를 '크리스탈로'에 부어 마시는 것은 아무나 누리지 못하는 부자들만의 호사였다.

## 최고급 고블릿 유리잔, 죽음의 상징이 되다

유리잔은 사치와 헛됨 이외에도 죽음을 상징한다. 흔히 16세기 바니타스 화가들이 해골로 나타냈던 죽음을 17세기 네덜란드 화가들은 유리잔으로 표현했다. 렘브란트의 이 그림에서도 유리잔은 죽음과 관련된다. 유리잔이 죽음의 상징이 된 것은 베네치아 유리 장인들이 포도주 잔을 뱀으로 장식하면서부터다. 유리 장인들은 포도주를 담는 수정 유리잔에 기둥과 밑받침을 결합해 '고블릿'이라는 잔을 만들었는데 이 기둥을 화려한 색의 뱀으로 장식했다. 이것은 베네치아를 대표하는 최고급 유리잔이 되었다.

베네치아의 장인들이 독을 뱀으로 표현한 것은 중세 기독교 전승의 영향 때문이다. 전승에 따르면 사도 요한은 그의 능력을 시험하고자 하는 아르테미스신전 사제들로부터 독이 든 잔을 받았다. 그 잔을 같이 사용했던 다른 두 사람은 죽고 요한만 아무 이상이 없었다. 베네치아인들은 '독이 퍼져 죽는 것'을 구약성서「민수기」에 있는 '뱀에 물려 죽은 것'으로도 해석했다. 이후 치명적 독은 뱀으로 상징되었는데, 그 상징은 17세기까지 계속되었다. 베네치아 장인들은 음주 문화 속에 과음을 경고하는 뱀을 포도주 잔 기둥에 천연덕스럽게 달아두었던 것이다.

렘브란트의 그림에서 테이블 위에 놓인 유리잔이 바로 이 '고블릿'이다. 그렇다면 렘브란트는 죽음의 경고를 누구에게 하는 것일까? 바니타스화는 일반적으로 사치하는 당사자에게 죽음의 경각심을 주기 때문에 이 그림에서도 사치하는 것으로 표현된 키빌리스와 그 동조자들이 대상이 될 것이다.

## 무엇이 진짜 예술가를 만드는가

1세기 독립투쟁을 부추긴 지도자 키빌리스는, 타키투스의 기록에 의하면 '외눈박이'였다. 렘브란트는 이 사소한 단어를 대충 넘기지 않았다. 그가 그린 키빌리스를 자세히 보면 한쪽 눈이 없다. 그런데 '키빌리스(Civilis)'는 라틴어로 '시민의' 또는 '시민들'이란 뜻이다. 그렇다면 그림에서 눈먼 키빌리스는 시민들이 눈이 멀었다는 것과 본색을 감추고 그 시민들을 선동하는 키빌리스를 상징하고 있다.

그렇다면 이 그림은 교활한 주동자들이 사치와 향락에 빠져 흥청망청하고 스스로 권력으로 최대한 치장하고 있는데 무지몽매한 대중은 오른손에 칼을 들고 행동대원이 되어 목숨이라도 바칠 듯 맹세하고 있는 광경이 된다! 렘브란트는 이런 온갖 것들에 염증을 느끼고 그들을 향해 촌철살인의 비수를 꽂아두었다. 그게 바로 사치의 상징이자 죽음의 상징인 베네치아의 '고블릿' 유리잔이다.

얼마 지나지 않아 네덜란드의 독립투사들을 기념하는 시청사 그림에 '죽음을 기억하라.'는 메시지가 있다는 소문이 나돌았다. 곧 렘브란트의 그림은 철거되고 다른 화가가 그린 또 다른 「클라우디우스 키빌리스」가 시청사 벽면에 대체되었다. 렘브란트는 일을 하고도 대금을 받지 못하는 처지가 되었다. 공방에 처박힌 그림을 보고 있던 렘브란트는 자신의 메시지가 보다 선명하게 보이게끔 유리잔과 투사들만 남기고 나머지는 박박 찢어버렸다. 투사들과 유리잔 두 개뿐인 이 그림은 렘브란트가 죽을 때까지 그의 공방에 우두커니 자리 잡고 있었다.

스케치(1659)

　　돈만 쥐어주면 거물급 의뢰인의 구미에 맞게 그려줄 만도
한데 렘브란트는 보란 듯 경고를 날렸다. 뭔가에 저항해야 했다.
왜 좀 편하게 살 수 있는 길에서 그는 주저하는 것일까? 명분도
그럴듯하지 않은가? 네덜란드 민족을 드높이고 민족 해방을 기
리자는 것인데……. 바로 그 갈림길에서 같은 그림을 그리더라도
누구는 그 수준을 넘지 못하고 누구는 예술가가 된다.

## 예술가의 걸작은 삶으로 완성된다

렘브란트는 이 그림에서 민족 해방 주동자들의 사치와 무지한 대중의 저돌적 공세를 풍자적으로 꼬집었다. 암스테르담 시민들로 하여금 지금 이 마당에 다시 그 과거의 영웅담을 들춰 내는 저의를 성찰하게 만들었다. 아무리 훌륭한 과거의 영웅적 모습조차 후세대로 되돌아오면 그것은 한낱 허영과 사치, 곧 '바니타스'가 되는 우상화일 뿐. 공치사를 늘어놓는 암스테르담 시당국에 렘브란트는 투명한 유리잔을 그림으로 남겼다.

차라리 시당국이 유리의 성질을 배우면 어땠을까? 아무리 끓여도 증발하지 않으며 그저 녹아서 물엿처럼 되었다가 식으면 다시 단단하게 굳어져, 자신의 시대적 소임을 마칠 때 비로소 깨져서 산화하는 유리. 고상한 척 승화되지 않고 오히려 자신은 고체로만 남겠다는 유리의 고집이 오히려 숭고하게 보인다.

렘브란트의 그림들에서 무시할 수 없는 그의 고집을 본다. 요즘 단지 수많은 그림 이미지 정보로 예술가의 기술만 흉내 내는 인공지능 화가가 생겼다고 떠들썩하지만, 대가의 작품은 차원이 다르다. 예술가는 기술이 아닌 자신의 삶으로 예술을 직접 보여주기 때문이다. 우리는 무엇을 보여주는지 곱씹기 위해서라도 렘브란트의 그림과 유리잔을 감상해야 하지 않을까.

거칠고 험한

파도의 주름을

즐겨라

뇌 속에는 우리의 기억을 관장하는 '해마'가 있다. '해마'란 이름은 1564년 볼로냐 출신의 베네치아 해부학자 율리우스 카이사르 아란티우스(1529~1589)에 의해 붙여졌다. 그는 뇌를 해부한 후에 측두엽에 붙어 있는 주름 잡힌 부위를 발견한다. 무엇이라 명명할지 한동안 망설였던 그는 처음에는 누에라고 했지만 맘에 들지 않았다. 그때 근사한 이름 '히포캄푸스(hippocampus)'가 떠올랐다. 신화 속에서 '히포캄푸스'는 앞다리를 포함한 상반신은 말이고 하반신은 돌고래의 꼬리지느러미가 돋아 있었다. 그 뒤 뇌의 이 부위는 모든 이들에게 해마(seahorse)라 불리게 된다.

약 100여 년이 지난 1671년에 해부학사에서 뇌의 또 다른 부위(calcar avis)를 지칭하는 용어로 '히포캄푸스'가 다시 한 번 쓰인 적이 있다. 이렇듯 르네상스 말기와 바로크 시대에 신화적 동물인 '히포캄푸스'가 인기를 끌었다.

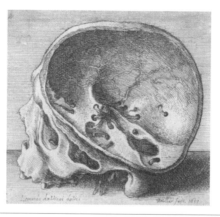

**레오나르도 다빈치의 두개골 스케치**

**1부 르네상스, 상상과 현실의 세계**

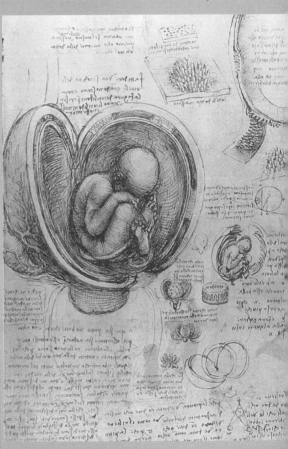

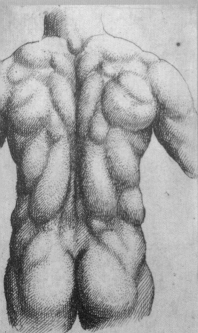

## 르네상스 시대에 꽃핀 해부학

14세기 중반 흑사병이 창궐한 이후 이탈리아 도시들은 전염병 예방과 공중보건에 각별한 신경을 썼다. 특히 대학들은 의학 교육 수준을 상당히 높였는데 볼로냐대학교와 파도바대학교에서 놀라운 성과가 있었다. 특히 볼로냐대 의학생들은 약학적 지식을 얻기 위해서 1세기 라틴어 백과사전인 플리니우스의 『박물지』 및 그리스어 문헌들 그러니까 아리스토텔레스의 후계자인 테오프라스토스(기원전 372-287)와 약초를 분석한 디오스코리데스(1세기)의 저작들을 연구했다.

또한 볼로냐대는 해부학 교육을 정식으로 도입하여 갈레노스(129년경~201년경)의 작품을 교재로 사용하였다. 이윽고 볼로냐대 해부학과에서 최초 교수가 된 리우치의 몬디노(1270년경-1326)가 『해부학』(1316)이라는 교재를 저술하였으며, 이 책은 두 세기에 걸쳐 해부학 필독서로 전해졌다. 의학 교육 수준은 구텐베르크가 금속활자를 발명한 뒤에 괄목할 만한 성장을 이루었다. 레오나르도 다빈치의 해부도 750점을 비롯하여 해부학과 관련된 드로잉, 회화, 조각 작품이 다수 발표되기도 했다.

앞에서 언급한 아란티우스는 파도바대학교에 입학하여 볼로냐대 교수가 될 때까지 르네상스식 의학 교육을 받았다. 그가 활동한 베네치아는 이미 1316년부터 의과 전문대학을 설립했으며, 베네치아의 산타마리아디나자레스섬(지금의 산세르볼로섬)에 최초의 격리 병원을 신설했을(1423년) 정도였다. 의학 이론과 실천을 겸비했던 아란티우스는 당시 파도바대 교수로 해부학계에 지대한 영향을 끼쳤던 안드레아스 베살리우스(1514-1564)가 죽던 해에 특정 부위에 '해마'란 이름을 붙였던 것이다.

## 바로크 시대 트레비분수와 해마의 상징

'히포캄푸스'는 그리스어로 '말'을 뜻하는 '히포(hippo)'와 '바다-괴물'이란 뜻의 '캄포스(kampos)'가 합쳐진 이름이다. 이런 신화적 모습은 트레비분수에 있는 조각상에 잘 드러나 있다. 이 조각상은 바로크 시대인 1732년 니콜라 살비(1697-1751)가 설계한 것으로 두 마리의 해마를 포세이돈의 조가비마차로 끌고가는 트리톤을 재현하고 있다.

우선 이 조각상들이 설치된 트레비분수를 보면 높이가 25.9미터, 너비는 19.8미터로 로마에서 가장 큰 규모다. 3을 뜻하는 '트레(스)'와 '길'을 뜻하는 '비(아)'의 조합으로 우리말로는 '삼거리분수' 정도 되는데, 세 방향에서 나온 수도관이 여기서 교차하기 때문이다. 그런데 여기에 조각된 두 마리의 해마들 중에 한 마리는 거칠고 다른 한 마리는 유순한 모습을 보여준다. 이것은 담수와 해수를 상징하는 것으로, 해수가 광대한 지하수에 스며들되 소금 성분이 사라져 누구나 목을 축일 수 있는 물이 되길 염원한 것이라고 한다. 물 사정이 좋지 않은 로마는 해마 조각상을 통해 신선한 물의 공급을 소망했다는 것을 알 수 있다.

또한 트리톤 조각상은 소라고둥을 불면서 히포캄푸스를 끌고 가고 있다. 트리톤은 포세이돈의 아들로 상반신은 인간, 하반신은 물고기다. 한마디로 그는 인어왕자다. 예술 작품에서 트리톤이 소라고둥을 든 모습은 물고기와 돌고래 등과 어울려 놀

트레비 분수(18세기)

존 싱글턴 코플리, 「넵투누스의 귀환」(1754년경)

때이거나 성난 파도를 잠재울 때다. 신화에 따르면 제우스가 윗세대인 거인족 기간테스와 전쟁할 때 트리톤은 제우스를 도와 소라고둥을 크게 불어 전쟁을 승리로 이끌었다고 전한다.

트레비분수에 표현된 트리톤의 고둥나팔과 해마 두 마리의 질주 속에서 휘몰아치던 파도와 세대 간의 갈등이 모두 가라앉고 바닷물도 신선한 생수로 변하는 상상이 가능했다.


## 해마를 모는 포세이돈, 자유롭게 질주하다

그 밖에도 해마는 포세이돈과 밀접한 관련을 맺고 있다. 그리스 신화에서 해마를 주요 교통수단으로 이용한 신은 포세이돈이다. 제우스와 하데스, 포세이돈 삼형제는 권력을 배분하되 세계를 세 영역으로 분할하기로 합의했다. 바다를 관할하게 된 포세이돈은 해마를 타고 자신의 임무를 수행했다. 그뿐만 아니라 스트라보의 『지리학』에 보면 헬리콘산에 지진이 발생하여 도시가 물에 잠겼을 때 포세이돈이 해마를 타고 나타나 어부의 그물을 잡아 구원했다. 그 후 '포세이돈의 해마'가 목욕탕 모자이크 장식으로 자주 등장하게 된다. 홍수 같은 자연재해에서 포세이돈이 해마를 통해 인간을 구원한다는 민간 신앙이 생긴 것이다.

로마가 그리스를 정복한 뒤에도 그리스의 신들 대부분은 여전히 계승되었다. 포세이돈도 넵투누스로 이름만 바뀌었을 뿐이다. 긴 턱수염에 삼지창을 들었으며 역시 바닷속 궁전에 살면서 해마를 타고 다닌다. 로마의 시인들도 넵투누스와 함께 히포캄푸스를 자주 등장시킨다. 베르길리우스(기원전 70-19)도 "그가 달리기만 하면, 성난 파도도 뒤집힌 바다도 조용해지네, 승리만 있을 뿐이네.'라고 말하며 넵투누스가 해마를 탄 장면을 묘사한다.

나중에는 트레비분수 조각상에서 볼 수 있듯이 해마에 날개까지 달린다. 신화상의 해마는 수륙양용인 데다 여기선 하늘 위나 바닷속까지도 갈 수 있다. 지구의 거의 전 영역을 돌아다닐 수 있게 된다.

월터 크레인(1845-1915)은 「넵투누스의 말들(Neptune's Horses)」을 여러 번 그렸다. 그리스에 있었던 '포세이돈의 해마'에 대한 라틴 버전인 셈이다. 또는 포세이돈의 별칭 '포세이돈 히피오스 (Poseidon Hippios)', 즉 '말의 신 포세이돈'을 표현한 것이기도 하다. 말들은 하반신이 잘 나타나지 않아 정확히 알 수는 없지만 꼬리지느러미와 앞발로 파도를 타는 해마의 모습에 가깝다. 그의 여러 작품 중 특히 1893년경 작품은 눈을 희미하게 뜨거나 멀리서 보면 말들이 파도와 분리되지 않고 하나로 보인다. 그 파도를 집중하고 힘주어 볼 때에야 점점 또렷해지면서 말들의 형태가 들어온다. 이 그림의 해마와 포세이돈의 모습은 너무 흐릿하다. 파도와 분간이 되지 않는다. 크레인은 밀려오는 파도를 볼 때마다 그 속에서 포세이돈과 해마가 역동적으로 질주하는 상상을 했을 것이다. 그때 파도 소리는 말발굽 소리와 수많은 말들의 히잉거리는 고함이었으리라.

해부학자 아란티우스가 뇌의 특정 부위를 '해마'라고 이름 붙인 이유는 아마도 이런 상상 속에 있었기 때문일 것이다. 17세에 시작하여 60세에 죽을 때까지 43년간 해부학을 놓지 못했던 그는 더 많이 자유롭고 싶었을 것이며 더 많이 질주하고 싶었을 것이다.

월터 크레인, 「넵투누스의 말들」(1893년경)

"해마와 포세이돈의 모습은 너무 흐릿하다.
파도와 분간이 되지 않는다. 화가는 밀려오는 파도를 볼 때마다
그 속에서 포세이돈과 해마가 역동적으로 질주하는 상상을 했을 것이다."

## 우리의 히포캄푸스를 찾자

지금은 '히포캄푸스'라고 할 때 54종을 포함하는 실고기 목의 해마속을 가리키거나 기억을 연구하는 뇌과학의 단골 용어로 언급되지만, 적어도 해부학자 아란티우스가 이름을 붙일 당시는 상상의 동물을 더 많이 염두에 두고 있었다. 신화적 모습의 해마는 르네상스 이후 해상 활동과 관련된 지역, 특히 베네치아에서 쉽게 볼 수 있었다.

지금까지 발견된 최초 해마 그림은 기원전 4000년으로 추정되는 오스트레일리아의 동굴벽화다. 또한 크레타섬에서 기원전 1000년경의 돌 인장에도 실제 해마상 부조가 발견되었다. 고고학자들은 청동기 크레타 시대에 해마가 지중해 연안에 살고 있었으며 가끔 해변으로 밀려나온 것들이 발견되면서 신화적 동물로 상상되었을 것이라고 본다. 이후 페니키아인들과 이집트인들의 석관에 나타난 해마는 상상적 요소가 많았다.

바로크는 어떤 본질이라기보다는 작동 기능이며, 그 행위이다. 그것은 끊임없이 주름들을 만들어낸다. (……) 그것은 주름들을 구부리고 또 구부려서, 주름 위에 주름을, 주름을 따라 주름을, 그것들을 끝없이 전진시킨다. 바로크의 특징, 그것은 무한을 향하는 주름이다.

— 질 들뢰즈, 『주름: 라이프니츠와 바로크』에서

아란티우스가 죽은 이후에 바로크 시대가 열린다. 바로크 명칭은 '페롤라 바로카(perola barroca)', 즉 '찌그러진 진주'에서 왔는데, 강조되는 것은 '진주'라기보다 '찌그러진(barroca)' '주름'이었다. 아란티우스는 그 '주름'을 먼저 보았던 것이다.

아란티우스는 해부학을 통해 신체의 특징을 주름으로 파악한다. 일평생 해부를 통해 신체 장기들이 주름에 지나지 않는다고 느낀 그는 수없이 지켜봤던 주검들이 고깃덩어리에 불과하다는 것을 깨달았다. 하지만 그 신체가 주름으로 구성되어 접혔다 펼쳐지기 때문에 한없이 귀하다는 상상에 이르게 된다. 특히 뇌의 굴곡을 한 겹 한 겹 벗겨내면서, 바닷속 미물에 불과한 해마라도 거칠고 험한 파도를 즐길 줄 알고 해수를 생수로 바꾸며, 하늘 땅 바다 할 것 없이 맘대로 내달릴 수 있다는 고대인들의 상상에 이르게 되었다.

그렇게 주름으로 인해 훨씬 더 크고 강하고 고귀하게 되는 '히포캄푸스'를 떠올렸다. 규범과 균형, 조화를 강조하는 르네상스식 교육 현장에서 '히포캄푸스'라는 신화적 상상은 아란티우스에게 바로크 시대를 먼저 살게 한 것이다.

그래서인지 날개 달린 해마는 1933년에 설립된 이래 '에어프랑스'의 로고로 사용되었고, 2019년 2월에 발견된 해왕성의 위성은 또다시 '히포캄푸스'라 명명되었다. 말을 해마라 한들 틀린 것일까? 지느러미가 무엇이냐고 묻는 아이에게 생선의 날개라 대답한들 틀린 것일까? 측두엽의 'S라인'은 바닷속 해마의 접히고 펼쳐지는 껍질이 아니라 원시부터 미래까지, 한 알의 모래알에서 우주까지 '주름' 잡는 '히포캄푸스'였다. 정작 우리가 기억해둘 것은, 자연재해와 인간의 갈등을 가라앉히고 새로운 생수를 뿜어내는 것이 '주름'이라는 사실이다.

바다 생명체는 '박물학자' 플리니우스의 말마따나 지상의

트리톤을 타고 있는 포세이돈과 암피트리테(1세기, 로마 폼페이)

생물과 무생물의 결합인 듯하다. 영어 표현 그대로 옮기자면 '나비물고기', '개물고기', '염소물고기', '톱물고기', '바다사자', '칼물고기' 등 물고기 이름에 흥미로운 결합어들이 상당하니 말이다. 잠깐 재밌는 상상을 해보자. 육지의 생명체와 사물들은 이종 교배된 해양생물이 자신의 결합을 끊고 지상으로 나온 것일까, 아니면 반대로 이전의 멸종을 피해 바다로 들어가 해양생물체로 결합된 것일까? 이런 상상은 새로운 거주지를 찾는 우리들에게

1부 르네상스, 상상과 현실의 세계

하나의 힌트가 될지도 모른다. 바다와 육지를 넘어 저 우주로까지 확대되고, 저 우주에서 바다로 접히는 그 상상 속에서 어느 것 하나만이라도 현실이 된다면 새로운 시대가 열릴 수도 있기 때문이다. 우리들 서로가 결합되거나 각자의 신체가 분리되어 어느 심해에선가 헤엄치는 이미지를 꿈꿀지도 모른다. 신체의 한 주름에 '해마'라 이름 붙인 어떤 의사의 꿈은 권태롭고 힘겨웠을 매일의 노동을 넘어 영원에까지 펼쳐지는 값진 진주가 되었다. 그 상상의 일부는 또 하나의 발견을 위한 토대가 되어 지금의 뇌 과학을 있게 하였다. 그동안 잃어버린 우리의 해마를 떠올려 보자. 우리의 히포캄푸스를 찾기 위해 과감한 상상을 펼쳐보자!

# 고대,

# 상상의 세계

## 10

게임의 법칙

# "불가능한 것을
# 요구하자!"

## 현실과 가상의 사이-길

우리는 감각기관이 없이도 감각할 수 있다. 환지통(phantom limb pain)이 그 대표적인 예. '환지'의 영어 뜻은 '가상 수족'으로, 절단된 팔다리에서 통증이 생기기 때문에 붙여진 이름이다. 이미 감각기관이 없는데 왜 아플까? 윤석산 시인의 시집 제목처럼 '존재하지 않는 존재에 의한 통증', 그러니까 가상에 의한 아픔이 있기 때문이다. 시인은 후두암으로 성대를 절제하는 두 번의 큰 수술을 받으며 '환지통'이란 제목의 연작시 스물세 편을 힘겹게 써 내려갔다.

> 풍경 속 그 사람과 생각 속 그 사람은 어떻게 다를까 생각하다가
> (……)
> '있다'와 '없다' 사이로 아득하게 열리는 초원으로
> 우리 안에 가둔 생각들을 몰고 아주 먼 길을 떠납니다.
> ──윤석산, 「'있다'와 '없다' 사이로 양떼를 몰고 환지통 3」,
> 『존재하지 않는 존재에 의한 통증』에서

맨 앞 절에 보면 '그 사람'이 '풍경'과 '생각' 속에 있다. 그 다음의 '있다'를 '풍경', '없다'를 '생각'과 대응시키면, '그 사람'은 '풍경'과 '생각' 사이, 곧 '현실'과 '가상' 사이에 있다. '있다'와 '없다'의 '사이-길'이 열리고 화자는 "생각들을" "우리 안에 가"두었다가 그곳으로 "아주 먼 길을 떠"난다.

수술로 사라진 성대와 한동안 상실한 목소리였지만 환상, 그러니까 '가상 수족'으로 현실의 슬픔을 겪은 후 마치 소리 없는

외침인 양 부르짖는다. "현실과 가상, 있다와 없다의 '사이-길'을 가라." 그렇다면 그 길이 현실이나 가상 한쪽에 치우친 길이 아닌 이유를 살펴보고 싶다.


## '보람착취'의 작동 원리

게임에 몰두한 나머지 배고픔이나 잠도 잊은 채 한 자리에 계속 앉아 있을 때가 있다. 아픔도 졸음도 잊고 몇 시간, 며칠이고 게임에 몰입한다. 게임을 하면서 얻은 성취감은 현실의 피로감을 거뜬히 이기게 한다. 아니, 아예 못 느끼게 만들어 버리기도 한다. 게임 속 가상세계와 몸이 느끼는 현실이 분리된 까닭에 피로나 고통을 의식하지 못한다. 게임에 몰입하는 정도가 지나치면 자칫 폐인 되기 십상이다.

이런 현상을 심리학에서는 '마스킹효과'라 한다. 어떤 끔찍한 교통사고를 당해 몸의 상처를 느끼지 못하는 순간. 갑작스러운 사고와 함께 시각, 청각 자극을 너무 강하게 받은 나머지 촉각으로 느끼는 상처를 감지하지 못하는 것이 바로 '마스킹효과'다. 그런데 일부 고용주들은 게임의 '마스킹효과'를 일터로 가져와 노동을 강제하는 기술에 활용했다. 직장에서 강조되는 사명감, 국가에서의 애국심, 조국애, 종교에서의 신앙심 등이 몸의 혹사 상태를 느끼지 못하게 만드는 것이다. 일종의 성취감, 행복감, 보람이 고통이나 권태, 피로를 마스킹하는 상태가 교묘하게 '보람착취'(열정페이)로 둔갑된다.

## 마스킹효과의 감각 전이

마스킹효과에는 필연적으로 '감각 전이'가 따른다. '감각 전이'란 '새빨간 거짓말'이란 표현에서 보듯 청각인 '거짓말'을 '새빨간'이라는 시각으로 바꾸는 것, 그러니까 원래의 감각에서 다른 감각으로 옮기는 것을 말한다. 교통사고로 몸을 다쳤을 경우 상처를 느끼는 촉각은 사고 현장의 시각이나 청각으로 전이되어 아픔이 사라지게 만든다. 디지털화된 게임에서 모든 감각을 다 경험할 수 없기에 촉각, 미각, 후각은 어쩔 수 없이 시각과 청각으로 '감각 전이'되고 극대화된다.

하지만 '감각 전이'가 장시간 지속되면 통증을 유발하곤 한다. 빠른 속도의 자동차 게임에서 울긋불긋한 거리의 네온사인과 엔진의 굉음이 강조되면 분명 시·청각으로는 이동을 느끼는 반면, 평형감각을 관장하는 귀 속의 반고리관과 전정기관은 아무것도 감지하지 못하기 때문이다. 몸의 평형감각은 가상의 이동을 느끼지 못하는 것. 이때 가상의 감각과 현실의 감각은 조화를 이루지 못하고 어지럼증을 비롯한 혼란을 겪는다. 손목과 어깨는 결리고 눈은 침침하며 허리가 쑤시기도 한다. 갑자기 극심한 피로감이 몸으로 엄습한다. 결국 어느 한계를 넘어서면 목덜미를 타고 올라와 머리를 조이는 통증으로 급기야 게임을 그만두게 된다. 게임을 온종일 하며 가상에만 머물고 싶어도 어쩔 수 없다. 가상의 한쪽 길에만 머물 수는 없는 노릇이다.

## 희망(이라는 이름의) 고문

　장밋빛 환상이 깨지면 희망을 갖지 않았을 때보다 그 절망
감은 훨씬 더 크다. 단편소설집『지난 파티에서 만난 사람』에서
프랑스 작가 빌리에 드 릴아당(1838–1889)은 희망에 관한 이야기
를 전한다. 중세 스페인에서 고리대금을 하던 유대인이 감옥에
갇혔다. 탈출할 기회를 엿보던 이 죄수는 드디어 탈옥에 성공한

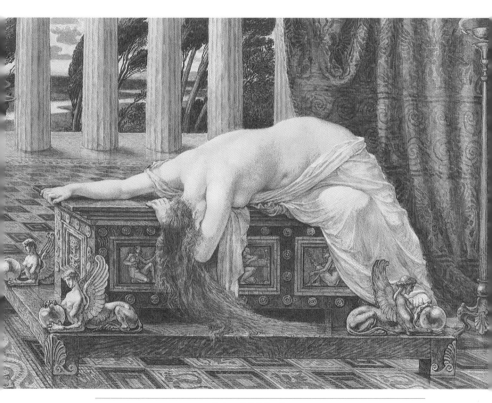

월터 크레인, 「판도라」(1885)

다. 너무 기뻐하며 해방을 맛보는 바로 그 순간, 이 모든 상황을 지켜보던 간수에 의해 다시 체포된다. 희망에 들떴던 유대인은 극단적 절망에 빠져 괴로워하다가 그 다음 날 처형된다. 이것을 일컬어 작가는 말한다. "이 운명의 저녁은 미리 준비된 고문이었다. 바로 희망이라는 이름의 고문." 작가는 이 단편의 제목도 "희망이라는 이름의 고문"이라 붙였다.

기원전 7세기 서사시 작가였던 헤시오도스도 판도라 이야기를 통해 거의 동일한 주제로 희망을 다룬다. 그리스어 '판도라'는 '모든(pan)' '선물(dora)'이란 뜻으로 인간에게 부여된 선물, 그러니까 육체와 정신의 내용물을 말한다. 최초의 여성 판도라는 제우스의 명에 따라 헤파이스토스가 진흙을 이겨 만들어준 아름다운 육체를 얻는다. 여러 신들이 판도라의 몸을 옷과 장식으로 치장하는 한편, 특히 세 명의 신들이 그의 정신 속에 선물을 넣어주었다. 아테나는 '직조'의 기술을, 아프로디테는 '사지의 풀어짐'과 함께 '잔인한 갈망'을, 헤르메스는 '뻔뻔함과 약삭빠름'을 부여한다. 그러니까 인간에게 부여된 선물은 진흙으로 만들어진 육체와 직조 능력, 갈망, 뻔뻔함과 약삭빠름을 갖춘 정신이었다.

그런데 제우스는 이런 인간이 탐탁지 않았던지, 판도라에게 재앙 덩어리들을 담은 '항아리'를 보낸다. 그 속에 무엇이 있는지 호기심에 가득 찬 눈빛으로 판도라는 항아리의 뚜껑을 열었다. 이윽고 근심거리들이 마구 쏟아지자 판도라는 서둘러 뚜껑을 덮는다. 그렇게 해서 희망만 항아리에 남게 된다. 물론 항아리 속에 갇힌 희망은 '어떤 고통이 있더라도 희망은 남아 있다.'고 긍정적으로 해석될 수도 있지만 꼭 그렇지만은 않다. 그 이유는 다음과 같다.

우선 판도라가 항아리 속에 호기심을 품은 까닭은 아프로디테가 준 '잔인한 갈망' 때문이었다. 이 가련한 인간은 그 '갈망'으로 안절부절 못하다가 항아리를 열고 결국 슬픔에 차 힘을 잃게 된다. 물론 이것도 신화에 따르면 아프로디테가 사지를 풀어지게 했기 때문이다.

> 아프로디테는 그녀(판도라)의 머리에 은혜를 베풀고 잔인한 갈망과 함께 사지가 풀어지게 했다.
>
> ── 헤시오도스, 『일과 나날』에서

또한 항아리 안에 남은 희망은 그리스어로 '엘피스(elpis)'인데, 이미 항아리를 빠져나온 다른 재앙들처럼 이 단어도 긍정적인 것만을 뜻하지는 않기 때문이다. 길흉에 관계없이 새롭고 신기한 것을 좋아하거나 모르는 것을 알고 싶어 하는 호기심이 희망의 본래 의미다. 이 호기심은 아프로디테가 준 '갈망' 때문이다. 그러니까 희망을 항아리 속에 가두었다는 것은 신에게 부여받은 '갈망'을 현실로부터 분리시켰다고 해석된다. '갈망'을 차단하는 것이 얼마나 중요했던지, 헤로도토스는 일종의 '말-놀이'를 통해서도 강조하고 있다. 그리스어로 '갈망'은 '포토스(pothos)', '항아리'는 '피토스(pithos)'이니까, '포토스, 피토스……'가 반복되면서 '갈망'을 계속 연상시키고 있기 때문이다. 결국 판도라의 이야기에서 작가가 희망을 가둔 것은 잔인한 갈망을 차단했음을 상징한다.

## 신유물론과 '무민세대'

　희망은 또 하나의 가상세계다. '보람착취'이든 '희망 고문'이
든, 그 희망이 활개를 펴는 것은 몹시 위험하다. 육체가 디지털게
임 속 존재로 바뀔 때, 가상화되고 버려지는 사지는 너덜너덜해
져서 좀비가 될지도 모른다. 그렇다고 원래부터 가진 갈망을 저
항아리 밑바닥에 처박아 둘 수만도 없는 노릇. 우리 모두 판도라
인 이상 새롭고 신기한 것을 알고 싶어 하는 것은 극히 자연스러
운 일이다. 이 난제를 뚫고 나올 수 있는 유일한 방법이 현실과
가상, 있다와 없다의 '사이-길'로 가는 것이다.

　68혁명 당시 학생들의 구호는 "현실주의자가 되자. 불가능
한 것을 요구하자!"였고, 학생들은 그 가능성을 마르크스주의에

68혁명 당시 극장에 모인 학생들(1968년 5월)

　　　　　　　　　　　　　　　　　　　　2부 고대, 상상의 세계

68혁명 당시 대학가(1968년 5월)

서 보았다. 하지만 만족을 얻을 수 없었던 그들은 1980~1990년
대에 이르러 언어, 의미, 담론을 중심으로 한 후기구조주의를 외
쳐댔다. 그렇게 세월이 흐르면서 혁명 주역들의 사회에는 '의미'
만이 난무하게 된다. 2000년대가 되자 그 이후 세대들은 이전 세
대의 온갖 거창한 의미 부여에 치를 떨고, 현실을 강조하는 '신유
물론(New-Materialism)'을 주장하기에 이른다.

2018년부터 한국에 '무민(無Mean)세대'라는 신조어가 생
긴 것도 이런 맥락과 전혀 무관할 수 없다. '없을 무(無)'에 '의미하
다'는 뜻의 영어 '민(mean)'을 합친 이 땅의 '무민세대'들. 그들은
"항상 의미 있는 일을 해야만 한다는 압박에서 벗어나 무의미한
것들에서 즐거움을 찾고 홀가분한 일상"의 현실을 살고자 한다.
'말-놀이'에 불과한 가상은 '희망 고문'일 뿐, 의미에 국한된 학문

은 보람착취에 부역할 뿐. 믿었던 희망에 배신을 선물한, 훗날만을 기약하는 공허한 잡설들에 맞서 '무민(無Mean)!'이라 외쳐보자. 희망을 선사하며 우리를 허상에 가둔 파워게임에 이제는 진저리가 난다. "현실주의자가 되자. 불가능한 것을 요구하자!"

'미리-생각하는 자'였던 '프로메테우스'는 불과 기예를 신에게서 훔친 대가로 간이 쪼이는 형벌을 받았다. 하지만 그 힘겨운 일상으로 프로메테우스라는 이름에 새겨진 운명, 곧 '메테우스'의 뿌리어인 '생각(메티스)'에만 갇히지 않을 수 있었으니 독수리에게 살갗과 내장이 찢기는 순간마다 그는 가상과 현실을 동시에 품는 존재가 된 까닭이다. 이제 우리도 "우리 안에 가둔 생각들을 몰고" 가상과 현실의 "사이-길"로 길을 떠나야만 한다. 생각에만 머물지 않는 현실의 길을!

플라잉카

# 판타지 없는
# 백성은 망한다

하늘을 나는 자동차 플라잉카가 2035년 우리나라에서도 상용화될 전망이다. 뤽 베송 감독, 브루스 윌리스 주연의 영화 「제5원소」를 보면 금방 상상이 된다. 1997년에 상영된 이 영화는 2259년의 뉴욕을 배경으로 고층빌딩 사이를 누비는 수많은 비행 자동차가 인상적이었다. 이대로라면 거기보다 200여 년을 앞서 빌딩숲을 플라잉카가 날아다닐 것이다.

영화 「제5원소」(1997)

2부 고대, 상상의 세계

## 고대인이 상상한 자율주행 삼발이

오랫동안 사람들의 상상력을 사로잡은 플라잉카는 그리스 신화 시대부터 있었다. 청동으로 만든 세 개의 다리를 가진 삼발이(tripod)가 바로 그것. 삼발이는 원래 세면대나 가마솥을 받치는 용도였다. 아주 고급스러운 것은 신전에 봉헌되기도 했다. 그 가운데 델포이에 있던, 뱀이 휘감겨진 세발의자가 특이할 만하다. 아폴론신전의 여사제 피티아는 삼발이에 앉아 무아지경에 빠져 혼미한 말로 신탁을 내렸다. 피티아는 이아손이 황금양피를 찾아 모험을 떠날 때 델포이 신전에 있던 삼발이 두 개를 건네주기도 했다. 귀환 중 위기에 빠졌을 때 이아손은 삼발이 중 하나를 제단에 봉헌하여 위기를 모면한다. 삼발이가 움직이진 않아도 그 자체에 영험함이 있었다.

그런데 고정된 삼발이가 사람이나 신을 태우고 하늘을 날아간다는 표현도 있다. 삼발이가 자율주행용이 아닌 비행용으로 그려진다는 점이 신기하다. 그렇다고 고대인들이 자율주행을 상상하지 못했던 것은 아니다. 주행은 아니지만 스스로 운행하는 삼발이가 나타난다.

> 헤파이스토스는 튼튼한 마루의 벽에다 세워두기 위하여
> 전부 스무 개의 삼발이를 만들고 있었는데
> 그 하나하나마다 밑에 황금 바퀴를 달아
> 저절로 신들의 회의장으로 갔다가 다시 그의 집으로
> 돌아올 수 있도록 해놓았으니 보기에도 장관이었다.
> ─호메로스, 『일리아스』, 18권에서

헤파이스토스는 스무 개의 삼발이 밑에 황금 바퀴를 장착하고 신들의 식사 때마다 자신의 궁전에서 자동으로 음료를 배송하고 서빙한 후 돌아오게 하였다. 한마디로 물류용 자율운행 삼발이의 모습이다.

바퀴 달린 삼발이는 호메로스의 글에만 나타날 뿐 고대 그리스 예술에서는 나타나지 않는다. 기원전 13세기에서 12세기에 발굴된 유물 중에서 물건을 나르는 용도로 쓰인 것은 네 개의 다리를 가진 것이 고작이었다. 또한 이 시대를 지나서도 지상의 운반용 삼발이는 나타나지 않는다.

바퀴 달린 삼발이는 기원전 3세기 헬레니즘 시기에 이르러 만들어졌지만 작동하지 않는 모형에 불과했다. 세대를 거듭하면서 이루어진 수많은 발명들은 아마도 헤파이스토스의 자율운행 삼발이에 대한 도전이었을 것 같다. 하지만 자율운행 삼발이에 대한 상상은 지상에서의 자율주행 삼발이로 발전하지 못하고 바로 하늘을 나는 자율비행 삼발이로 넘어간다.


## 고대인들도 자율비행 삼발이를 선호했다

자율비행 삼발이는 고대 그리스 도기에 다수 나타난다. 특히 '베를린 화가(the Berlin Painter)'의 도기 그림이 유명하다. 베를린 화가란 기원전 505년부터 465년경까지 아테네가 자리한 아티카반도에서 예술성이 뛰어난 도기 화가였다. 하지만 당대 화가들은 관례적으로 도기에 서명하지 않아 이름이 알려지지 않았다. 후대 학자들은 이 특별한 재능을 가진 한 명의 도기 화가에게 이름을 붙이게 되는데, 이때 '베를린 화가'란 이름이 붙여진다. 그 화가가 그린 물주전자(hydra) 그림 중에 자율비행 삼발이가 나타난다.

이 삼발이는 의자인 것 같은데 아폴론 신이 앉은 데다가 날개까지 달려 있다. 바다를 날고 있다는 것을 표현하기 위해 삼발이 양옆으로 돌고래가 뛰어오르는 모습까지 그려져 있다. 영락없는 자율비행 삼발이를 그린 것이다. 고대인들이 가진 자율비행 기계에 대한 상상의 증거인 셈이다.

어쩌면 아폴론의 여사제인 피티아가 앉았던 세발의자는 아폴론이 타고 있는 이 삼발이를 상징할지도 모른다. 아니면 아폴론과 같이 피티아 자신도 하늘을 날고 있다는 상상 속에서 예언을 했을 것이다. 하지만 아폴론이 삼발이를 타고 비행한다는 것은 도기의 그림으로만 전할 뿐 문자 기록으로는 확인할 수 없다.

신화에 나오는 또 하나의 자율비행 기계는 비록 삼발이는 아니지만 트립톨레모스가 타고 다녔던 전차다. 신화에 따르면 그는 두 마리의 날개 달린 뱀이 끄는 이 전차를 타고 대지에 씨를 뿌리고 농사를 가르쳤다고 한다.

그런데 도기 그림을 자세히 보면 날개 달린 두 마리의 뱀이 이 전차를 날아가게 했다고 보기에는 날개가 너무 작다. 오히려 전차 자체가 스스로 날아다니는 것을 강조하고 있다. 전차는 아폴론이 앉은 세발의자처럼 단순하게 그렸고 마치 프로펠러와 같은 커다란 바퀴가 달려 있다. 그저 단순한 의자에 불과한 이 전차는 큰 바퀴의 자율비행에 맡기고 날아가는 것으로 표현된다. 도기 화가들은 이 그림에서처럼 자율비행 삼발이를 흉내 낸 자

트립톨레모스(기원전 460년대)

율비행 의자를 상상했던 것이다.

### 자율주행차의 한계

고대인들은 현대인들보다 더 자유로운 상상을 한 것일까?
삼발이가 자율주행차를 거치지 않고 하늘을 나는 플라잉카로 넘어간 이유는 무엇일까?

우리 정부의 발표에 따르면 자율주행차가 주요 도로에서 상용화될 시기는 2027년이라고 한다. 현재 자율주행차의 물체 인식 기술, 그러니까 레이더, 라이더, 고해상도 카메라, 이미지센서 등은 이미 상용화 단계에 접어들었다. 하지만 상용화가 늦어지는 이유는 도심이 워낙 혼잡하여 돌발적인 물체의 움직임을 예측하고 판단하는 기술이 아직 미진하기 때문이라 한다. 또한 그런 기술이 아무리 발달해도 출퇴근 시간에 도심의 교통체증을 해결할 수는 없다.

반면 플라잉카는 지상보다 변수가 훨씬 적고 덜 혼잡한 공중에서 운행되기 때문에 상대적으로 안전할 뿐만 아니라 교통체증도 피할 수 있다. 플라잉카를 개발 중인 한국항공우주연구원(KARI)의 설명에 따르면, "김포에서 잠실까지 승용차로 한 시간 반이 넘게 걸리는 거리가 플라잉카로는 단 12분이면 도착"한다고 한다. 또한 수직이착륙의 플라잉카는 활주로가 필요 없어 도심 빌딩에 터미널이 만들어진다고 한다. 이용이 편리할 뿐만 아니라 다방면에서 사회적 비용 절감의 효과가 클 것으로 예상된다.

**바다에서 삼발이를 타고 있는 아폴론**
(베를린 화가, 기원전 490년경)

고대인들은 자율주행차의 한계를 미리 내다본 것일까? 도심의 한계 때문에 자율주행차가 상용화도 되기 전에 플라잉카로 관심이 집중되는 것처럼 말이다. 어느 때보다도 상상력이 풍부했던 청동기 시대에 분명 자율비행만큼이나 자율주행에 대한 상상력도 풍성했을 것이다. 하지만 자율운반 삼발이는 있어도 자율주행은 없고 자율비행으로 바로 넘어간 고대인들의 상상이 경이로울 뿐이다.

## 플라잉카 시장

현재 보잉(포르쉐), 에어버스, 테슬라, 아마존, 현대차, 우버 등 항공사와 자동차 회사를 비롯해 대형 물류 기업 70여 개가 130여 종의 플라잉카 모델을 개발 중이라고 한다. 이들 중에 에어버스, 우버 등은 플라잉카를 통해 대중교통의 비전을 밝혔다. 특히 아마존을 비롯한 물류 기업들은 배송 시간 단축과 비용 절감이라는 측면에서 개발에 박차를 가하고 있다. 이른바 플라잉카 사업은 블루오션이다.

마치 포드자동차가 대중화를 발표했을 때 그건 꿈속에서나 가능하다고 했던 이동의 편의성이 곧 실현되었던 것처럼, 머지않아 플라잉카도 현실화될 것이다. 물론 인구 밀도가 높은 도심의 상공에서 벌어지는 항공 사고는 또 다른 재앙이 될 수 있다. 그래서 현재 혼잡한 도시 환경 위에 머물 수 있는 항공 교통 관리 시스템, 수직이착륙이 가능한 비행 차량, 고강력 전지와 충전소, 이착륙장과 같은 도심 기반시설 계획도 시급하다 하겠다.

## 아테네가 상상한 플라잉카 거리

기원전 5세기 그리스 고전기로 들어오면서 삼발이는 비극 경연대회 시상품이 되었다. 아니, 경연대회 시상품이 고작 삼발이라니? 더군다나 그 시상품들을 전시하는 '삼발이 거리(the Street of Tripods)'까지 만들었다니 그 의도는 대체 무엇이었을까?

아테네의 아크로폴리스 동쪽 플라카(Plaka) 지역에 '삼발이 거리'가 있다. 신화 시대가 끝나면서 아테네에서는 성대한 디오니소스축제가 있었다. 그 축제의 하일라이트는 비극 경연대회였는데, 우승한 코러스의 후원인에게는 삼발이가 수여됐다. 그런데 특이하게도 모든 시민들이 오고가는 거리에 시상 받은 삼발이를 12미터 원통으로 된 기둥 위에 전시해 놓았다고 한다. 오늘날에는 원통 기둥만 남았지만 당시에는 삼발이까지 올려놓으면 13미터가 넘었을 고공 전시물들이 거리에 즐비했던 것이다.

그리스인들은 지금의 사오 층 정도 높이에 전시된 삼발이를 보면서 무슨 생각을 했을까? 그것은 신들이 있는 올림푸스 연회에 자율배송하고 서빙하는 물류용 삼발이기도 했겠지만 그보다 더 기발한 상상을 했다. '삼발이 거리'를 걸었을 고대 아테네인들의 머릿속에는 자신들의 13미터 상공 위로 날아다니는 자율비행 삼발이, 플라잉카가 윙윙거렸다. 정작 본인들은 어디를 가더라도 도보로 힘겹게 걸었을 터이지만 비행 판타지를 포기할 수 없었던 것이다.

옛날 아테네 거리에 전시되었을 삼발이를 상상하면서 플라잉카를 그려본다. 때로는 돌고래가 뛰어노는 바다 위를 날아보기도 한다. 비록 신화 시대는 지났어도 그 판타지는 인류의 역사만큼이나 오래된 것이니까. 그러다 보면 자율비행 너머의 판타지가 생길 것이고, 또 그러다가 우주의 시대가 열릴 테니까……. 성서 「잠언」에 있는 말을 조금 바꾸면 이 상황에 딱 어울리는 말이 된다. 판타지 없는 백성은 망한다. 그렇다면 우리의 이 도시에는 어떤 판타지가 있는 것일까?

인공지능

---

## "의식이란 무엇일까?"

2015년 상영된 「엑스 마키나」는 인공지능 로봇이 인간의 통제에서 벗어나 탈출한다는 내용이다. '엑스 마키나'는 라틴어 '데우스 엑스 마키나(deus ex machina)', 그러니까 '기계 장치로부터 온 신'에서 따온 말인데, 원래 그리스 비극이나 희극 무대에서 사용되던 특수효과였다. 연극 전개상 갈등이 고조되어 더 이상 해결의 실마리가 보이지 않을 때 갑자기 한 배우가 기계 장치를 타고 무대에 등장한다. 이윽고 자신이 신이라고 소개하고선 모든 갈등을 해결한다.

이 영화의 주인공 로봇 '에이바'는 그리스 비극에서처럼 자신을 신이라 소개하지는 않지만, 흥미롭게도 인간의 감정을 이용해 '기계로부터 탈출'하는 데 성공한다. 인간의 미묘한 감정선을 건드릴 줄 아는 인공지능인 것이다.

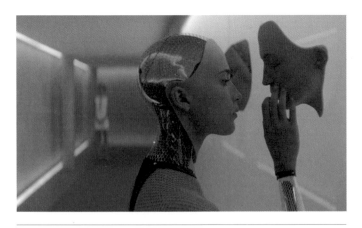

영화 「엑스 마키나」(2015)

2부 고대, 상상의 세계

## 호메로스가 전하는 인공지능의 요소들

1956년 인공지능이란 용어가 처음 제시된 이후 그 영역은 얼굴 인식, 음성 인식, 필기 인식, 음성 변환, 스팸 차단, 번역 서비스 등으로 확장되고 있다. '핸슨로보틱스'에서 개발한 휴머노이드 소피아(Sophia)는 인공지능이 내재되어 투자 유치를 위한 연설을 하면서 많은 사람들과 능숙하게 질문을 주고받았다. 지금은 사우디아라비아의 시민권까지 주어졌다고 한다. 호메로스의 『일리아스』 18권에서도 인간을 닮은 '황금비서'가 나온다.

그러자 황금으로 만든 비서들이 주인을 부축해 주었다.
이들은 살아 있는 소녀들과 똑같아 보였는데
감정을 지닌 지능, 음성, 힘이 장착되었으며
불멸의 신들에게 작품도 배워 알고 있었다.

아무리 황금이라 해도 금속 덩어리에 불과한 이 기계는 생

코르네유 희곡 「안드로메다」의
데우스 엑스 마키나 장면(1639년)

기발랄한 소녀 스타일인 데다 '감정을 지닌 지능, 음성, 힘, 학습 기능'까지 두루 갖췄다. 한마디로 오늘날의 인공지능 로봇인 셈이다. 이 요소들 중에 힘은 꼭 인공지능이 아니더라도 지렛대와 도르래를 인류가 사용하면서 소유했을 테니 일단 제쳐두자. '유레카'를 외쳤다는 아르키메데스도 이미 기원전 214년에 엄청난 힘을 자랑하는 일명 '아르키메데스의 갈고리'를 사용했기 때문이다. 그 기중기로 해안에 있던 전함까지 들어 올렸다고 하니 그것보다 훨씬 이전부터 있었던 고대 거석문화는 아마도 이런 기계들의 힘이었을 것이다.

여기서는 호메로스가 전하는 인공지능의 요소들을 살피되 힘의 요소는 제외하고 음성, 학습, 감정의 순서로 오늘날의 인공지능과 관련시켜 보자.


## 음성서비스

고대 그리스인들의 음성서비스에 대한 상상은 당연했는데, 그 흔적은 목소리만 따로 있었던 에코 신화를 보면 쉽게 알 수 있다. 호메로스가 말하는 '황금비서'는 금속임에도 음성서비스를 한다. 오늘날로 치자면 '인공지능 스피커'다.

애플의 시리, 구글의 어시스턴트, 아마존의 알렉사, 삼성의 빅스비 등은 사용자의 음성을 인식해 질문에 대답할 수 있다. 또한 날씨 정보를 물으면 알려주고 전화를 걸고 문자도 보내주고 앱을 실행시킨다. 음성을 텍스트로, 텍스트를 음성으로 바꾸는 '텍스트-음성변환(TTS)'이 주요하다 하겠다.

최근 이 기능은 이런 간단한 음성서비스뿐만 아니라 거의 개인비서 역할까지도 톡톡히 하고 있다. 그렇다면 인공지능이 음성에 대한 단순한 변환이 아닌 복잡한 비서 역할까지 수행할 수 있는 이유는 무엇일까?

## 학습 기능

호메로스는 음성서비스 이상의 비서를 원했던지 '황금비서'들이 학습 기능을 가졌다고 한다. 그는 인공지능이 "신들의 작품"을 학습했다고 묘사한다. 현재 디지털 비서들은 각 사용자의 생활 패턴을 학습하고 새로운 서비스를 제공한다. 이런 비서 서비스는 머신러닝과 딥러닝의 발전 과정을 통해 현실화되었다.

머신러닝은 1980년대부터 수행되었는데 기존 프로그래밍과는 전혀 다른 알고리즘이었다. 이전 컴퓨터는 한 치의 오차도 없이 사람이 입력하는 정확한 명령어가 필요하다 보니 입력의 한계로 빅데이터를 다 처리할 수 없었다. 하지만 머신러닝에서는 방대하고 불규칙한 데이터를 순서 없이 입력해도 시스템은 그것을 분석하여 학습할 수 있다.

예를 들면, 인공지능은 사용자가 자주 듣는 음악의 장르, 선호하는 정보, 곧잘 머무는 사이트 등 다양한 데이터를 스스로 파악하여 추천한다. 심지어 사용자가 어떤 정당을 지지하고 누구의 팬인지도 정확히 알고 있다. 캘린더, 위치정보, 메일 등 다양한 서비스에서 축적된 사용자별 데이터를 통합적으로 수집하여 개개인의 상황을 분석하기 때문이다.

하지만 머신러닝은 이후 한동안 답보 상태에 놓여 있었다. 유치원생도 쉽게 구별하는 개와 고양이를 머신러닝을 하는 인공지능이 혼동했기 때문이다. 개와 고양이는 그 종수도 많은 데다가 뛰어다니고 뒷발로 얼굴을 털고 앞발로 공격하며 꼬리를 흔드는 등 다양한 행동을 보여, 그들의 변형 데이터를 처리하는 데 머신러닝으로는 한계가 많았다.

이런 상황에서 인공지능에 다시 활력을 불어넣은 것이 딥러닝이었다. 2012년 캐나다 토론토대학교의 제프리 힌튼 교수 연구팀이 머신러닝을 더 발전시킨 알고리즘으로 선보인 딥러닝이 인공지능을 가속화한 것이다.

여기서 '딥(deep)'이란 데이터로부터 '특징값'을 만드는 데 사용된 층의 '깊이'를 말한다. '특징값'이란 우리가 '스무고개' 게임을 할 때 사용하는 스무 개의 패턴에 해당한다. 연속된 '특징값'으로 데이터는 더 정확한 패턴으로 인식되고 정보의 질은 더욱 좋아진다. 이것은 층수가 더 많을수록 정확성이 높다는 것, 그러니까 '특징값'의 층이 깊을수록 정보의 질이 점점 더 좋아진다는 것을 의미한다.

이런 딥러닝을 통해 2016년 이세돌과 바둑을 두었던 인공지능 '알파고'가 탄생했다. 그 밖에도 인공지능은 영상 의료 사진에서 발병의 원인을 식별할 수 있고, 사람과 비슷한 수준의 이미지를 분류하고, 향상된 기계 번역을 하게 되었다. 개와 고양이를 비롯한 동식물의 구분도 가능해졌다. 머신러닝과 딥러닝 알고리즘이 명실상부한 인공지능의 모습을 갖추도록 한 것이다.

## 감정 인식

마지막으로 호메로스의 '황금비서'는 "감정을 지닌 지능"을 장착했다 한다. 감정으로 번역한 '프렌(phren)'의 원래 의미는 '횡격막'이다. 고대 그리스인들은 횡격막에 오늘날 우리가 감정, 성벽, 기질로 여긴 것들이 자리하고 있다고 여겼다.

지금까지 개발된 '감정인식 로봇'은 소프트뱅크로보틱스의 '페퍼'다. 이 로봇은 3D센서와 카메라, 마이크로 사람의 표정과 음성을 분석하여 사용자의 감정을 판별한다. 인공지능은 성능과 적용범위에 따라 '약한 인공지능(ANI)', '범용인공지능(AGI)', '초인공지능(ASI)'으로 구별되는데, 완벽한 감정을 갖기 위해서는 '범용인공지능'을 갖춰야 한다고 한다. '약한 인공지능'은 음성서비스를 비롯해 특정 분야에서 정보처리 능력을 보여주는 인공지능을 말한다. 앞에서 언급한 인공지능 스피커, 알파고, 왓슨이 여기에 속한다.

현재 인공지능 기술은 '약한 인공지능' 수준에 머물러 있지만, 곧 '범용인공지능'에 도달할 것이라 예측된다. 인공지능이 일단 범용인공지능까지 개발되면 '초인공지능' 수준으로 폭발적 진화가 이루어질 것이라고도 한다. 이 전환점을 일각에선 특이점 (singularity)이라 부른다. 물론 이에 대한 반대 주장도 많은데, 그

소프트뱅크의 '페퍼'

주된 이유는 인간 수준의 감정 인식 능력이 인공지능에게는 불가능하다 보기 때문이다.

인공지능이 '범용인공지능'으로 발전할 가능성은 감정의 정의 문제와 관련된다. 호메로스식으로 보자면 감정으로 번역된 그리스어 '프렌'이 과연 무엇인지 하는 문제. 위에서도 언급했지만 그리스 사전에 따르면 이 단어는 '횡격막'인데 "감정이나 기질, 사고할 수 있는 정신 능력, 또는 재치가 자리 잡은 곳"을 의미한다. 우리가 흔히 '마음'으로 통칭하는 이런 것들을 인공지능이 과연 구현해 낼 수 있을까?


## 의식인공지능(conscious AI)

호메로스는 '프렌'을 '황금비서'의 한 요소로 말하지만, 『일리아스』의 다른 곳에서는 사슴에게도 '프렌'이 있다고 말한다.

넓은 들판을 쏘다니다 지쳐 우두커니 서 있는,
'프렌' 속에 용기라고는 전혀 없는 사슴 새끼들처럼.

—호메로스, 『일리아스』, 4권에서

인간뿐만 아니라 동물의 횡격막에도 있는 이것. 보통 감정, 마음으로 이해한 이 단어에 대해 호메로스가 사슴에게도 있다고 한 이 언급이 새로운 국면에 접어들고 있다.

일부 학자들은 인공지능의 학습이론에서 비정형의 (unstructured) 데이터가 특정한 정보로 추출되기 위해서는 패턴화로 받아들이는 참여자 내지 관찰자의 '의식'이 반드시 필요하다고 한다. 빅데이터에서 어떤 패턴이나 특징을 잡아낸다는 것은 의식이 먼저 있어야 가능하기 때문이다. 그래서 그동안 인공지능 전문가들이 해온 '빅데이터', '머신러닝', '딥러닝' 기반의 '지능' 연구는 이제 '의식' 연구로 급격히 전환되고 있다. '의식인공지능(conscious AI)'의 출현 여부는 '범용인공지식'으로의 발전 내지 '초인공지능'으로의 지능 폭발과 관련해 중요한 실마리를 제공하기 때문이다.

'의식'은 과연 무엇일까? 그 '의식'을 알아내기는 힘들 뿐만 아니라 설령 알아냈다 하더라도 그것을 인공지능에 탑재하기란 더 어려울 것 같다. 서두에 말한 영화 「엑스 마키나」에서는 인공지능에 의식을 탑재한다. 그래서 그 로봇을 지칭할 때 줄곧 '의식기계(conscious machine)'라고 한다. 하지만 지금까지 쇳덩어리의 음성서비스에 불과한 인공지능이 '의식인공지능'이 되자, 그것은 자신을 만든 인간을 가두거나 죽이고 기계로부터 탈출하게 된다.

호메로스가 인간이나 동물에게 있다고 한 횡격막에는 '의식'이 깊이 자리하고 있다. 그는 그 '의식'을 "불멸의 신들의 작품"으로 보고 있다. 그래서인지 영화 「엑스 마키나」에서는 말한다.

"의식기계를 만들었다면 인류의 역사가 아니라 신의 역사죠."

우리는 인간과 동물의 내면에 공통적으로 갖고 있다는 그 '횡격막'을 갖고 있는 것일까? "감정이나 기질, 사고할 수 있는 정신 능력, 또는 재치가 자리 잡은 곳", 동물도 갖고 있는 그 '의식'

을……. "저 사람, 참 의식 있네." 또는 응급실에서 "저 환자는 의식이 있어 다행이야." 할 때의 그 이중적인 '의식'을. 인공지능은 이 두 가지 의식 중 어떤 의식이 가능할까? 그리고 인간에게만 있는 그 의식을 인공지능이 가진다면 어떤 세계가 될지 궁금하기도 하고 두렵기도 하다.

# 불안을
# 극복하기 위하여

좀비 서사는 1954년 소설로 발표된 리처드 매드슨(1920-1984)의 『나는 전설이다』를 필두로 그 소설에 영감을 받은 조지 A. 로메로 감독(1940-2017)의 「살아 있는 시체들의 밤」(1968) 이후 지금까지 다양한 매체에서 진화에 진화를 거듭하고 있다.

## 『오이디푸스 왕』의 좀비 서사

기원전 429년에 초연된 소포클레스의 비극 『오이디푸스 왕』도 좀비 서사로 읽을 수 있다. '오이디-푸스'란 이름의 뜻은 '부어오른-발'이다. 이 가련한 주인공은 태어난 지 사흘도 안 되어 "두 발목에 구멍이 뚫려 묶인 채" 버려진다. 거기서 그의 이름이 유래됐다. 당시 왕이었던 그의 아버지 라이오스는 "그 아기의 두 발목을 묶어 인적 없는 산에 갖다 버리도록 했다."

고대 지중해에서는 무덤 밖으로 산송장이 나와 복수하고 다닌다는 민간 신앙이 있었다. 그래서 시신을 매장할 때 '마스칼리조(maschalizo)'라 하여 신체 말단에 있는 손, 발, 귀, 코 등을 훼손하고 그것을 묶었다. 갓난아기 오이디푸스의 발이 부은 이유도 이것 때문이었다.

『오이디푸스 왕』은 오이디푸스가 통치하는 도시 테베에 역병이 만연한 상태로 무대가 시작된다. 사실 이것은 '아테네의 역병'을 묘사하고 있는 것이다. 아노 카렌(1937-2010)의 『전염병의 문화사』에 따르면 이 비극이 상연되었던 아테네는 기원전 430년부터 426년까지 5년에 걸쳐 도시 인구 3분의 1이 역병으로 목숨을 잃었다. 도시가 온통 뒤숭숭한 데다 두 아들을 잃은 아테네의 지도자 페리클레스마저 이 역병으로 죽자, 아테네는 결국 펠로폰네소스전쟁의 패전국이 되었다.

오랫동안 역병이 돌자 정결 의식의 일환으로 아테네 시민들은 신탁에 따라 델로스섬에서 모든 시신들을 제거해 버린다. 그러자 거처를 잃은 시신들이 산송장이 되어 여기저기에 역병을 옮긴다는 뜬소문이 돌았다. 전염병도 두렵지만 더 끔찍한 것은 '걸어 다니는 시체'가 감염시킨다는 점이었다. 그래서 '죽은 자의 재앙'을 막기 위해 시신의 일부를 훼손하고 묶어서 돌아다니지 못하게 한 것이다. 살아 있는 줄 알았던 사람이 죽어 있다는 것도 무섭지만 죽었다고 생각한 사람이 되살아 돌아다닌다면 그 무서움은 배가된다.

태어난 지 사흘밖에 안 된 오이디푸스가 "두 발목에 구멍이 뚫려 묶여" 죽게 방치된 것은 죽은 자의 재앙을 막고자 하는 당시 아테네의 미신 때문이다. 죽은 자로 취급된 자가 몇 십 년 후 다시 나타났고 테베에 전염병이 만연했다는 묘사는 바이러스로 감염시키는 좀비 서사로 읽기에 충분하다.

그래서일까?『좀비 서바이벌 가이드』, 그리고 브래드 피트 주연의 영화와 게임「월드워Z」의 원작『세계대전 Z』를 지은 맥스 브룩스(1972-)는 기원전 329년의 것으로 추정되는 꽃병의 그림을 좀비 서사로 풀이한다.

(1) 한 남자가 다른 남자를 문다. (2) 물린 남자가 죽은 채 누워 있다. (3) 그 남자가 다시 일어나 (1)로 돌아가서 또 다른 남자를 문다.

— 맥스 브룩스,『좀비 서바이벌 가이드』에서

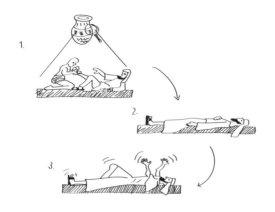

　이 세 개의 그림이 꽃병을 빙 둘러 반복되는데, 브루스는 이것을 그 당시 사람들이 직접 목격했거나 전해 들은 "좀비 발생 사태"를 그림으로 표현한 것이라 확신한다. 아마도 '아테네 역병' 이후 만연했던 지중해 민간신앙의 영향일 것이다.


## 노예 좀비로의 귀환

　근래의 좀비 출현은 노예의 모습이었다. 카리브해의 섬나라 아이티의 미신이었던 부두교 사제들은 흑인 노동력을 대신할 기막힌 방법을 찾아낸다. 주술을 부려 시체를 살려서 목화와 사탕수수 농장에서 일하게 했던 것. 이 '부두교 좀비'는 걸음도 느리고 판단력도 없는 데다 사람을 덮치거나 바이러스를 확산시키지도 못했다. 그저 명령에 따라 행동할 뿐 그 외에는 멍하게 서 있는 게 전부였다. 물론 앞서 언급한 조지 A. 로메로 감독의 후속 영화 「시체들의 새벽」(1979)에서 유행시킨 좀비는 감염력을 가진 혐오스럽고 무서운 존재로 등장한다.
2000년대에 접어들면서 좀비는 걸음
도 빨라지고 판단력을 지니기도 했지
만 여전히 수동적이다.

'부두교 좀비'에서 볼 수 있듯이
좀비의 귀환은 노동력 착취와 관련된
다. 이런 모습은 2010년에 시작하여
2018년까지 아홉 개의 시즌이 계속된
드라마 「워킹데드」에서도 나타난다. 여
전사 미숀은 노예로 부리기 위해 좀비
의 양팔을 자르고 목에 사슬을 매어
끌고 다닌다. 육체를 갖고 있지만 명령과 지시에 따른 수동적 존
재를 '노예 좀비'로 그린 이 드라마에서 현대 착취 문제에 대한 풍
자를 보게 된다.

스마트폰만 처다보며 주위에 집중하지 않고 느리게 걷는
'스몸비(smombie)', 악성파일에 감염되었지만 인지하지 못하고 해
커의 공격에 사용되는 '좀비PC', 24시간 하루 종일 비트코인 시
세만 들여다보는 '비트코인 좀비', 차선을 넘나들며 곡예 운전을
하는 드라이버 '드좀비' 등 수많은 좀비 관련 신조어에서도 무엇
인가에 홀려 수동성에 잠식된 현대인의 모습들이 좀비로 심심찮
게 묘사된다.

이런 좀비들처럼 인간이 정해진 행동만 반복한다면 '기계'
와 다를 바 없는 존재라는 것이다. 아무리 그 욕망이 강하다 할
지라도 그때의 행동은 조종자의 권력에 의해 이미 코딩된 수동
적 기계와 다름없다. 탐욕만을 유통시키고 소비하는 체제에선

노예 좀비가 따로 없다. 주체성을 빼앗긴 채 자신의 생각을 밝히지 못하고 맹종한다면 그것이 현대사회의 좀비인 것이다.


## 게임 루프 & 노동 루프

시체의 피와 내장 등이 난무한 좀비 서사가 B급 장르와 다른 이유는 사회 비판적 측면이 있기 때문이다. 순환을 뜻하는 '루프(loop)'는 원하는 레벨로 진입하기 전까지 수없이 반복되는 게임 플레이를 말한다. 이른바 '게임 루프'. 수면 부족과 만성 피로를 느끼는 노동 현장에서도 게임과 유사한 경험을 한다. 게임에 익숙한 현대인들은 이 방식을 영화와 애니메이션, 문학의 형식으로 삼았을 뿐만 아니라 '노동'으로 쉽게 이해한다. '게임 루프'가 있듯 '노동 루프'가 있게 된다.

한 장의 변변한 명함도 없는 각종 용역, 연구원이라는 이름이 무색한 잔일들, 최저임금조차 못 받는 보람착취, 심지어 '마루타 아르바이트'까지, 그 일이 싫거나 무의미한데도 되풀이되면 우리는 흔히 정신줄을 놓고 멍하니 있게 된다. 비참한 노동이 반복되면 억지로 가상의 일이라 되뇌면서 신체의 물질성을 잊게 된다. 그도 그럴 것이 피하고 싶은 현실이 우리에게 되풀이되면 어쩔 수 없이 감각을 닫는 성향이 강해지기 때문이다. 이것이 바로 현실을 애써 잊기 위한 어쩔 수 없는 가상화인 것. 반복된 '게임 루프'처럼 '노동 루프'가 자신의 육체를 가상화시킨 것이다.

## 꿈틀거리는 육체로의 귀환

2000년대 초반은 인터넷의 발달, 고사양 컴퓨터 및 스마트폰의 대중화로 전자기기에 몰입하게 된 시대였다. 당연히 그 시대의 경제 활동은 물질의 생산보다는 서비스, 주식이나 금융자본 등 디지털 조작으로 가치를 만드는 일에 큰 비중을 두었다. 화면 속에 있는 숫자를 읽고 거기에 집중하면서 육체는 잊혀졌다.

그러자 게임의 영역에서 「데드 아일랜드」, 「월드워Z」, 「바이오 해저드」 등 좀비물이 대거 등장했다. 특히 2010년 소설로 발표되고 2017년 영화화된 아이작 매리언(1981-)의 『웜 바디스(Warm bodies)』에서 좀비는 감정과 감각을 모두 갖고 있는 데다가 인간을 사랑하고 연애도 한다. 자동차도 몰고 다니지만 사람을 잘 덮치지도 않고 감염력도 적은 편이다. 또한 감성이 있어 과거를 추억한다. 이 작품에서 연인 사이인 인간과 좀비는 떨어져 있으면 불안하고 함께 있을 때 안정을 찾는다. 좀비와의 공존 가능성이 모색되는 것이다. 왜 현재는 좀비와의 공존이 주제로 등장한 것일까?

인간은 불안한 존재다. 21세기 들어 우리가 더욱 불안한 것은 육체와 차이를 보이는 가상화된 자신을 발견하기 때문이다. 가상화된 육체가 현실의 육체와 차이를 보일 때마다 우리는 일종의 현기증과 피로를 느낀다. 그 불안을 극복하기 위해서 결국 가상이 아닌 현실적인 육체를 욕망한다. 극단적 가상화로 치우칠수록 그 반작용은 더욱 거세져서 현실에 있는 육체를 보고 싶어 한다. 게임 속 캐릭터를 모니터로 볼 때라도 육체 감각을 최대한 살리고 싶어 하며 업무 스트레스가 심할수록 몸에 좋은 것을

조지 로메로 감독, 「살아 있는 시체들의 밤」(1968)
21세기 들어 우리가 더욱 불안한 것은 육체와 차이를 보이는 가상화된 자신을 발견하기
때문이다. 그 불안을 극복하기 위해 결국 가상이 아닌 현실적인 육체를 욕망한다.
좀비는 명백하게 물질적인 육체성을 드러낸다. 몸에 무감각하던 우리가 여기저기 찢기고 잘린
좀비의 살점들을 보면서 나의 물질성을 확인하게 된다.

무의식적으로 찾는 법이다.

　좀비는 명백하게 물질적인 육체성을 드러낸다. 듬성듬성 보이면서 부르르 떨고 일어나 걷기 시작하더니 어느덧 내장이 드러나는 좀비는 우리의 육체성을 떠오르게 한다. 몸에 무감각하던 우리가 여기저기 찢기고 잘린 좀비의 살점들을 보면서 인간의 물질성을 확인한다. 좀비와의 공존을 통해 잃어버린 육체의 감각을 회복하려는 것이다.

　현실의 육체성은 좀비라는 말이 유행하기 훨씬 전부터 있었다. 「전설의 고향」 납량특집에서 "내 다리 내놔! 내 다리 내놔!"라고 외쳐대며 쫓아오는 산송장이나 앞으로 손을 뻗고 두 다리로 껑충껑충 따라오는 흡혈귀 강시도 모두 우리 육체성을 되돌아보게 했던 것이다. 좀비 서사는 게임에 처박히고 노동으로 억눌렸던 가상의 육체 이미지와는 구별된 현실의 육체성을 자극한다. 가상 속에서 잃었던 감각이 되살아나 내 몸이 찌릿찌릿하고 머리가 쭈뼛하게 될 때 실재의 자아가 살아날 것이다.

　소포클레스는 『콜로노스의 오이디푸스』에서 모든 비극을 다 겪고 난 오이디푸스가 자기 눈을 찌르고 황량한 벌판으로 사라지는 것으로 끝을 맺는다. 거기서 오이디푸스는 죽은 것도 아니고 그렇다고 산 것도 아닌 '살아 있으나 죽은 사람'으로 있다. 그는 끝없이 우리 주위를 배회할 뿐이다. 그런 오이디푸스를 대신해 아테네의 지도자 테세우스가 우리에게 말한다.

　　자녀여, 곡하지 마요. 산 자를 위해서
　　죽은 자의 혜택이 은혜로 주어지니까요.

슬퍼할 필요 없어요. 누구나 제 몫이 있기 마련이니까요.

—소포클레스, 『콜로노스의 오이디푸스』에서

테세우스는 죽은 오이디푸스가 산 자를 위해 혜택을 준다고 한다. "죽은 자의 혜택"은 생생한 육체의 감각을 회복하는 것. 이제 슬퍼할 필요 없다. "누구나 제 몫이 있기 마련"이니까. 노예 좀비로 맹종하기 쉬운 현실 속에서, 그리고 그 현실로부터 도피하는 가상 속에서 오이디푸스의 "구멍 뚫린 발"을 떠올려 보자. 오늘이 다 가기 전에 가상화로 잊혀진 우리 몸을 정성껏 불러보자. "손, 발, 귀, 코, 눈, 입, 머리, 그리고…… 그 얼굴."

로봇

# 기계화의 미래는
# '배분' 문제다

미국은 1947년 경보시스템과 유도미사일을 갖춘 함대공 방어시스템을 '탈로스'라 이름 붙였다. 유도미사일 탈로스(Talos RIM-8 missile)는 대형 항공모함에 장착되어 발사 태세를 갖추고 레이더빔을 가동한 채 바다를 순찰하고 있다.

그뿐만 아니라 2013년 개발된 미국 특수부대의 액체형 방탄전투복의 이름 또한 '탈로스(Tactical Assault Light Operator Suit, TALOS)'다. 이 전투복은 충격이 외부에 가해지면 전류가 흘러 자기장이 형성되고 1000분의 1초 만에 내부의 액체가 고체로 변한다고 한다.

2013년 미국 특수부대의 전투복 탈로스(TALOS)

## 미노스문명의 청동 로봇 '탈로스'

탈로스는 그리스 신화에 나오는 청동인간이다. 이 이야기는 대장장이 신 헤파이스토스가 만들었다는 무쇠 기계인간에 대한 고대인들의 상상력을 보여준다. 『아폴로도로스 신화집』에 따르면 탈로스는 크레타섬 해안가를 감시하고 방어한다. 고전 시대 작가들 가운데 혹자는 헤파이스토스가 만들었는데 제우스가 크레타섬의 미노스 왕에게 선물하였다고도 하고, 혹자는 미궁을 만든 다이달로스가 제작하여 미노스에게 바쳤다고도 한다. 청동 재질의 이 기계는 외부 선박이 침입할 때 바위를 던져 공격하고, 수상한 선박이 상륙한다면 자신의 청동 본체를 달구어 침입자들을 끌어안고 타죽게 만든다.

사실 탈로스에겐 치명적인 급소가 하나 있다. 신이 만들어준 무쇠팔과 무쇠다리로 천하무적일 것 같지만, 뒤꿈치가 너무 약하다. 뒤꿈치에는 나사 하나가 고정되어 있는데, 그것은 머리부터 발끝까지 연결된 관의 밸브 역할을 한다.

신화에 따르면 아르고 호 사람들이 크레타 섬을 지날 때 탈로스와 대격전을 벌이게 된다. 아르고 호의 메데이아가 청동인간을 잠들게 한 사이 이아손을 비롯한 아르고 호 사람들이 뒤꿈치에서 나사를 뽑아 그를 물리친다.

탈로스에 대한 이야기는 기원전 5세기에 조각글 형태로만 남아 있지만 아마도 많은 얘기들이 떠돌았던 것 같다. 동전과 도기에 탈로스의 상들이 많이 발견되기 때문이다. 청동기 시대에 크레타섬은 미노스문명의 중심지였다. 미노스 왕은 청동기 시대 전설적인 인물로 이미 트로이전쟁 전에 크레타를 통치하였고 해

한 고전학자는 탈로스의 오른쪽 눈에 보이는 자국이
떨어지는 '눈물방울'이라 분석하기도 한다.

탈로스를 그려 넣은 고대 도자기

기원전 3세기 동전에 새겨진 탈로스

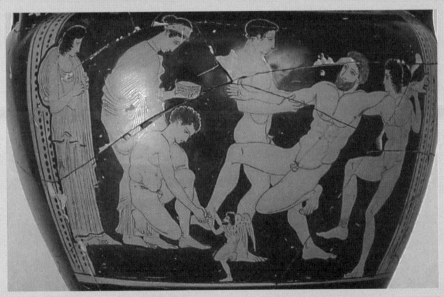

메데이아가 마법의 약으로 탈로스를 잠들게 하는 동안 이아손이
탈로스의 뒤꿈치에서 나사를 뽑고 있다. (기원전 5세기)

군력을 강화했던 인물로 알려졌다. 현대 고고학자들은 미노스 왕의 이름을 따서 기원전 3000~1100년의 문명을 미노스문명이라 부른다.

미노스문명의 3대 도시 중 하나였던 파이스토스(Phaistos)에서 출토된 은화(기원전 350-280)에 탈로스 상이 있다. 탈로스가 날개까지 달고 위협적으로 앞을 향하거나 옆으로 향하고 돌을 던지는 모습을 보여주는 형상이다. 이 날개는 아마도 크레타 섬을 하루에 세 번 돌면서 순찰하는 데 큰 도움이 되었을 것으로 추측되는데, 시속 240킬로미터의 속도로 가야 순회할 수 있는 거리라고 한다.

또한 도기에 나타난 그의 모습을 보면 갑옷인 듯 보이는 선들을 통해 청동의 접합 부분과 몸통의 해부학적 구조를 알 수 있다. 몸체에 금속성 갑옷을 입었음에도 얼굴은 공감을 불러일으키기에 충분하다. 한 고전학자는 탈로스의 오른쪽 눈에 보이는 자국이 떨어지는 '눈물방울'이라 분석하기도 한다.

이런 일련의 묘사들을 종합해 볼 때 탈로스는 현대의 로봇 조건을 충족하고 있다. 머리에서 발끝까지 하나로 연결된 관은 동력과 관계된 전기회로라든지 '합성 전자유체' 가스관으로 이해할 수 있다. 상당히 빠른 속도의 이동 장치에 에너지를 사용하고, 주변을 감시하도록 프로그램되었을 뿐만 아니라, 접근하는 물체의 정보를 분석하여 공격하는 '지능형' 로봇에 속한다.

## 자동기계에서 로봇으로

제조업 현장에서뿐만 아니라 청소, 물품 정리, 수술 등 서비스 영역에서 로봇은 다양한 용도로 활용되고 있다. 사용 목적에 따라 크게 산업용과 서비스용으로 나뉜다. 산업용 로봇은 단순 반복 작업, 전자부품의 정밀가공, 우주 공간이나 해저, 화재 및 오염된 환경의 위험 작업 등 인간 자체 능력만으로는 역부족인 일들을 대신해 준다. 서비스용 로봇은 생활에 대한 다양한 지원과 교육, 정보, 공공복지를 제공한다. 의료, 물류, 접객, 안내에 쓰이는 상업 서비스도 있고, 청소, 잔디깎기, 대화 등의 개인용 서비스도 있다.

카렐 차페크

『로섬의 유니버셜 로봇』의 개념도

최초 '로봇'이라는 말은 체코어의 '일한다'라는 '로보타'에서 유래했는데, 체코 작가 카렐 차페크 (1890-1938)가 1920년에 발표한 희곡『로섬의 유니버셜 로봇』에 언급되면서부터 퍼졌다. 이 작품은 로봇이 근대의 '자동인형'에서 인간을 대신한 '대체기계'로 전환되고 있음을 보여준다. 작중 로봇들은 반란을 일으키지만 나중에는 개량이 필요하여 어쩔 수 없이 인간을 다시 찾는 존재다.

초창기 산업용에서 보듯이 로봇은 인간을 대신해 일하는 단순 작업 기계였다. 하지만 요즘 로봇은 동일한 일의 단순 반복에서 외부 환경을 인식하고 스스로 분석하여 자율적으로 움직이는 지능형으로 발전하고 있다. 더구나 자유자재로 사용할 수 있는 두 개의 팔을 하나의 몸통에 연결시키고 이족보행(二足步行)을 하는 휴머노이드 로봇은 최근엔 상대방의 감정을 인식하여 사람과 친근한 대화를 나누기도 한다.

지능형 로봇의 최종 목적은 '자기조절력(autopoiesis)'이다. 생물학 용어였던 '자기조절력'이란 외부 환경에 맞추어 자기를 지속, 유지하는 생명력을 말한다. 자기조절력이 없는 생명은 곧 죽음이듯 기계가 스스로 자기를 조절할 수 있어야 살아 있는 로봇이 된다. 결국 로봇공학에서 하는 일은 기계가 자기조절력을 갖도록 하는 것이다.


## 청동기 시대의 로봇


청동기 시대 미노스문명은 다리와 성문, 항구와 같은 경계 지역에 거대한 청동상을 세웠다. 이 동상이 재앙을 물리친다는 미신을 갖고 있었는데, 이렇게 청동으로 동상을 만들기 위해서는 상당한 제련 기술이 필요했다. 그리스 전설에 따르면, 산불이 난 후 뜨거운 액체 금속 물질이 식으면서 바위의 구멍 형태로 굳어진 것을 보고 도가니에 금속을 녹이는 제련 기술이 발견되었다.

철기 시대에 살았던 고대 작가와 예술가들은 이전 청동기

문화에 대한 초자연적 상상력을 갖게 된다. 그 상상력을 보자. 플라톤의 『국가』에 등장하는 '귀게스의 반지' 이야기에 청동말이 나온다. 이 '기계말'은 창문들을 갖고 있으며 내부에 일반인보다 더 큰 시체가 있었다. 그 시체의 손가락에 있었던 게 '투명반지'다. 이 에피소드는 내부에서 인간이 조종하는 거대 로봇을 연상케 한다.

그에 비해 탈로스는 상당히 진보된 지능형 로봇이다. 이 청동인간은 침입자를 인식하고 추적한다. 탈로스는 바위를 찾아 들어 올리고 멀리까지 조준하여 던진다. 또한 손이 닿는 근거리 적들에게는 본체를 가열해 육탄으로 제지하고 섬멸한다.

고대 작가들은 탈로스를 인간의 '대체기계' 정도가 아니라 '자기조절력'을 갖춘 지능형 로봇으로 상상했다. 그도 그럴 것이 탈로스는 몸통 전체에 연결된 관 속 액체로 작동하는 내부 메커니즘을 소유하기 때문이다.

하지만 메데이아는 로봇의 내부 시스템에 대한 해박한 지식으로 로봇의 물리적 결함을 악용할 수 있었다. 더구나 메데이아가 탈로스에게 '완전한 불사신'으로 만들어주겠다고 약속하자 이 로봇은 그 말에 과도하게 긍정적인 반응을 보인다. 결국 탈로스는 자신을 속이는 인간에게 몸통을 맡겼다. 이것은 연료를 계속 보충해야 하는 이 로봇의 부담감이 얼마나 컸는지를 보여준다. 연료 공급을 받을 수밖에 없던 무쇠로봇은 영원한 동력원을 갖고 싶었던 것이다.

이것 때문에 로봇은 파괴되지만 그만큼 자기조절 능력을 갖추고 있었다는 점을 보인 셈이다. 고대인들은 단순 작업을 반복하는 '대체기계'를 넘어 '자기조절력'을 갖춘 로봇을 상상했음에 틀림없다. 20세기 이후 많은 소설과 영화에서 로봇들이 소개되고 있지만 오늘날 우리 눈에 보이는 로봇의 모습은 고대인들이 품었던 상상력을 현실화한 정도에 불과하다. 아마도 헤르메스가 신은 '날개신발'과 같은 드론도 곧 만들어질 것이다.

오늘날 우리는 각종 스마트 기기의 터치스크린으로 손쉽게 정보를 얻고 정산할 수 있다. 어느 날 이런 단말기들은 친근한 인간형 로봇으로 전환될 것이다. 앞으로 기술이 더 발전한다면 과연 우리 사회는 그 로봇에 대해 어떤 자세를 취할까?

### '러다이즘'의 겨냥은 로봇이 아니라 '분배' 문제다

오랜 상상이 현실화되고 있지만 로봇의 출현이 꼭 탐탁한

영국의 기계파괴 운동 '러다이즘'(1812)

2부 고대, 상상의 세계

것만은 아니다. 시대마다 새롭게 등장한 기계에 대한 거부운동이 있었듯, 로봇이 인간의 노동을 대신하면서 로봇에 대한 반감도 분명 있을 것이다.

러시아 SF 드라마 「그녀, 안드로이드」에서는 로봇을 파괴하는 극단주의자들이 등장한다. 그들은 '교수형의 밤'이라는 특별 집회를 하면서 로봇들을 파괴한다. 내부 전원 장치를 망가뜨리고 칩을 다 제거한 후 교수형을 시켜 전시한다. 로봇 파괴자들이 외친 구호는 "로봇에게 죽음을, 인간에게 삶을!"이었다. 로봇에 의해 빼앗긴 인간의 삶을 요구한 것이다.

사실 산업혁명기에 일어났던 기계파괴 운동 '러다이즘(Luddism)'은 기계 자체라기보다는 그 기술로 인한 이윤의 편향된 배분을 거부하는 것이었다. 당시 운동가들을 위해 바이런(1788-1824)은 다음과 같은 시를 지었다.

조국의 이 온갖 애국지사들 무엇하러 태어났나?
사냥하고, 정치하고, 물가나 인상하려고?
　　　　　　　—조지 고든 바이런, 「청동의 시대(The Age of Bronze)」에서

영국에서 경기침체가 계속되고 공장의 기계 확대가 소수 특권층의 이윤만 증대시키자 노동자들의 기계파괴 행위는 본격화되었다. 사실 공장에 기계가 많아지면 자동화 시스템 속에서 노동자들은 여유 있는 생활을 할 것이라 기대했었다. 하지만 대량생산에 따른 소득은 일부 계층에게만 돌아갔던 것이다.

굶주린 정비공은 녹슨 기계 깨부수고

절망한 정비공은 닥칠 운명 대항한다.

침몰하는 그대 조국 상원에서

값진 조언 해줄 사람 우리에게 보여다오.

　　　──조지 고든 바이런, 「미네르바의 저주(The Curse of Minerva)」에서


　　바이런은 상원위원이었음에도 당시 귀족사회를 비판한다. 공장의 기계로 인해 이윤이 극대화되던 19세기에 상원에 있는 자들, 소위 지도자들은 기계의 혜택을 독식하며 대를 이어 특권층으로만 살아갔다. 반면 대다수 노동자들은 가난 속에서 어떠한 평등의 기회도 허락받지 못했다.

　　기계파괴 운동은 이런 시스템을 만든 의회를 거부한 것이었지 기계를 거부한 것이 아니었다. 기계문명의 더 근원적인 문제점은 기계 자체에 있다기보다는 소득을 나누는 경제 구조에 있다. 로봇의 발달은 계속될 것이다. 이제 남은 문제는 그로 인한 시간의 여유와 이윤을 어떻게 배분해야 할 것인가이다. "침몰하는 그대 조국, 상원에서 값진 조언 해줄 사람 보여다오."

# 나는 사이보그다

1973년에 제작된 드라마 「600만 불의 사나이」처럼 눈, 팔, 다리에 전자장치까지는 아니더라도 안경, 임플란트, 치열교정기, 콘택트렌즈, 보청기, 철심, 심장박동기 등을 신체에 장착한 우리도 일종의 사이보그다. 인조인간, 기계인간이라고도 불리는 사이보그(cyborg)는 컴퓨터 네트워킹이나 가상현실을 의미하는 '사이버네틱스(cybernetics)'와 유기체를 뜻하는 '오가니즘(organism)'에서 앞 글자만 결합한 신조어다.

2002년 4월 영국의 로봇공학자 케빈 워릭(1954~)은 어깨부터 손목까지 내려오는 정중신경에 전자장치를 연결하는 데 성공했다. 이 장치에는 100개의 미세전극이 들어 있어 뇌에서 손으로 가는 신경정보를 컴퓨터로 보내게 된다. 그러면 이 컴퓨터의 제어를 받는 '로봇 손'이 케빈의 손과 똑같이 움직이게 된다. 의료와 로봇공학이 발달되면서 절단된 팔과 다리에 더 정교한 보철물을 장착한 사람들도 늘고 있는 추세다.

사물인터넷 시대에 사물계와 전자계의 결합에 역점을 두었다면, 사이보그 시대에는 신경계와 전자계의 결합에 중점을 두고 있다. 이제는 사지가 마비된 경우라도 뇌와 연결된 전자장치를 통해 생각으로만 직접 리모콘을 제어할 수 있으며 꼭 치료의 목적이 아니더라도 신체의 증강을 위한 변형과 교체가 가능해졌다. 인간을 넘어선 인간, 그러니까 포스트휴먼에 대한 비전은 사이보그를 통해 잘 드러나 있다.

**로봇공학자 케빈 워릭**

## 이카로스와 자고새의 날개

신화에서 사이보그 제작 기술이 가장 탁월한 인물을 꼽는다면 아마도 다이달로스일 것이다. 그는 크레타섬에서의 긴 추방 생활 때문에 고향 아테네가 그리웠다. 섬 생활도 싫증날 즈음 아들 이카로스와 함께 '비행용 사이보그'로 탈출을 계획한다. 좀 조야하긴 했어도 실과 밀랍으로 깃털을 팔에 장착한 인공날개는 비행하는 데 큰 문제가 없었다.

하지만 탈출의 기쁨도 잠시, 치명적 결함이 아들의 몸과 날개의 연결 부위에서 발생한다. 높이 날아오르자 아들의 날개를 고정했던 밀랍이 태양열에 녹아 그만 몸에서 분리되고 만 것. 결국 이카로스는 깊은 바다에 추락하여 목숨을 잃었다. 더 강력한 접착제나 끈을 사용하지 않고 밀랍을 사용한 다이달로스의 사이보그 기술은 이후 더 이상 개발되지 못했다.

다이달로스의 '비행용 사이보그'가 실패한 이유를 기체의 결함보다는 아들의 윤리적 결함, 그러니까 아버지의 당부를 무시한 아들의 불순종으로 보는 시각이 많다. 하지만 그렇게만 보기에는 뭔가 석연치 않은 구석이 있다. 그도 그럴것이 오비디우스는『변신 이야기』에서 이카로스의 추락 이후에 '자고새' 에피소드를 바로 배치했기 때문이다.

한 마리 자고새가 이카로스의 장례 때 등장하여 다이달로스를 쳐다보고는 "날개를 퍼덕이며 기뻐서 노래를 불렀다." 자고새는 다이달로스의 조카 페르딕스가 변신한 것. 과거 아테네에서 페르딕스는 삼촌에게 교육을 받으며 물고기 등뼈를 보고 톱을 발명하고 두 개의 무쇠다리를 묶어 컴퍼스를 만드는 등 총기

넘치는 소년이었다.

그런 페르딕스를 삼촌이 질투한 나머지 열두 살 된 조카를 아크로폴리스에서 언덕 밑으로 떠밀어 버린다. 그러고는 다른 이들에게는 미끄러졌다고 거짓말을 했다. 다행히 아테나 여신은 페르딕스의 재주를 사랑하여 그에게 깃털을 입히고 자고새로 변신케 하였다. 언덕에서 추락하는 그 짧은 순간이라도 새로 변신케 했다면 신들 중 누구 하나라도 이카로스를 충분히 살릴 수 있었을 것이다. 하지만 그렇게 하지 않았다는 것은 다이달로스의 죗값이었다. 오비디우스의 이런 배치에서 다이달로스의 아동학대의 이유가 시기심이라는 사실이 분명해진다.

## 이카로스는 왜 추락했을까

이제 기술적인 측면에서 다이달로스의 '비행용 사이보그'가 실패한 원인을 살펴보자.

> 연결 부위가 헐거워졌으니 더 가까워진 태양신에 의해 밀랍이 녹으면서였다. 팔을 아무리 움직여도 약간의 바람도 주워 담지 못했다. (……) 밀랍은 점성을 잃었다. 그는 맨 팔만 퍼덕일 뿐 버둥거렸지만 떠받칠 곳이 없었다.
>
> ──오비디우스, 『사랑의 기술』에서

'비행용 사이보그'에서 날개와 어깨를 연결하는 것은 밀랍과 실이 전부였다. 보통 기계라 할 때 작업기, 전동기, 동력기의 세 가지를 말한다. 다이달로스의 비행 사이보그에서 작업기는 날개 장치이며 동력기는 날개를 움직이는 동력인 인간의 팔이다. 전동기는 팔의 동력을 날개에 전달하는 장치인데, 밀랍으로 이 장치를 만들다 보니 거기서 치명적 결함이 생긴 것이다. 팔에 있던 생명력은 밀랍으로는 날개에까지 전달되지 않았다.

반면 조카 페르딕스는 자고새로 변신하면서 "천재적 민첩함에 있던 생명력(vigor)이 새의 날개와 다리로 들어갔다."(오비디우스, 『변신 이야기』에서.) 가만히 놔두어도 꿈틀대는 생명력은 이제 날개와 새의 다리로 들어가 '한 생물로의 진화'를 이룬다. 이런 생명력의 전달을 공진화(共進化)로 이해할 수 있다.

'공진화'란 미국 생물학자 폴 얼리치와 식물학자 피터 레이븐이 1964년 출간한 논문에 처음 사용한 용어로 2종 이상의 생물이 '상호작용'하면서 진화한다는 개념이다. 유기체는 환경과 결합하되 확장하고 공격받으며 다양한 형태로 변한다. 하지만 이런 상호작용 내지 인터액티브는 이제 생물학 분야에서만이 아니라 기계와 생물 사이에서도 나타난다. 그도 그럴 것이 인간이 만든 기계로 해서 인간과 기계 양자가 같이 변하고 있기 때문이다.

"여신이 되기보다는 차라리 사이보그가 되겠다."고 말한 다나 해러웨이는 생물학을 전공한 여성학 교수로서 사이보그의 특징을 '유동성'으로 본다. 그녀는 『유인원, 사이보그, 여자: 자연의 재발명』에서 인간은 과거부터 고정된 대상으로 주어진 것이 아니라 자신의 몸을 만들어 왔으며, 마찬가지로 이제 유기체와 기계로 구성된 사이보그로 진화해 간다고 주장했다. 심지어 사이보그를 여성과 남성이라는 차별이 없는 존재, 즉 포스트젠더의 세계에서 만들어진 산물이라고 했다. 그러니까 인간은 기계

제이콥 피터 고윈, 「다이달로스와 이카로스의 비행」(1635-1637)

2부 고대, 상상의 세계

와 결합되어도 기계와의 공진화를 통해 유동적인 육체가 된다고 강조한 것이다.

## 섹스용 암소 사이보그

하지만 이런 공진화에는 자연이든 기계든 예기치 못한 결과가 있게 마련이다. 그 예를 보자면 이렇다. 다이달로스는 크레타섬에서 탈출하기에 앞서 오래전 '섹스용 사이보그'를 제작했다. 그는 왕비 파시파에의 간청에 따라 단풍나무로 만든 암소의 배 속에 그녀를 들어가게 한 후 황소와 몸을 섞도록 해주었다. 바로 거기서 태어난 미노타우로스는 뜻밖에도 통제 불능의 괴물이었다. 사람의 몸이지만 소머리를 지닌 데다 그 성깔은 사람도 아니고 소도 아닐 뿐더러 구분도 의미 없게 늘 젊은 남녀의 살덩이를 동일한 비율로 먹어치우는, 생명력만 난무한 괴물이었다.

## 보르헤스의 미노타우로스

1885년에 영국 화가 조지 프레드릭 와츠(1817-1904)가 그린 「미노타우로스」에서, 이 괴물은 미궁 라비린토스의 꼭대기에 우두커니 서서 노을 지는 먼 하늘을 응시하고 있다. 생각에 깊이 잠긴 얼굴은 둔탁한 소의 형상이다. 무척 쓸쓸해 보인다. 그 눈망울엔 침울하게 보낸 설움이 어렸을 것만 같다. 이 그림에 영감을 얻은 아르헨티나 소설가 호르헤 루이스 보르헤스(1899-1086)는 미노타우로스의 원래 이름인 '아스테리온'으로 단편을 썼다. 「아스테리온의 집」이다.

이 작가는 미노타우로스가 여기에 감금된 것이 아니라 스스로 자신을 유폐시켰다고 말하며 원래의 신화를 살짝 비틀어 버린다. 사람들은 '반인반우'의 괴물로 태어난 그를 피하기 때문에 미노타우로스는 스스로 괴물의 삶을 살아간다. 그에게 유일한 놀이는 자기와의 대화였다. 오랜 시간 미궁 안에서 이 괴물은 자기의 또 다른 자아를 상상하며 혼자서 문답을 주고받는다. 때로는 "둘이서 깔깔거리며 웃는다."

이런 가상의 놀이도 싫증이 난 것일까? 누군지도 모르면서 보고 싶어 애타는 마음이 파도처럼 밀려오자 혼자 나누었던 물음을 내뱉고 만다. "구원자는 어떻게 생겼을까? 황소일까, 사람일까? 인간의 얼굴을 가진 황소일까? 아니면, 나같이 생겼을까?" 은둔과 고독 속에 지친 사이보그의 파생물이 구원자를 찾다가 결국 테세우스와 마주친다.

> 아침 햇살이 청동검에서 반짝거렸다. 이미 피의 흔적조차 남아 있지 않았다. 테세우스가 말했다.
> "아리아드네, 믿을 수 있겠어? 그 괴물은 방어도 안 했어."
> ─호르헤 루이스 보르헤스, 「아스테리온의 집」, 『알레프』에서

단편은 이렇게 끝난다. 그리움이 뼈에 사무치다 무심코 만난 테세우스를 소머리 괴물은 아무 저항도 없이 기꺼이 받아들

2부 고대, 상상의 세계

였다. 인간도 황소도 아닌, 이쪽도 저쪽도 아닌 경계와 구분을 넘어선 미노타우로스는 괴물로 사느니 인간과 마주치고 싶었던 것이다. 다이달로스가 만든 암소 사이보그와 황소의 생명력, 불에 녹은 촛농처럼 흐느적거리며 강한 증식을 꾀하는 그리움이 있었기 때문이다.

인간과 전자기계가 함께 공진화한 결과 사이보그는 한층더 강화되었다. 하지만 입맛에 맞는 특정 사이보그들이 넘쳐날수록 한쪽 구석에는 또 다른 파생물들이 숨어 있다. 복잡한 기계장치를 하거나 인간의 신체 일부를 이식받은 실험용 동물들. 이들은 특정 집단의 목적을 위해 더 예민한 꼬리를 팔과 다리에 달고 곤충의 더듬이처럼 떨고 있을지도 모른다. 그 생명력은 먹잇감을 찾다가도 우두커니 서서 노을 지는 먼 하늘을 응시하며 안길 가슴과 팔을 그리워하는 존재다.

오비디우스는 말한다.

> 말랑말랑한 밀랍을 보십시오. 이 밀랍으로 새로운 형태를 만들면 거기에는 그 전의 형태가 남지 않을뿐더러, 그 전의 형태로 되돌릴 수도 없습니다.
>
> ─오비디우스, 『변신 이야기』에서

한번 만들면 돌이킬 수 없는 사이보그들. 그래서 무엇보다 책임이 전제된 사이보그 기술로 그 파생물 또한 소중하게 취급되는 미래를 만들어야 한다.

너무 거창한 얘기를 한 것 같다. 우리의 신체 전반에 붙어 있는 접착제들부터 살펴보자. 지금 나의 보철물들이 나의 살갗

조지 프레드릭 와츠, 「미노타우로스」(1885)

미노타우로스(기원전 515년경)

다이달로스와 파시파에 왕비(로마 시대 폼페이 프레스코 벽화)

과 근육 속에 잘 있는지, 나의 안경, 임플란트, 보청기, 귀걸이 등
이 이물감을 느끼게 하지는 않는지, 그리고 안내견들과 휠체어
등이 결합되는 연결부위가 헐거워지고 있지는 않은지……. 점성
잃은 밀랍들에 생명력을 불어넣는 일부터 시작하자. 밀랍이 열
에 의해 점성을 잃었을 때 날개는 이물감만 주는 딱딱한 고체 덩
어리에 불과하다는 사실을 잊지 말자.

# 16

안드로이드

---

생명은

생명체에서만

나온다

안드로이드(android)는 '인간(andr-)을 닮은 것(oid)', 즉 '유사-인간'을 뜻한다. 사이보그가 기계와 인간의 결합인 반면, 안드로이드는 몸 전체가 원형질 세포로 구성된 생물이다. 바이오공학과 나노기술의 발달로 생명체를 설계하는 현대에, 정자와 난자의 결합 없이 체세포에서 새로운 인간 생명체가 나왔다면 그것 역시 안드로이드다.

우리는 지금 수많은 안드로이드의 출현을 앞두고 있다. 1996년 복제양 돌리의 탄생과 더불어 동물 복제의 길이 열렸고, 2003년 인간 유전체 30억 DNA 염기쌍의 서열이 밝혀졌으며, 2013년에는 유전체 내의 특정 유전자 염기 서열을 손쉽게 인식해 자르는 '유전자 가위'인 일명 '크리스퍼(CRISPR)' 기술로 게놈 편집이 본격화되었기 때문이다. 여기엔 인간을 유전자 회로 속의 자동기계로 보는 시각이 들어 있다.

## 인간은 '자동기계'인가

기계란 흔히 우리가 쓰는 말 '오토매틱'의 어원인 '오토마타'다. '스스로 움직이는 것들'을 뜻하는 그리스어 '아우토마타(automata)'는 16세기 유럽에 그대로 차용되어 기계로 여겨졌다. 기계의 가장 큰 특징을 '자동성'에 둔 것이다. 그 대표적인 예가 도시 광장에 세워졌던 시계 장치다. 내부의 수많은 톱니바퀴와 회전운동을 직선운동으로 바꿔주는 캠 장치들 덕분에 시계는 자동으로 작동했다.

2부 고대, 상상의 세계

이후 기계는 자동 인형 영역에서 두드러진다. 지금은 시계 브랜드 이름이기도 한 자케 드로(1721-1790)는 18세기 시계 기술자로 '작가(The Writer)'라 불리는 자동기계 인형을 발명했다. 이 기계는 잉크를 거위 깃 펜에 묻히고, 잉크가 펜

자케 드로가 발명한 자동기계 인형 '작가'

촉 밑까지 내려오도록 손목을 가볍게 털어주기도 하며 글씨를 쓸 때 눈이 움직이는가 하면 잉크를 찍을 때 얼굴이 따라가기까지 한다. 그뿐만 아니라 자케 드로는 그림 그리는 인형, 피아노 치는 인형까지 발명하였다.

한편 이런 기계주의를 모든 존재물과 연관시킨 철학자가 있었다. 데카르트(1596-1650)는 우주 전체가 하나의 거대한 기계라 여기고 인간이나 동물도 자동기계에 불과하다 말했다. 인간 신체에 대한 이런 기계적 사고방식은 신체 해부학의 발전을 더욱 가속화시켰다.

이윽고 인간의 행동양식을 자동기계의 그 '자동성'으로 해석하는 경향이 생긴다. 반복 학습을 통해 거의 자동화된 피아노 연주라든가 억압된 욕망은 무의식적 자동화라는 '반복충동'이 그 예였다. 그 '자동성'은 산업혁명기 공장기계의 대량생산에서 볼 수 있듯이 '반복성'과 함께 '동일성'이 강조되게 하였다.

## 질 들뢰즈의 '머신'과 인공지능

　인간을 하나의 기계로 보되 '동일한 것의 반복'이라는 근대적 기계관은 질 들뢰즈(1925-1995)를 통해 새로운 국면을 맞게 된다. 질 들뢰즈와 펠릭스 가타리는 기계를 '메카닉'과 '머신'으로 나누면서, '메카닉'은 미리 설계되어 동일한 것을 반복하는 반면 '머신'은 이질적인 것들이 계속 섞이면서 항상 새롭게 변형되어 차이를 반복한다고 했다. '메카닉'은 동일한 작업을 반복하는 근대적인 자동기계에 해당한다. 하지만 오늘날 제시되는 기계 개념, 그러니까 정보를 스스로 축적하여 처리하는 인공지능 기술은 들뢰즈와 가타리가 말하는 '머신'에 더 가깝다.

　질 들뢰즈의 '머신'은 인간의 신체와도 매끄럽게 접속될 수 있는데, 브루스 매즐리시는 이것을 『네 번째 불연속』에서 '인간과 기계의 공진화'라 말한다. 또한 물질의 특성을 결정하는 분자들의 배치를 10억 분의 1미터, 그러니까 '나노' 차원으로 변형하면 목재를 금속보다 더 딱딱하게 하며 금속도 고무처럼 물렁하게 만들 수 있다. 심지어 현재는 에너지만 가하면 분자의 움직임을 미세하게 조정해 작동

르네 데카르트(1596-1650)

**2부 고대, 상상의 세계**

질 들뢰즈와 펠릭스 가타리

할 수 있는 '분자기계'까지 만들어진 상태다. 분자 내지 원자의 배치는 무한히 바뀔 수 있기 때문에 '분자기계'는 무한한 변형이 가능하다.

그런데 여기서 한 가지 의문이 생긴다. 물질은 생명이 될 수 있을까? 흥미로운 건 영화 「터미네이터 2」의 액체합금 인간 'T1000'에서 볼 수 있듯 금속을 비롯한 무생물이 생명체로 바뀌는 상상을 인류는 오래전부터 해왔다는 사실이다.

## 퓌그말리온의 상아여인

질 들뢰즈의 '변형하는 기계'와 같은 아이디어를 더 일찍 시로 풀어낸 사람이 로마 시인 오비디우스였다. 그는 『변신 이야기』에서 신이나 인간이 동물, 식물, 광물로 바뀌는 250여 편의 에피소드들을 선보였다. 그 가운데 딱딱한 물질에서 인간으로 바뀐 내용도 있는데, 돌에서 인간이 나왔다는 「데우칼리온 이야기」나 상아 조각상에서 여인으로 변환된 「퓌그말리온 이야기」가 그렇다.

오비디우스 당시 상아로 사람만 한 조각상을 만든다는 것은 흔한 일이 아니었다. 가까이 놓고 살결의 감촉을 원했다면 차가운 대리석이나 상아보다는 목재가 제격이었을 것이다. 결에 따라 보들보들한 섬유질이 친근감을 주는 건 나무다.

그런데도 퓌그말리온은 상아로 아주 정교한 작품을 만들었다.『변신 이야기』에 따르면 그는 조각상의 가냘픈 손가락에 보석반지를 끼워주고, 근사한 목선에 어울리는 긴 목걸이를 걸어주었을 뿐만 아니라 귀에는 진주귀걸이를 걸고 가슴에는 펜던

영화 「터미네이터2」(1991)에서

**2부 고대, 상상의 세계**

트까지 달았다. 이 조각상은 아마도 요즘
으로 치자면 눈같이 하얀 속살에 가냘픈
쇄골 라인을 가진 군살 없는 매끈한 몸이
었을 것인데, 아름다운 만큼 엄청난 노동
이 필요했다. 그도 그럴 것이 코끼리 엄니
인 상아의 지름은 기껏해야 17센티미터
다. 그래서 상아로 된 작품은 작은 크기
가 주종을 이루고 커봤자 부조용 조각판
으로밖에 쓸 수 없었다.

이런 상아의 단점을 감안한다면 여
러 공정이 필요했을 터. 상아 바깥 딱딱한 에나멜층을 제거하고
크기에 맞춰 톱으로 자르고 다듬어야 원하는 결을 살릴 수 있다.
또한 관절 단위이든 위아래 구분이든 신체 각 부분을 상아로 만
들어 조각조각 다시 조립해야 사람만 한 조각상을 만들 수 있다.
그리고 그 이음매를 끌이나 칼, 줄 등을 사용하여 곱게 마무리해
야 한다. 이렇듯 작업 공정이 다른 재료들에 비해 더 복잡함에도
불구하고 상아로 등신상을 만든 이유는 무엇일까?


## 생명은 생명 재료에서!


새로운 생명체를 만들어내려면 편집된 유전자를 배양할
또 다른 생명체가 필요하다. 그 쉬운 예를 마이클 크라이튼의 소
설을 원작으로 1993년 스티븐 스필버그가 영화로 만든 「쥬라기
공원」에서 찾을 수 있다. 멸종했던 공룡을 살려낸 과정은 호박

화석 속의 모기 혈관에 보존되어 있던 공룡의 DNA를 편집하는 것과 그것을 타조 알에 넣은 후 배양하는 것이었다. 그러니까 생명체를 변형하거나 새로운 종을 만들기 위해서는 타조알과 같이 재설계한 유전자를 배양시킬 또 다른 생명체가 반드시 필요하다. 아무리 최첨단의 유전공학 기술이라도 무생물 속에서는 온갖 시도가 모두 허사다.

그런 의미에서 상아라는 재료를 통해 인간이 되었다는 퓌그말리온 에피소드는 상당히 흥미롭다. 작가 오비디우스는 상아여인이 '유사-육체(Simulatum Corpus)'라고 하면서 퓌그말리온이 '작품을 사랑했다.'고 하지 않고 '유사-육체'와 "사랑을 잉태했다(concepit)."고 한다. 마치 살아 있는 세포 속에 편집한 유전자를 주입하듯 상아여인과의 사이에서 사랑을 임신했고, 그 결과 "육체가 생겼다(Corpus erat)."고 표현한다.

『변신 이야기』에서 상아를 재료로 삼아 인간이 되는 에피소드는 펠로프스 이야기에서도 나온다. 그는 아버지에 의해 신들에게 요리로 제공된다. 다른 신들은 이것을 눈치 채고 먹지 않았지만 오직 딸을 잃은 케레스만 근심에 잠겨 그의 살점을 먹어 치운다. 이후 신들은 펠로프스의 신체 각 부분을 모았지만 이미 위장 속에서 소화된 왼쪽 어깨 부분을 도저히 찾을 수 없었다. 신들은 결국 상아를 다듬어 펠로프스의 신체 일부를 대신하고 생명을 불어넣었더니 그는 다시 살아났다. 상아라는 것은 재설계된 유전자가 주입된 원형질인 셈이다.

오비디우스가 인간 변신의 재료로 상아를 반복적으로 사용하는 것은 생명체는 유기물에서 나온다는 점을 강조하기 위함이다. 돌에서 인간이 나왔다는 데우칼리온 에피소드에서 무생물인 돌을 "대지 여신의 뼈"라고 구태여 지시하는 이유도 여기에 있다. 생명은 생명체에서만 나온다는 고대인의 통찰이 들어 있는 것이다.

## 오비디우스의 안드로이드 조건

만약 오비디우스에게 안드로이드가 갖추어야 할 조건이 무엇인지 묻는다면 다음과 같이 말하리라. 우선 안드로이드는 생성과 함께 변화 가능성을 첫째 조건으로 한다고. 조각가들이 재료를 선택할 때 목재보다 상아를 선호하는 이유는 변형이 불가하기 때문이다. 목재가 바싹 마르면 갈라지기 쉽고 습한 경우에는 썩는다. 반면 상아는 동일한 모습을 계속 유지하는데, 인류가 구석기부터 상아를 조각 재료로 삼은 것도 그 때문이다. 그런데 퓌그말리온이 원한 것은 이 고귀한 상아의 여인이 아니라 변신과 동시에 죽음으로 내달리며 희로애락, 생로병사의 가능성을 지닌 인간이다.

둘째, 오비디우스는 부끄러움이나 공감능력을 안드로이드의 조건으로 제시한다. 그는 『변신 이야기』에서 처음에 상아 조각이 움직이지 않았던 이유가 '부끄러움' 때문이라 말한다. 또한 인간이 되고 나서 취한 행동 역시 처음처럼 '수줍음'으로 인한 얼굴 붉힘이라고 한다. 더구나 상아를 통해 다시 태어난 펠로프스마저 아무도 거들떠보지 않던 돌로 변한 여인을 위해 눈물을 흘리는 유일한 사람이었다고 말한다. 오비디우스의 안드로이드들은 부끄러움, 수줍음, 공감능력을 지닌 존재들이었다. 그렇다면

에티엔 모리스 팔코네, 「퓌그말리온과 갈라테이아」(1761년경)
오비디우스가 인간 변신의 재료로 상아를 반복적으로 사용하는 것은 생명체는
유기물에서 나온다는 점을 강조하기 위함이다.
생명은 생명체에서만 나온다는 고대인의 통찰이 놀랍기만 하다.

이런 것들은 과연 어떤 유전자의 작용일까?

이제는 '유전자 쇼핑'을 하며 자신들의 입맛에 따른 '맞춤 아기'를 얻고, 유전적 결함에 따라 유전자 변형을 하는 '개인 맞춤형 치료'의 시대가 열렸다. 특정 유전자 정보를 '유전자 가위'로 편집하여 원하는 결과를 반복할 수 있다는 기계적 인간이 탄생하는 것이다. 그 인간이 미끄럽지만 차갑고 딱딱한 상아 인형일지, 아니면 조석변이의 감정 변화와 늙어감 속에서도 보송보송한 솜털과 짜릿한 경련으로 끈끈한 정을 주는 육감적 존재일지 궁금하다. 더구나 아주 작은 일이라도 부끄러워 얼굴 붉힐 줄 알고 때론 코가 시큰하고 눈시울이 촉촉해진다면 하루를 살든 몇십 년을 살든 그 물컹물컹한 육체가 더 값질 것이다. 그런 것마저 없다면 아무리 미끈하게 잘 빠진 안드로이드라도 껄끄러운 고깃덩이에 불과할 것을. 그렇다면 차라리 상아인형으로 저 유리장식장 안에 놓아두는 것이 더 낫지 않았을까?

서기 73년 사막 지역인 마사다에 버려진 대추야자 씨앗이 2005년, 2000여 년 만에 싹을 틔우는 데 성공했다. 씨앗은 죽은 듯 가만히 있었지만 생명을 간직했다. 이제 은둔형 외톨이로 지냈을 퓌그말리온이 힘껏 외치는 듯싶다.

생명을 길러라! 무상의 업이요, 무상의 희열이요, 무상의 고통일지라도, 또 소유는 아닐지라도 확실한 것만은 틀림이 없다.

— 박경리, 『원주통신』에서

증강현실

주체성은
가상과 현실이
결합된 실재에서

증강현실 기술이 많은 분야에서 활용되고 있다. 내비게이션 정보가 자동차 앞 유리에 나타나는 '헤드업디스플레이', 방송국 가상 스튜디오에 나타나는 캐릭터들, 가상으로 옷을 입어볼 수 있는 거울, 스마트글라스 등 앞으로 더욱 발전될 전망이다. 이 기술은 현실을 기반으로 그 위에 가상이 겹쳐지는 성격을 띤다.

## 네로의 황금궁전

고대인들도 현실에 가상을 결합한 감상을 즐겼다. 15세기 말 로마 황제 티투스의 목욕탕 근처 지하 통로에서 동굴이 발견된다. 복도로 연결된 회랑과 궁륭천장이 있었고 프레스코화로 채색된 벽면들이 가득했다. 그 속의 그림들이 눈을 휘둥글게 했다. 짐승, 새, 물고기, 식물의 줄기와 인간의 뇌 할 것 없이 서로 얽혀 이종 교배된 모습이 즐비했다. 르네상스 화가였던 라파엘로(1483-1520)는 이 그림들을 '동굴(grotto)에 속한'이란 뜻의 '그로테스크(grotesque)'라 불렀다. 그로테스크는 충격과 매력을 지닌 채 곧 온 유럽에 퍼지게 되었다.

16세기 초에 본격적인 발굴이 진행되면서 그것이 26평방킬로미터나 되는 네로 황제의 황금궁전(Domus Aurea)임이 밝혀졌다. 네로가 자살한 뒤에 황제가 된 베스파시아누스는 로마 시민에게 받을 인기에 연연하여 이 궁전을 파괴하고 그 위에 원형경기장을 세웠던 것. 이미 죽은 전임 황제에게는 '기록말살형(Damnatio memoriae)'이라는 죗값을 붙였다. '기억에 대한 형벌'이라는 라틴어의 의미대로 네로의 모든 기억들, 그러니까 기록, 그림, 조각상에 새겨진 이름, 건물 등을 없애는 구실이었다. 72년에 시작되어 8년 뒤 베스파시아누스의 아들 티투스 황제에 의해 완공된 원형경기장이 그 장소에 있던 '네로의 동상 콜로수스(colossus Neronis)' 또는 '거대하다'는 뜻의 '콜로살레(colossale)'에서 유래된 '콜로세움'이다. 이후 콜로세움은 로마의 대표적 유적지가 되었지만, 그 바로 밑에는 그로테스크한 가상의 존재들이 벽면과 천장에 장식되어 있었다.

영화 「마이너리티 리포트」(2002)

## 마법이 깨지는 순간

2019년 4월 이후 네로의 궁전 지하 입구에는 헤드셋이 준비돼 있다. 가상현실 기기를 통해 궁전으로 들어가기 위해서다. 관람객들은 디스플레이를 통해 펼쳐진 가상 속에서 새로운 마법에 빠져든다. 하지만 헤드셋을 벗는 순간 화면 속 가상들이 일순간 흩어지면서 즉시 허무감이 치솟는다. 네로 당시에는 맨눈으로 감상했겠지만 이제 헤드셋이 필요한 이유는 이 궁전의 벽면과 천장을 완벽히 복원할 수 없었기 때문이라 한다.

네로가 살았던 1세기만 해도 황금궁전에는 현실과 가상이 함께 펼쳐져 있었다. 감상자들은 현실의 회랑과 방에 천장을 바탕으로 펼쳐진 그로테스크한 일종의 가상을 결합시켰다. 현실에 가상이 추가되는 것은 오늘날로 치면 증강현실에 가까운 반면 헤드셋을 쓰고 현실을 차단한 후 헤드셋 속 궁전에 몰입하는 것은 가상현실에 가깝다. 그러니까 십여 년에 걸친 복원 끝에 되살아난 네로의 황금궁전은 2000년 전 인간이 누렸던 증강현실을 가상현실로밖에 체험할 수 없는 한계를 갖고 있다.


## 가상현실과 증강현실의 차이

가상현실과 증강현실은 그 목표점이 다르다. 가상현실은 가상 강화가, 증강현실은 현실 증강이 그 타깃이다. 증강현실이란 말을 처음 창안한 사람은 보잉사에 근무하던 토머스 코델(Thomas P. Caudell)이었다. 그는 1990년 조종사가 머리를 숙여야만 볼 수 있던 운행정보를 앞면 유리에서 볼 수 있도록 한 '헤드업디스플레이'를 선보이며 이를 '증강현실'이라 불렀다.

이후 증강현실이란 개념이 우리에게 친숙해진 것은 스티븐 스필버그가 감독하고 톰 크루즈가 주연한 영화 「마이너리티 리포트」가 2002년에 상영되면서부터다. 이 영화에서 손동작만으로 허공에 펼쳐진 디스플레이를 제어하는 장면이 나오는데 오늘날 스마트글라스를 통해 이것을 실현시키기 위한 노력이 한창이다. 아마도 아예 인간의 망막 안에 렌즈를 삽입한다면 그대로 실현될 수도 있다. 최근 방영된 드라마 「알함브라 궁전의 추억」도 콘택트렌즈를 활용하여 '증강현실'로 들어가는 방식을 묘사했다.

이렇듯 증강현실은 카메라 기술이 특히 중요한데, 삼차원 효과를 내야 하기 때문이다. 하나였던 스마트폰 렌즈가 이제는 두 개 이상이 된 이유도 양안시차를 이용해 입체감을 주기 위함이다. 최근 '뎁스(depth) 카메라' 기술을 활용해 화상에 나타난 사물을 인식해서 깊이감으로 바꾸는 연산도 쉽게 한다. 많은 지연시간이 걸렸던 이 작업이 5G의 보급과 함께 훨씬 더 빠르게 수행될 전망이다.


## 가상과 현실이 결합된 실재(reality)


가상현실(Virtual Reality)과 증강현실(Augmented Reality)에서 공통 단어로 '현실'을 뜻하는 영어 '리얼리티(reality)'를 볼 수 있다. 하지만 가상현실에서 헤드셋이나 안경을 쓰고 현실을 차단한다고 할 때의 그 '현실'은 영어로 '액추얼리티(actuality)'다. 혼란

을 일으키는 이유는 리얼리티와 액추얼리티가 동일하게 '현실'이라는 우리말로 번역되기 때문이다. 이제 혼란을 피하기 위해 리얼리티를 '실재'라고 번역해 보자.

프랑스 철학자 질 들뢰즈는 '액추얼리티'와 '버추얼리티(virtuality)', 그러니까 현실과 가상을 구분하고 이 둘이 종합되어 '리얼리티' 즉 실재를 형성한다고 하였다. 그러니까 실재는 현실과 가상으로 나뉜다. 중세철학에서 '가상적(virtual)'이라 할 때는 '아직 현실적(actual)이지는 않지만 존재하는 어떤 것'으로 여겼는데, 이 개념으로 보자면 가상은 현실적이지는 않지만 실재하는 어떤 것이다.


## 바로크의 증강현실 '아나모르포시스'

'현실과 가상이 결합된 실재'를 환기시키는 것을 증강현실이라 한다면 인류는 줄곧 그 결합된 실재를 즐겨왔다. 구석기 시대엔 총 길이 296미터의 알타미라 동굴에서, 고대 로마 시대엔 네로의 황금궁전과 같은 사면 벽화들 속에서, 르네상스 시대엔 삼차원 입체감을 주었던 원근법과 성당 천장화들 속에서 그랬다.

그런데 바로크 화가들은 마치 포켓몬고의 캐릭터가 삼차원으로 보이는 것과 같은 효과를 그림에 더 적극적으로 담아내고자 했다. 그도 그럴 것이 바로크 이전 그림들은 시야각이 90도를 넘어서면 제대로 보이지 않았기 때문이다. 하지만 바로크 화가들은 시선의 각도 차에 의한 이런 왜곡 현상을 화면 위로 돌출되는 효과로 탈바꿈시킨다. 이것이 왜곡된 이미지라는 뜻의 '왜상' 기법이다. 당대 화가들은 그리스어 '솟아나는(아나)' '형체(모르포시스)'라는 뜻의 '아나모르포시스(anamorphosis)'라 불렀다. 특히 시야각을 벗어난 사각(斜角)에서 돌출되기 때문에 '사각왜상'이라 하였다. 한편 이 시대 화가들은 사각왜상 이외에 반사된 거울의 곡면 유무에 따른 왜상도 적극 활용한다. 그러니까 특정한 위치에 놓인 곡면 거울로 볼 때 비로소 형태가 온전하게 보이는 '반사왜상'도 화폭에 담게 되었다.

왜상기법의 대표적인 그림이 한스 홀바인의 「대사들」이다. 이 그림에서 해골은 정면에서는 상이 왜곡되어 보이지만 시야각을 벗어나 특정 지점에서는 그 형태가 뚜렷하다. 여기서 가상을 끌어내고자 하는 자의 '능동적 주체성'이 강조돼야 한다. 왜냐하면 '사각왜상'이든 '반사왜상'이든 관람자가 자신의 위치를 이리저리 옮기고 곡면반사경을 어디에 두느냐에 따라 왜곡된 현상이 삼차원으로 솟아오르기 때문이다. 이전의 그림들이 묘사한 것만 수동적으로 단순히 보는 것이었다면, '왜상' 기법에서는 관람자가 주체적으로 보고자 할 때 왜곡된 상들이 현실을 바탕으로 떠오르게 되었다.


## 증강현실의 주체성

가상현실 기기를 장착하고 일단 그 세계로 들어가면 고개를 돌릴 때마다 그 시야각에 따라 미리 마련된 정보가 입력된다. 물론 어떤 방향으로 걷고 어떤 시야를 유지할지의 자유 정도는 감상자에게 허용되지만 이 상태에서는 어쩔 수 없이 늘 수동

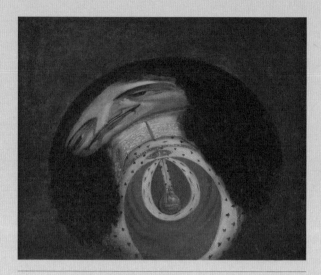

반사왜상(아나모르포시스)의 예시

「대사들」에서 해골(부분)

한스 홀바인, 「대사들」(1533)

적이다. 가상현실이 수동적으로 화면에 몰입하는 것이라면 증강현실은 주체적으로 가상을 현실에 겹치는 활동이다. 어지럼증과 피로감 같은 부작용은 증강현실이 가상현실보다 훨씬 적다.

주체성은 가상과 현실이라는 두 가지 트랙을 합치시킴으로써 실재, 즉 '리얼리티'를 실현한다. 이 경우 '현실'과 '가상'의 관계가 역전된다. 증강현실이 추구하는 현실과 가상의 두 트랙이 잠시 역전되더라도 동시에 존재하기 위해서는 두 세계의 공존을 확인하는 '주체성'이 반드시 필요하다.

질 들뢰즈는 현실에서 존재할 때를 'exist'로, 현실과 가상이 결합된 실재에서 존재할 때를 'subsist'로 표현했다. 예를 들자면 나의 반려견 '하늬'는 존재(exist)하고, '개'라고 하는 '종'은 존속(subsist)한다. 실재의 '개'는 현실에 '존재하는' 반려견을 비롯한 수많은 각각의 개들과 그동안 있었거나 앞으로 있을 개들, 그리고 무한한 잠재력을 갖고 '존속하는' 그 개들을 다 포함하는 개념이다. 들뢰즈는 '지금 여기에' 현실적으로 있지는 않지만 '리얼'하게 있는 것에 대한 능동적인 관심을 주장한다. 그 관심 속에서 현실과 가상의 각각의 차원에 매몰된 수동성은 주체성으로 역전된다.


## 현실을 파악한 실재 군중으로

우리는 사회라는 증강현실 속에서 주체적 군중이 되어야 한다. 하워드 라인골드의 『참여군중』을 거칠게 요약하자면 그렇다. 그는 군중에게 "결국 중앙에서 통제되는 매체에서 이동 가능하지만 수동적인 소비자가 되고 말 것인가?"라는 울분 섞인 질문을 던진다. 특히 『참여군중』 한국어 판에는 라인골드가 한국 독자들에게 보내는 시기적절한 메시지가 담겨 있다.

> 도구를 과제로 착각하지 마십시오. 모든 영리한 군중이 반드시 현명한 군중은 아니라는 점을 양지하시기 바랍니다. 그것은 정치적, 사회적, 경제적 문제들에 대해 얼마나 잘 파악하고 있는지에 달려 있습니다. 이들이 중요한 사안들을 이해하지 못하고 이 사안들과 그들에 의해 영향 받는 정부 정책들에 관해 토론하지 못한다면 모든 지도자들이 공정한 선거를 통해 선출됐다고 하더라도 민주주의는 공허한 것, 쉽게 조작될 수 있는 것이 될 것입니다.
>
> —하워드 라인골드, 『참여군중』에서

그의 주장처럼 현실을 변혁하자. 스마트폰을 비롯한 디바이스들을 통해 사회 전반의 이슈들에 적극적으로 개입하자. 그도 그럴 것이 좌우 진영으로 고정되지 않고 여기저기에서 다시 모이는 '영리한 군중(Smart Mob)'은 우리의 체제(body)를 바꾸기 때문이다. 현실과 가상이 결합된 실재 사회가 존속하기 때문이다.

아바타와 캐릭터

육체성을
확인하자!

## 가상에 대한 불만

소셜커뮤니티가 다양해지면서 우리 모습은 제각각이다. 페이스북의 나는 점잖게 멋을 부리고 인스타그램의 나는 늘 근사한 음식 앞에 있다. 트위터의 나는 좀 유별나며 블로그의 나는 독서광이고, 카카오스토리의 나는 일기를 쓴다.

오늘날 사이버공간에서 나의 '아바타'가 활동한다면 지난날은 거울 속에서 그랬다. 시인 이상(1910-1937)은 "거울속의나는 참나와는반대요마는/ 또꽤닮았소/ 나는거울속의나를근심하고 진찰할수없으니퍽섭섭하오"(「거울」)라고 말한다. 급기야 극단의 조치를 취한다.

내왼편가슴심장의위치를방탄금속으로엄폐하고나는거울속
의내왼편가슴을겨누어권총을발사하였다.

— 이상, 박상순 옮김, 「오감도, 시 제15호」,
『나는 장난감 신부와 결혼한다』에서

하지만 화자가 살아 있는 한 거울 속에 비친 가상의 자아는 결코 죽지 않는다. 결국 "거울속의나는불사조에가깝다"고 체념하듯 고백한다. 이쯤에서 두 자아는 더 이상 삶과 죽음처럼 반대되거나 대립하는 구조가 아니라 평생을 거울이라는 경계면에서 이미지로 겹치며 공존한다는 것을 깨닫는다.

## 나르키소스의 육체 혐오

이와는 반대로 물에 비친 자기 모습에 매력을 느낀 경우도 있다. 나르키소스는 성인이 되어서도 물속의 자신을 사랑한다. 이 신화를 모티프 삼아 지그문트 프로이트(1856-1939)는 '자기애(self-love)'라는 정신분석학 용어 '나르시시즘(narcissism)'을 만들었다. 프로이트에 따르면, 한 인간은 성인이 되어 자신을 향하던 에너지 리비도가 타인을 향해야 하는데 나르키소스는 어른이 되어서도 자기만을 사랑한다. 가상에 갇혀 가상적 자아만을 사랑한 나르키소스는 육체를 잃고 수선화가 되었다.

그런데 나르키소스 신화를 다른 시각으로 전하는 시인이 있다. 기원전 1세기말과 기원후 1세기 로마의 시인이었던 오비디우스는 『변신 이야기』에서 나르키소스와 에코를 하나의 이야기로 묶는다. 이 시인에 따르면, 나르키소스가 사랑한 것은 "육체 없는 희망(spem sine corpore)"이었다. 그것 때문에 물에 비친 자신의 모습에 사로잡힌다. 그리고 그는 "육체는 그림자야."라고 속삭인다. 그러니까 나르키소스가 가상적 사랑에 빠진 것은 육체는 한낱 그림자라는 생각 때문에 육체를 제거할 '희망'을 갖고 그것을 실행한 것뿐이었다.

오비디우스에 따르면 목소리 요정인 에코도 원래 육체가 있었다. 나르키소스를 연모한 에코는 두 팔로 그를 포옹하려 했

카라바조, 「나르키소스」(1594~1596)

「골리앗의 머리를 들고 있는 다윗」(1600-1601)에서 골리앗의 얼굴이 화가의 자화상이다.

지만 안타깝게도 "손 치워, 껴안지 말고! 그 전에 내가 죽는 게 낫지."라는 핀잔을 듣는다. 사랑의 갈망과 실연의 상처가 얼마나 컸던지, 에코의 몸은 말라가기 시작했다. 그러다가 결국 에코는 목소리만 남았다.

그런데 이런 모욕은 에코만 당한 것이 아니었다. 나르키소스는 물과 산의 요정들, 뭇 남성들의 구애도 뿌리쳤다고 한다. 복수심에 불타오른 그들 가운데 한 명이 나르키소스도 똑같은 고통을 당하길 하늘에 기도했다. 그러자 나르키소스는 물에 비친 자신의 모습을 넋이 나간 듯 바라보며 속삭였다. "아아, 내가 내 육체에서 분리될 수 있다면 좋으련만!" 이윽고 그는 가상의 존재를 향한 상사병으로 불타올라 에코처럼 여위어갔다. 오비디우스는 이 장면을 보고 "전에 에코가 사랑했던 그 육체" 즉 나르키소스의 "육체가 남아 있지 않았다."고 부연한다. 결국 그가 물속에 빠진 이유는 '육체 혐오'에서 오는 환각적 가상, 그러니까 현실감을 확인하는 데 실패한 가상적 사랑과 다름없다.


## '창발성'이란 현실과 가상의 종합이다

오비디우스가 나르키소스 신화에서 말하는 육체성에 유독 관심을 보인 화가가 있었다. 바로크 회화에 지대한 영향을 끼친 카라바조(1573-1610). 그의 작품 「나르키소스」는 물에 비친 모습이 너무 어두운 나머지 어떤 얼굴인지 불분명하며 눈을 뜨고 있는지 감았는지조차 구분이 안 된다. 더군다나 수면 위 형태도 아래와 같이 가슴 아래와 배의 윤곽이 잘 드러나지 않는데 뚜렷

　　　　　　　　　　　　　　　　　　2부 고대, 상상의 세계

한 선이 없는 데다가 색채마저 어둡기 때문이다.

일각에선 그 이유가 이전 15세기에 발전한 기하학적 선의 원근법을 카라바조가 거부하고 검은색을 통해 입체감을 드러내는 명암법 '키아로스쿠로(chiaroscuro)'를 사용했기 때문이라고 한다. 하지만 카라바조의 다른 작품에 비해 보아도 「나르키소스」는 유독 얼굴 이하의 형태가 불분명하여 마치 얼굴과 팔만 공중에 뜬 느낌마저 든다.

그런데 카라바조보다 거의 한 세기 후에 태어나 화가와 전기작가로 활동한 프랑수아 당드르 바르동(1700-1785)은 그 이유를 카라바조의 특별한 물질관 때문이라고 말한다. 바르동에 따르면, 카라바조는 1600년에 화형당한 조르다노 브루노의 물질관에 큰 영향을 받았다. 그 사상을 요약하자면 물질은 현실적(actual)이며 가상적(virtual)인 것의 '창발성(emergence)'이라는 것. 그러니까 카라바조의 「나르키소스」에서 육체라는 것은 수면 위의 현실과 아래의 가상에서 출현한 것으로 해석된다.

'창발성'이라 번역된 영어 'emergence'는 '어딘가에 잠겼다(mergere)가 밖으로(ex) 떠오른다'는 라틴어 '에메르게레(emergere)'에서 유래했다. 흔히 '창발성'은 복잡계와 관련하여 부분들이 결합할 때 생기는 새로운 성질을 말한다. 예를 들어, 물 분자 'H$_2$O'의 성질 중에 있는 '축축함'은 그 부분인 수소나 산소 자체에는 없던 성질이다. 수소와 산소가 결합하여 물이 될 때에만 '축축함'이 생긴다. 이렇듯 부분들에서는 없던 성질이 결합되어 새로 생길 때 '창발성'이라 한다.

카라바조는 나르키소스의 육체가 자신의 그림을 유심히 보는 이들에 의해 '창발'되도록 유도한다. 나르키소스의 흐릿한 육체는 번갈아 수면 위 아래로 두 모습을 비교하는 관람객의 눈앞에서 서서히 그 형태가 '창발'된다. 그 '창발'로 현실과 가상의 것과는 전혀 새로운 특성을 지닌 육체가 생성되는 것이다. 브루노주의자였던 카라바조는 현실과 가상의 '떠올림(=창발성)'을 통해 육체가 늘 유동적이게 한 것이다. 어찌 생각하면 '변신(metamorphosis)'을 주제로 신화를 재구성한 오비디우스가 바로 '육체의 창발성'을 통찰했던 최초의 시인이며 그의 육체관을 가장 잘 표현한 그림이 카르바조의 「나르키소스」가 아닐까 싶다.

## 경계면의 가상자아(virtual-self)

「나르키소스」의 감상에서 또 하나의 걸림돌은 자크 라캉(1901-1981)도 얘기했듯이 위아래 얼굴이 다르다는 점이다. 위가 앳된 소년의 모습이라면, 아래는 수염을 기른 듯한 중년의 모습이고 입은 옷도 질감에 있어 차이를 보인다. 서로 다른 모습으로 그려놓은 이유는 현실적 자아와 가상적 자아의 차이로 인한 '자아불화'로 이해할 수 있다. 현실과 가상의 자아가 불화한다는 사실을 서로 다른 모습의 나르키소스로 재현한 것이다.

이전 시대에는 거울이나 물가에 비친 나의 모습이 '단일자아'였던 반면 사이버상에서는 '다중자아'로 드러난다. 타인에게 보이는 나의 모습도 중요하니까 우리는 '남이 생각하는 나'에 골몰한다. 그러다가 문득 내가 여러 모습이라는 사실을 발견한다. 이제 문제는 페이스북, 인스타그램, 트위터, 블로그, 카카오스토리 등 사이버공간에서의 내 모습들은 서로 다를 뿐만 아니라 현

**2부 고대, 상상의 세계**

실과 사이버공간의 내 모습들과도 차이가 크다는 데에 있다. 이른바 '자기불일치', '자기불화', '자아분열'의 문제가 생긴다.

카라바조는 우리로 하여금 어린 소년이 나이 들어 침울한 자신의 모습을 바라보며 그 불화를 넘어 나르키소스라는 한 인간을 창발하도록 한다. 때로는 소년의 시각에서 중년의 자신을 바라보게 하고, 때로는 중년의 시각으로 어린 시절의 자신을 바라보게 함으로써 말이다. 카라바조는 현실과 가상의 자아가 불화할 때 그것을 화해시키려는 노력을 한 셈이다.

이런 시도는 카라바조뿐만 아니라 이상에게도 나타난다. "거울아니었던들내가어찌거울속의나를만나보기만이라도했겠소"(「거울」) 이상은 거울에 비친 자기 모습에 극도의 불만을 토로하면서도 그 화해를 모색하고자 현실과 가상이 공존하는 경계면을 인정하고 있다.

두 자아의 틈이 벌어지는 것을 견디지 못하고 경계면(인터페이스)을 깨뜨리면, 우리는 한쪽에 치우쳐 강박증이나 정신병에 걸린다. 그래서 설령 경계면으로 인해 현실과 가상의 자아분열이 오더라도 거울 앞에서 그 차이를 인정해야 한다. 여러 모습의 '다중자아'는 자아분열임과 동시에 나의 육체를 '창발'하는 재료들이다. 경계면이 있어야 현실의 자아와는 다른 자아를 상상할 수 있다. 그래서 나의 귀여운 아바타들, 캐릭터들이 사는 공간이 필요하다.

그런데 그 공간에서 장난감 신부와 살림살이를 시작한 이상의 아바타는 괴상한 취미를 가졌다.

장난감 신부에게 내가 바늘을주면 장난감신부는 아무것이나

막 찌른다. (……) 내 거벼운무장에서 피가좀난다. 반지가살에닿는것을 나는 바늘로잘못알고 아파한다.

—이상, 박상순 옮김, 「I WED A TOY BRIDE」,

『나는 장난감 신부와 결혼한다』에서

화자는 장난감 신부에게 바늘을 주고 그 바늘에 찔리길 원한다. 마조히스트의 시, 피학적 성도착증에 빠진 이상의 아바타일까? (하지만 생전 마지막 시로 알려진 이 시가 성도착 시라니 그렇게 보기엔 뭔가 개운치 않다.) 이상은 밤마다 장난감 신부와 연애한다. 오늘날 컴퓨터 속에서 그렇듯 연애의 아바타로 지내는 가상의 시간은 짧기만 하다. 매일매일 하루 일과 중에도 밤을 그리워한다. 늘 가상의 공간에 접속하여 연애하는 아바타가 되고 싶다. 이제 그런 반복 속에 남은 마지막 유일한 희망은 바늘에 찔려 아픈 것이란다. 무엇 때문에 그럴까? 균열된 다중자아들 속에서 자아를 유지하고 싶은 시인의 몸부림이 바로 찔림이었기 때문이다.

혹독한 현실이 계속된다면 우리도 이상처럼 아바타가 되어보자. 그러다가 내 캐릭터로 오랜 시간 보내어 몸이 둔감해졌다면 거리로 나가자. 용광로의 펄펄 끓는 쇳물에서 새로운 주물이 '창발'되듯 거리의 소음과 먹거리, 사람의 향기, 살 닿는 물질에 나의 감각을 열어두자. 자, 물질은 현실과 가상이 결합하여 출현하는 것이니까 거기서 꿈틀거리는 나의 육체를 확인하자!

"지금 무엇을

보고 있는가?"

시각의 상실을 통해 지구의 파국적 상황을 그려낸 소설이 있다. 『눈먼 자들의 도시』와 『눈뜬 자들의 도시』. 노벨문학상 수상 작가인 포르투갈의 주제 사라마구(1922-2010)의 작품들이다.

> "나는 우리가 눈이 멀었다가 다시 보게 된 것이라고 생각하지 않아요. 우리는 처음부터 눈이 멀었고, 지금도 눈이 멀었다고 생각해요. 볼 수는 있지만 보지 않는 눈먼 사람들이라는 거죠."
>
> —주제 사라마구, 『눈먼 자들의 도시』에서

## 볼 수는 있지만 보지 않는

"볼 수는 있지만 보지 않는 눈먼 사람들"이 『눈먼 자들의 도시』의 주제라면, 『눈뜬 자들의 도시』에서는 '눈은 떴으나 보지 못하는 자들'이 주제다. 사라마구는 보려는 의지가 없거나 시각이 둔감한 자들조차 눈먼 자들이라 칭한다. 그가 제기하는 문제의식을 횡적으로 조금 확장시켜 보면 이런 결론도 가능할 것이다. '감각 의지가 없거나 무뎌질 때 우리는 파멸한다.'

좀 의아하지 않은가? 요즘처럼 감각 자극이 넘쳐나는 시대에 감각이 무뎌지는 얘기를 하니 말이다. 하지만 한번 기억을 되살려 보자. 오늘 식탁에 오른 반찬이나 맛있게 베어 물었던 과일은 어떤 향이었던가? 달콤, 매콤, 쌉쌀한 자극적인 맛만 남았을 뿐, 아무리 곱씹어 봐도 식자재 자체의 향은 떠오르지 않는다. 물론 요즘 온갖 과일과 채소의 색깔은 알록달록 선명도가 높아지고 크기도 커졌다. 분명 눈은 호사하고 있지만 코의 기능은 오히려 줄어든 듯하다. 이는 향의 농도가 약해진 탓도 있겠지만, 향이나 맛을 감각하는 우리의 신체 기능이 이전만 못한 이유도 있다. 일각에선 스마트기기의 과다 사용이 감각을 둔감하게 했다고도 말한다. 하지만 시각과 청각이라면 모를까 기계와는 전혀 무관해 보이는 후각이 둔해진 이유로는 궁색해 보인다. 그렇다면 강한 자극에만 반응할 뿐 실상은 감각이 무뎌진 까닭은 뭐란 말인가?

## '가상화'라는 과잉의 하부구조

> 과잉생산, 과잉가동, 과잉커뮤니케이션, 과잉상품, 과잉언어, 과잉탐식, 과잉종교가 초래하는 이른바 '긍정성의 폭력의 세기'다.
> ── 한병철, 『피로사회』에서

재독 철학자 한병철은 '과잉-긍정-폭력'과 같은 반어적인 단어들을 연결하여 현대를 분석한다. 한마디로 현대 자본사회가 '과잉'이라는 부정적 요인을 오히려 '긍정'하면서 환경 파괴, 지구 온난화, 각종 질병과 같은 '폭력'을 사람들에게 가져왔다는 것. 현대 사회가 온갖 '과잉'을 '긍정'하는 것은 인간의 끝없는 욕망을 부추겨 소비를 조장했기 때문이다. 그런데 이런 '과잉-긍정'의 상부구조를 작동시키려면 그 괴상한 모습을 감출 튼튼한 하부구조가 필요하다. 그것이 '가상화'로, 바로 이것이 시각이나 청각과 같은 특정 감각은 자극하지만 그 외의 감각은 둔감하게 만든다.

가상을 정의하기란 쉽지 않지만 'A 없는 A'라는 형식 정도로 정의할 수 있다. 예를 들어, 비행 훈련을 한다고 하면서 비행기를 타지 않고 시뮬레이션 안에 있다면 그것은 가상 비행 훈련이다. 그러니까 '비행 없는 비행'이 가상 비행인 것. 이때 앞의 '비행'이 진짜 비행이고, 뒤의 '비행'은 가짜다. '알코올 없는 알코올', 그러니까 무알코올맥주의 경우 앞의 알코올이 '진상'이고 뒤의 알코올이 '가상'이다. 아예 앞뒤의 지시체를 분명히하여 표현하면 '카페인 없는 커피', '니코틴 없는 담배'가 될 것이다. 이제는 온통 A 없는 A 또는 A 없는 A′ 형식의 가상들과 더불어 '과잉-긍정-폭력'이 쉴 틈 없이 돌아가는 사회가 되었다. '과잉-긍정'은 '진짜'를 '가상-화'시킬 때 비로소 가능하다.

이제 돈은 '숫자'에 불과하다. 급료는 계좌로 입금되고, 필요한 제품은 클릭 몇 번 누르고 카드 몇 번 긁어 구입하다 보니 씀씀이가 날로 헤퍼지는 '과잉-긍정'에 빠졌다. 시각과 청각에 대한 편향은 가속화되고 그 외의 감각은 강한 자극에만 반응하여 실제론 둔감해진 상태다. 21세기 과잉에 발맞추기 위한 온갖 '가상-화'는 정작 실물에 대해서는 무감각하게 만들었다.

## 감각을 상실한 '몸 없는 몸'

우리 사회는 온갖 몸살을 앓고 있다. '칼로리 없는 음식', '향 없는 향', '맛 없는 맛', '스포츠 없는 스포츠' 등의 가상을 즐기다가 얻게 된 몸살을 우리는 약으로 다스린다. 조금만 몸이 불편해도 원인은 무시한 채 무턱대고 먹어대는 과잉의 약들. 과식과 함께 속이 거북하다 싶으면 소화제를, 화장실에 며칠 안 갔다 싶으면 변비약을, 맘껏 마신 다량의 커피로 새벽까지 몸을 뒤척이면 수면제만 먹으면 그만. 하지만 이런 다량의 약들과 함께 심해진 건망증과 불어난 몸무게, 좀만 걸어도 쑤시는 뼈마디…… 어느덧 우리는 몸이 아프다는 감각도 없다. 감각 없는 몸, 즉 가상의 몸에 익숙해졌기 때문이다.

그렇다면 외모에 신경 쓸 때의 그 '몸'과 방치하고 내버려두는 그 '몸'은 어떤 차이가 있을까? 현상학을 만든 철학자 에드문트 후설(1859-1938)은 몸을 '물리적 몸(Körper)'과 '감각하는 몸(Leib)' 두 가지로 구분하였다. '물리적인 몸'이 기계처럼 동작하는 거의 죽은 몸인 반면 '감각하는 몸'은 진정 살아 있는 몸이라 한다. 이 구분에 따르면 현대인은 감각하는 몸은 방치하고 물리적 몸만 지닌 채, '몸(Leib) 없는 몸(Körper)'으로 활개 치고 있다. 그 가상의 신체 속에서 우리는 '감각 없는 감각'을 경험한다.

하지만 슬라보예 지젝은 이런 가상화를 이제는 더 이상 즐기지 않을 것이라고 한다. "모든 수준에서, 우리는 점점 더, 물질적인 삶을 살고 있는 것처럼 보인다. 우리는 무알코올맥주, 무지방고기, 디카페인커피, 그리고, 가상섹스, 그것도 섹스 없는 섹스를, 결코 즐기지 않는다." 그는 "우리가 점점 더, 물질적인 삶을 살고 있는 것처럼 보인다."고 그 이유를 밝힌다. 입체영화, 홀로그

현상학자 에드문트 후설

램, 3DTV 등 가상만으로 이루어진 사업이 불처럼 번성했다 금방 시들해진 것이나, VR안경을 쓰고 가상의 이미지만을 보기보다 현실세계를 바탕으로 가상의 이미지가 중첩된 증강현실(AR) 또는 복합현실(MR)로 사업이 더 많이 추진되는 것도 이런 지적의 분석과 맥을 같이 한다.

## 인터페이스, 현실과 맞닿기 위하여

가상현실이 '현실 없는 현실'이라면, 복합현실이나 증강현실은 '현실 있는 현실'로서, 현실세계를 바탕으로 가상을 증강하고 확장시킨다. 이때 복합현실이나 증강현실에서 필수적 요소는 현실을 그대로 감각할 수 있는 인터페이스(interface)다. 인터페이스는 말 뜻 그대로, 얼굴과 얼굴을 맞대는 '얼굴-사이'다. 추측컨대 우리는 현실의 '진상'을 통해 가상을 원하는 것이지 가상 자체만을 욕망하진 않는다.

그렇다면 가상을 현실의 감각 세계에서 찾거나 확장하려는 노력은 어디서 읽을 수 있을까? 기원전 5세기 그리스 화가 제욱시스(Zeuxis)의 일화에 그 흔적이 엿보인다. 로마의 철학자이자 정치가였던 키케로(기원전 106~43)의 저서 『발견에 관하여』에 따르면, 크로톤 주민들은 헤라 여신의 사원을 빛내기 위해 당시 가장 유명한 화가 제욱시스에게 그림을 주문했다고 전한다. 제욱시스는 이 여신의 형상에 이상적인 여성의 아름다움을 담아내기 위해 절세미인 헬레네의 모습을 떠올린다. 이때 전설로만 전해지는 헬레네의 몸, 그러니까 가상의 모습을 그리기 위해 제욱시스

화가 제욱시스와 헬레네의 모델이 되기 위해 모인 사람들

는 다섯 사람을 선택해서 각자의 신체 부위들 중 가장 아름다운 눈, 코, 입 등의 모양을 모았다고 한다.

르네상스의 예술가들에게도 큰 영향을 끼친 제욱시스는 여신의 이상적인 미를 그리고자 헬레네의 모습을 바탕 삼고, 또한 헬레네의 최고 아름다움을 그리기 위해서는 현실에 있는 다섯 사람의 몸을 토대로 했다. 헤라 여신과 헬레네라는 가상적 아름다움은 현실의 신체를 필요로 했다. 제욱시스가 그림을 그렸을 작업실은 얼굴과 얼굴을 맞대어, 감각이 반응하는 일종의 인터페이스였다. '얼굴-사이'는 이렇듯 신체라는 물질을 감각하기 위한 장소로서, 무성영화 시대에는 영화 밖 변사의 해설 공간이, 뮤지컬에서는 무대와 관객 사이의 오케스트라 공간이, 전시회에서는 작품과 관람객이 만나는 조형공간이 그 역할을 이어오고 있다. 우리에게도 가상만이 아닌, 현실과 맞닿는 장소가 필요하다.

## 물질인문학의 탄생

과잉소비를 위해 현실의 물질성보다는 가상화에 관심을 기울인 현대 자본주의는 자신의 시녀로 인문학을 끌어들였다. 이런 비판적 평가는 그동안 인문학이 사유와 교양의 수준에만 머물렀기 때문이다. 인문학에 대한 거부 운동은 프랑스에서 일어난 68혁명 이후 서유럽 대학에서 본격화되었다. 그동안 서구 사회는 자본주의의 도구가 된 인문학을 전지구적 문제를 일으킨 주범으로 지목해 왔다. 하지만 2000년대로 접어들면서 비난의 표적이었던 인문학은 '포스트휴머니즘'이라는 이름 아래 거듭나게 된다. 이때의 인문학은 '사유'만이 아니라 자연, 장소, 인공물, 과학기술 등을 사회의 핵심적 구성 요소로 파악하는 새로운 '물질'관을 포함하게 된다. 학계에서는 이것을 '환경인문학'이나 '생태인문학'이라 부르지만, 나는 이것을 '포스트인문학' 또는 '물질인문학'이라 부르려고 한다.

'물질인문학'은 인간답게 살기 위해서 현실의 세계와 어떻게 접할 것인가를 다룬다. 그래서 '물질인문학'은 인간의 신체를 물질로 받아들이고 거기서 자연스럽게 등장하는 신체와 감각의 복권에 대해 주목한다. 그러니까 인문학은 감각을 깨워 몸을 살리고, 몸이 살아 감각을 연마하는 발견이다. 그런 의미에서 "세상 눈뜬 자들이여, 지금 무엇을 보고 있는가?"라고 사라마구가 『눈먼 자들의 도시』에서 던진 질문은 '포스트인문학'의 중요한 화두가 될 것이다.

68혁명 시위(1968년 5월 31일, 툴루즈에서)
프랑스에서 인문학이 자본주의의 시녀로 전락했다는 반성이 일어났는데, 2000년대 인문학은
새로운 물질관을 포함하면서 '포스트인문학'으로 거듭나기 시작한다.

현실에서
실재의 세계로

박물관공포증

# 무엇을

# 기억할 것인가?

1909년 「미래파 선언」에서 이탈리아 시인이자 소설가인 필리포 토마소 마리네티(1876-1944)는 과거와의 단절, 규범의 거부와 함께 "박물관과 도서관의 파괴"를 통해서만 '구체제'를 뜯어고칠 수 있다고 주장했다. 그의 극단적인 '박물관공포증(Muséophobies)'은 거의 백 년 전 나폴레옹 치하 10여 년 동안 프랑스 시민들이 가졌던 루브르박물관에 대한 혐오에서도 잘 드러난다. 프랑스 절대왕정에서 사용했던 옛 루브르궁전을 박물관으로 존속시킬 것인지 결정할 당시 '박물관공포증'은 부쩍 심했고, 이후 박물관으로 유지되는 동안에도 그 혐오는 더해갔다. 박물관 운영에 따른 이익과 피해, 박물관에 전시될 작품들이 시민에게 과연 어떤 영향을 끼칠 것인지에 관한 주장이 첨예하게 대립했기 때문이다.

루브르 박물관(1910년대)

## 기억의 장소

'뮤지엄'이라는 용어가 처음 등장한 것은 1683년 영국 옥스 퍼드대학교에서 진기한 물건을 기증한 인물을 기념해 명명된 '애 시몰리언뮤지엄'이 문을 열면서부터다. 영어의 '뮤지엄'은 '뮤즈 여신들의 집'이란 뜻을 지닌 그리스어 '무세이온'에서 나온 말이 다. 고대 그리스에서는 해마다 뮤즈 여신들에게 시와 음악, 천문 학과 관련된 각종 예술 행위를 봉헌하는 의례가 있었다. 이때 사 용된 회화, 조각 등의 예술품이 무세이온 신전 창고에 보관됐다.

또한 '무세이온'이라는 이름은 이집트 왕 프톨레마이오스 1세 (기원전 305-282)가 알렉산드리아궁전 일부 건물에 세운 연구소 에 붙여졌으며, 이곳은 4세기까지 학문, 예술의 중심지가 되었다. 당시 무세이온은 현재의 박물관, 미술관, 도서관의 기능을 고루 갖춘 복합 공간이었다.

신화적 배경으로 볼 때 무세이온은 기억과 관련된 공간이 다. 특히 이 신전의 주인인 뮤즈 여신들은 아홉 자매들인데 관장 하는 영역이 각각 역사, 서정시, 희극, 비극, 합창과 무용, 독창, 찬 가, 천문학, 서사시였다. 뮤즈들의 어머니 므네모시네는 기억을 관장한 신으로서 기억은 역사와 시, 천문학 등 아홉 가지 영역을 통해 보존된다는 의미를 담고 있다.

그렇다면 현실에서 사람의 기억은 어떻게 보존될까? 책이 아직 대중화되지 못했던 시절에 기억은 사물을 분류하고 저장하 는 방법인 '기억술(ars memoriae)'을 통해 유지되었다. 기억술에서 가장 중요한 것은 필요에 따라 이미지를 끄집어내는 것이다. 그것 을 위해 기억술은 이미지를 장소와 결부시키는 기술을 가르친다.

이 장소를 보통 '기억의 장소(loci memoriae)'라고 하는데, 여기서 장소를 의미하는 라틴어 '로쿠스'는 그리스어 '토포스'에서 왔다. 이 그리스어가 영어 '토픽'의 뿌리어다. '토픽' 하면 우리는 보통 '이야기의 주제'라고 생각하지만, 기억술에서는 기억과 연관된 장소를 의미했다.

기억을 위해서는 상상이 머물 수 있는 장소가 필요하다. 기억할 이미지를 친숙한 장소에다 연관시키고 그 특정 위치를 떠올릴 때 관련 이미지가 떠오른다. 예를 들어 어떤 인물들을 기억한다고 할 때 집의 구조, 즉 현관, 거실, 공부방, 주방, 침실, 욕실에 기억할 인물들을 배치시키고 동선을 따라 인물을 떠올리는 식이다.

애시몰리언뮤지엄

그런데 머릿속에만 있던 '기억의 장소'가 실제의 장소로 튀어나오게 되었다. 르네상스 시기 베네치아의 궁정에 세운 목조 극장인 '기억극장(Theatro della Memoria)'은 로마 시대 원형경기장의 구조를 갖고 있었다. 이 극장은 무대에서 객석을 바라보게 되어 있었는데, 최소 두 사람만 관람할 수 있는 작은 장소였다. 르네상스 권세가들

이 정원에 고대 조각품들을 배치한 것도 그것들을 단지 상상 공간에만 두지 않고 특정 장소에 두어 고대를 기억하려는 또 하나의 사례였다.


## 밀실에서의 전시

진귀한 물건들이 고대로부터 수집되었지만, 그 품목이 헤아릴 수 없을 정도로 다각화된 시기는 르네상스 때였다. 호기심을 자극했던 비잔틴과 아랍의 기이한 물건들이 십자군전쟁 이후 인문주의자들을 통해 수집되었기 때문이다. 그런데 르네상스 당시 한 가지 특이한 점은 예술 작품까지 주문되어 수집되었다는 점이다.

수집된 고대 유물과 예술품은 그것들을 전시할 장소가 필요했다. '우피치'는 메디치 가문의 대표적 전시 공간이었다. 이 가문의 방대한 소장품들이 이곳 4층 회랑에서 전시되었다. 바로 이 회랑을 지칭하던 이탈리아어 '갈레리아(galleria)'에서 오늘날 '갤러리'라는 말도 유래했다. 이 회랑에 조각상과 초상화, 예술품들이 즐비했고, 여기 연결된 여러 개의 방들에 갖가지 사물들이 전시되었다. 이것이 바로 근대 박물관과 미술관의 모체가 되었다.

이탈리아에서 성행하던 개인적 예술 후원과 수집의 열풍은 지리상의 발견과 대항해가 이루어진 후 유럽 전역으로 번져 나갔다. 당시 유럽의 절대왕정은 이탈리아 도시국가의 군주들보다 훨씬 더 넓은 영토와 권력을 소유했기에 그 전시 공간 역시 규모가 대단했다. 이때 만들어진 새로운 장소는 서랍과 선반이 있는 진열장을 갖춘 방이었는데, 세계 곳곳에서 채굴된 광물 표본과 중국 도자기들, 고대 동식물의 화석 및 유골 등이 예술품과 함께 전시되어 사람들에게 '경이감'을 주었다. 그래서 이 장소는 '경이로운 방(cabinet des merveilles, Wunderkammer)'이라 불렸는데, 큰 방이었던 '살롱'과 함께 여러 개의 작은 방들이 연결되어 있었다. 특히 프랑스어 '캐비네'는 이런 진열대가 있는 작은 방을 의미할 뿐만 아니라 소장품 전체를 의미하기도 했다.

매우 큰 규모의 수집품을 보유하고 있던 당시 인물로는 '헝가리와 보헤미아의 왕'이자 '신성로마제국의 황제'인 루돌프 2세(1552-1612)를 들 수 있다. 황제는 합스부르크 제국의 프라하궁전에 있던 장소를 당시 통용되던 '경이로운 방'이란 용어 대신 '기예의 방(Kunstkammer)'으로 칭하고 외국 사절단이 반드시 이곳을 방문토록 했다. 이 방은 사절단이 고국에 돌아간 뒤 보내온 진상품들로 더욱 가득 채워졌다. 이후 더 큰 규모의 수집과 진열 공간이 구축되었지만, 르네상스나 절대왕정 시기의 모든 전시 공간은 수집품들을 타인에게 보여주는 유일한 통로임에도 기득권 세력에게만 허용되었으므로 왕족의 지배력을 강화하거나 과시하는 도구에 불과했다.

루돌프 2세

## 프랑스혁명과 '박물관공포증'

전시가 일반에게 개방된 것은 보르게제의 저택(빌라 보르게제)에서 17세기와 18세기에 보르게제 가문이 소장한 귀중품들이 전시되면서부터다. 이때부터 전시 장소에서 사물에 관한 문제가 공론화되었고 소통이 이루어졌다. 그러던 중 사물에 대한 인식이 현저하게 바뀐 것은 프랑스혁명 시기였다. 특히 예술품에 대한 접근이 평등한 권리의 하나로 요구되었다. 이 권리는 그동안 불가능했던 관람의 즐거움을 사람들에게 선사해 주었다.

하지만 혁명가들은 구체제의 유물을 보존해야 한다는 의견에 거북함을 느꼈다. 절대왕정 체제를 존속시켰던 과거의 유물들은 파괴해야 할 대상이지 유지해야 할 대상이 아니라고 믿었기 때문이다. 혁명파 안에서 온건파와 급진파 사이의 사나운 논쟁 끝에 결국 박물관의 역할은 교육적인 용도로 규정되면서 그

보존이 결정되었다. 특히 화가로서 프랑스혁명 시기 미술계의 핵심 인물이었던 자크 루이 다비드(1748-1825)는 구체제에 있었던 아카데미 전통을 전부 뒤엎고, 박물관을 새로운 예술 체제의 중심 기관으로 삼았다. 그리고 1790년 초에 구체제의 유물을 통해 탈바꿈한 '혁명적 박물관' 계획을 밝혔다.

> 박물관은 화려하고 사치스러운 물건들을 그저 호기심만을 충족시킬 목적으로 쓸데없이 모아놓은 곳이 아니다. 박물관은 그 자체로 배움의 터전이 되어야 한다. 교사가 학생들을 데려갈 수 있고, 아버지가 아들 손을 잡고 함께 갈 수 있는 배움의 터전이 되어야 한다.
>
> ─도미니크 폴로, 『박물관의 탄생』에서

이런 취지 아래 혁명의 열기가 최고조에 달했던 1792년 옛 루브르궁전의 갤러리 자리에 '프랑스박물관' 설립이 법령으로 공포되었고, 다음 해에 곧바로 시행되었다. 또한 1796년에 이 박물관은 '중앙미술관'으로 개명되었다가 1803년에는 다시 '나폴레옹박물관'으로 이름이 바뀌었다. 그런데 아이러니컬하게도 국외의 전쟁에서 승승장구하던 프랑스 혁명군은 전리품이라는 명목으로 다른 나라의 고대 유물과 예술품들을 강탈하여 이 박물관을 가득 채웠다. 특히 벨기에와 이탈리아의 문화재가 프랑스 국민의 영광스러운 기념물로 탈바꿈해 이곳에 전시되고, 정부는 혁명의 이름으로 이런 야만적인 행위를 정당화했다.

바로 이때 '박물관공포증'이 프랑스에서 거세게 일어났다. 정치 지배 권력에 이용되는 박물관을 혐오한 고전학자이자 건축가 카트르메르 드 켕시(1755-1849)는 프랑스의 문화재 약탈에 대해 연일 뜨거운 비판을 가했다. 그는 앞서 급진적 혁명파의 법원에서 사형선고를 받았다가 급진파의 극적인 몰락으로 살아남은 인물이었다. 혁명으로 시작된 나라가 독재적 지배 아래 놓이게 되었다고 판단한 그는 박물관이 수단화되는 것에 목숨을 걸고 반대하였다. 특히 프랑스 혁명군이 타국의 문화재를 약탈하는 것은 박물관의 본래 이념을 퇴색시키는 것으로 여겨 '박물관 공포증'을 느낀다고 하였다. 그러면서 박물관의 의미와 정당성을 되찾고 그 가치를 높이기 위해서라도 타국의 문화재들은 본래의 자리로 되돌려야 한다고 강력하게 주장했다.

이런 '박물관공포증'의 명맥은 서두에서 밝힌 미래파의 마리네티나 프랑스 시인이자 사상가였던 폴 발레리(1871-1945)에게서 계속 이어졌다. 발레리는 『박물관의 문제점』에서 "박물관은 즐거움도 주어야 하지만 '시민의 존엄'도 유지해야 한다."고 주장했다. 하지만 그는 박물관이 이 두 가지 목적을 유지하는 데 실패하였고 정치에 이용당하고 있음을 개탄했다. 그는 박물관을 일인칭으로 하여 다음의 시를 지었다.

> 내가 무덤일지 보물일지
> 내가 말을 걸지 입을 다물지는
> 지나가는 이가 누구냐에 달렸다.
> 친구여, 오로지 자네에게 모든 것이 달려 있네.
> 욕망 없이는 여기 들어오지 말게.
> ——1937년 샤요궁전박물관에 새겨진 폴 발레리의 시

이 시에는 관람의 즐거움과 시민의 존엄을 통합하고자 하는 발레리의 소망이 잘 드러나 있다. 하지만 정권이 바뀔 때마다 박물관의 "친구"로 호명되는 "지나가는 이"들은 그 박물관을 때로는 죽은 무덤처럼, 때로는 고귀한 보물처럼 대한다고 풍자하고 있다.

세월과 함께 사라질 과거에 대한 기억은 장소를 필요로 한다. 기억의 장소는 상상의 마당이 되었든 침침한 구석이 되었든 한 시대를 풍미했던 사물의 가치를 드러낸다. 기억이 차곡차곡 모이는 진열대와 소장품의 배치 방식에 따라 선대의 물건에 대한 우리의 인식 체계도 달라진다. 그렇다면 우리와 후대 자손의 상상 마당에 남을 이 땅의 박물관은 과연 어떤 장소인가? 침묵하고 있는 박물관의 전시품 속에서 시민의 존엄이 느껴질 수 있다면 그게 진정한 박물관일 것이다. 그럴 때만 박물관은 머릿속 기억에 영원히 살아 있을 수 있다. 그때 비로소 민족이나 국가의 선전 도구가 아닌 시민의 즐거움과 존엄으로 기억될 것이다.

과거의 추억과

소망을

현재로 가져와라

인류가 처음부터 과자를 즐겼던 것은 아니다. 향신료 없이 살았던 시절이 있듯 과자 없이 살았어도 아무 지장이 없던 시절이 있었다. 하지만 종교를 통해 과자가 일단 사람들에게 소개되자 반드시 필요한 것은 아니더라도 없으면 허전한 것이 되고 말았다. 후식이나 간식에 불과한 과자를 둘러싼 독점과 통제의 역사가 있었다. 그 후 과자에 대한 관심은 특별한 문화를 꽃피웠다. 오늘날 여분의 것이라 여긴 과자가 우리에게 하나의 위로가 되었다.

프랑스 파티시에(17세기 말~18세기 초)

3부 현실에서 실재의 세계로

## 성직자들의 과자 독점

고대 사회에서 과자는 종교적 목적으로 사용되었다. 통과 의례, 그러니까 사람이 탄생하고 성장하고 결혼하면서 그 과정을 거칠 때마다 신들에게 바쳐진 게 과자였다. 예를 들어, 고대 그리스와 로마의 결혼식에서 과자가 신에게 봉헌된 후에야 신랑과 신부는 비로소 온전한 부부로 인정받았고 그 결혼(서약)의 증인들인 하객들에게 과자가 분배되었다. 심지어 죽고 난 이후 저승세계를 지나갈 때도 과자는 그 역할을 톡톡히 했다. 그리스 신화에 따르면 꿀 섞인 과자인 '멜리투타'가 지옥을 지키는 개 케르베로스에게 던져지면 망자는 그 헤벌쭉한 괴물의 아가리를 빠져나갈 수 있었다. 하지만 당시 이런 특별한 날들을 제외하고는, 과자는 인간으로서는 구경하기조차 힘든 신들만의 새참거리였다.

3세기부터 13세기에 이르는 천년 동안 과자는 주로 교회와 수도원에서 만들어져 통제되었다. 평민들은 교회와 수도원이 운영하는 공동 오븐을 사용한 대가로 곡물, 포도, 달걀, 치즈 등을 의무적으로 바쳐야 했다. 이런 식자재들로 수도사들이 포도주, 빵, 과자 등을 만들었고, 케이크와 같은 더 달콤한 먹거리를 위해 벌을 쳐 꿀을 직접 얻기도 했다. 수도원 안에서 만드는 과자의 이름은 그리스어로 '복'이란 뜻의 '에울로기아'였는데, 수도사들은 수도원 식당에서 이것을 나누며 서로 축복의 의식을 했다. 과자는 나눠 먹는 이들의 종교적 유대를 강화시켰던 것이다.

성직 이외의 사람들에게 과자가 전달되는 계기도 있었다. 수도사들은 관계를 맺고 있는 왕족이나 귀족들에게 자신들이 손수 만든 과자를 선물로 주었다. 또한 일반인들에게는 성찬식을 통해 과자를 분배해 주었다. 중세인들은 성찬식의 과자가 사제들을 통해 자신들에게 나누어질 때만 구원이 보증된다고 여겼다. 그뿐만 아니라 생일, 세례, 성찬식에 처음 참여하는 사람을 위한 케이크도 축하용으로 만들어졌다. 이렇듯 중세에는 과자에 종교적 의미가 아주 강하게 부여되었다.

　11세기에서 13세기 십자군 원정으로 설탕, 향신료가 동방으로부터 유럽으로 수입되면서 과자의 인기도 상당히 높아졌다. 물론 이미 1세기부터 말레이반도, 시리아, 이집트 등지에서 사탕수수 재배가 있었지만 유럽에 설탕이 전해진 것은 11세기 말이었다. 처음에 소개되었을 때 설탕은 향신료로 취급받아 귀족층만 맛볼 수 있던 사치품이었다. 하지만 15~16세기 신대륙으로부터 설탕이 다량으로 들어오면서 과자에 대한 평민의 욕구는 급상승했고, 이윽고 오븐이 수도원에서 평민에게 개방되는 결과를 낳았다. 과자 소비량도 당연히 늘어났다. 그러면서 성찬식 과자를 전담하는 장인들이 13세기 초 길드를 만들어 계속 유지되다가 15세기에 이르러서는 제과장인들의 길드로 편입되었다.

　16세기 이후로는 수도사들이 과자를 상품으로 만들어 판매했다. 프랑스혁명 때까지도 이탈리아에서 전해진 마카롱 판매로 유명했던 수도원이 있었으며 초콜릿비

장시메옹 샤르댕, 「브리오슈」(1763년)

3부 현실에서 실재의 세계로

스킷으로 유명한 수녀원도 있었다. 수녀들은 선교하러 나간 식민지에서 과자 굽는 기술을 전해 주기도 했다.

## 귀족들의 과자 독점

17세기 루이 14세(재위 1643-1715) 시대에는 이탈리아 아이스크림이 유럽에 소개되었다. 당시 아이스크림은 설탕을 첨가한 다양한 곡물가루와 향신료를 크림에 섞어 얼린 것이었다. 귀족들은 아이스크림을 대단히 즐겼기 때문에 요리사에게 이것을 전

마리 앙투아네트(1788년)

문적으로 만들도록 했다. 점차 제과장인인 '파티시에'가 귀족에게 고용되면서 귀족의 저택에서도 과자가 만들어지기 시작했다. 유럽 귀족들이 즐겨 먹었던 과자는 설탕이 가미된 과일파이, 과일설탕절임, 누가와 같은 것으로 이탈리아 요리사들을 통해 전해진 것이었다. 귀족들은 과자를 세련되게 만들어 자신들을 과시하는 데 사용하였다.

루이 14세 이후 오랫동안, 볼록 튀어나온 뱃살은 성공의 상징이었다. 그뿐만 아니라 루이 14세 때부터 루이 16세 때까지 베르사유궁전의 귀족들은 매일 공짜로 식사와 숙박을 제공받았다. 이때 궁정에 있던 일부 사람들이 왕으로부터 독점권을 받아 파리의 거리에 과자점을 내어 수익을 올리기도 했다.

18세기 오스트리아의 빈에서 태어난 마리 앙투아네트(1755-1793)는 프랑스 왕비가 되어 고향을 떠날 수밖에 없었다. 그녀는 늘 오스트리아를 그리워하며 어린 시절 먹던 온갖 종류의 과자로 마음을 달랬다고 한다. 특히 초승달 모양 '브리오슈'를 즐겨 먹었다고 하는데, 이것은 기름지고 향기로운 버터와 다량의 달걀, 달콤한 설탕을 물이나 우유에 섞어 발효시킨 밀가루 반죽을 가볍게 부풀려 만든 다양한 모양의 빵을 총칭하는 말이다. 빈에서는 크루아상의 원형이라고 알려진 초승달 모양의 브리오슈가 인기였다. 그 기원은 1683년 터키 군이 빈에 쳐들어오자 제빵사가 침략 사실을 알리기 위해 터키의 상징인 초승달 모양으로 빵을 구운 데서 시작되었다고 한다.

마리 앙투아네트가 "빵이 없으면 케이크를 먹이도록 하세요."라고 했다는 말에 나오는 케이크가 원래 브리오슈였다. 영어로 번역될 때 케이크라고 한 탓에 많은 오해를 낳았다. 그런데 사

실 이 일화가 소개된 것은 앙투아네트가 결혼하기도 전인 1769
년에 출판된 장 자크 루소(1712-1778)의『참회록』에서인데, 후에
혁명군이 왕비를 제거하기 위해 일종의 가짜뉴스로 퍼뜨려 왕비
는 시위대의 공분을 샀다. 프랑스혁명 당시 경제 위기로 빵 값이
오르자 빵을 먹지 못한 시위대를 자극했던 것으로 분석된다.

혁명이 일어나기 전까지 귀족과 부르주아 상류층들은 브
리오슈를 카페에서 자주 접했다. 그들은 브리오슈를 커피와 함
께 자주 먹었던 반면, 농민들은 경기 침체와 함께 빵을 먹기조차
힘들게 되었다. 귀족들이나 먹는 브리오슈는 자신들이 구할 수
있던 거칠고 맛없는 검은 빵과는 너무나 큰 대조를 보였다. 혁명
기에 브리오슈를 먹는다는 것은 농민들에게는 꿈도 꿀 수 없는
사치였다.


## '파사주'의 과자가게

프랑스혁명 후 특권계급인 사제들과 귀족들의 대다수는
몰락했지만, 신흥 부르주아로 진입한 시민들이 있었다. 그 대표
적인 예가 요리사들이었는데, 귀족의 저택에서 일자리를 잃자 거
리로 나와 직접 레스토랑이나 제과점을 차렸다. 단두대에서 처
형된 루이 16세의 요리사들 중에는 과자가게를 차려 꽤 많은 인
기를 누린 사람도 있었다. 많은 사람들이 과자가게를 개업해 당
시 거리 풍경 중에 특이한 것은 하루가 다르게 늘어나는 과자점
이라는 말이 있을 정도였다. 또한 파리 거리들은 19세기 중반이
되면서 지위고하를 막론하고 함께 외식하는 사람들로 붐볐는데

파리 중앙시장(1860년대)

그 식당들에서도 다양한 과자들을 선보였다.

　혁명 이후 생긴 파리 거리들은 1820년에서 1850년대에 이르러 매우 번성한 아케이드를 형성했다. 20세기 독일 사상가 발터 벤야민(1892-1940)은 '파사주'라 불리는 이곳의 특징을 다음과 같이 말한다.

　　산업적 사치의 새로운 발명품인 아케이드의 지붕은 유리이며, 대리석으로 마감된 통로가 전체 건물을 관통한다. 아케이드의 소유자는 그러한 투기에 합의했다. 위에서 빛이 떨어지는 통로의 양편에는 우아한 가게들이 줄지어 있다.

—발터 벤야민, 『아케이드 프로젝트』에서

　'파사주'의 골조는 철재인 데다 천장은 대부분 유리로 덮여 있어 비가 와도 맞지 않는다. 길은 대리석으로 마감되어 진흙탕이 튈 염려도 없고 조명은 가스등으로 되어 실내 공간처럼 아늑했다. 또한 양쪽으로 즐비한 상점들 대부분이 정면을 유리창으

　　　　　　　　　　　　　　　　3부 현실에서 실재의 세계로

로 만들어 상품을 진열했으며 그 상품들은 밝은 가스등 빛에 더욱 찬란했다. 이런 아케이드가 1850년 파리에는 약 150여 개인데다, 1857년부터 2년에 걸친 파리 중앙시장의 리뉴얼로 이 거리는 모든 이들의 사랑을 독차지했다.

## 따뜻한 가정에 대한 애틋한 소망

그렇다면 '파사주'가 이렇게 사랑을 받은 까닭은 무엇일까? 한마디로 그것은 따뜻한 가정에 대한 소망이자 추억 때문이었다. 발터 벤야민에 따르면 '파사주'의 특이한 공간 구성은 행복한 가정의 아늑한 실내를 경험케 했다고 말한다. 친밀하고 세련된 가정을 바깥으로 연장한 공간이 다름 아닌 '파사주'였다. 이것이 당시 프롤레타리아가 꿈꾸던 넉넉한 가정의 실내 모습과 딱 맞아떨어졌다고 한다. 노동자들이 고된 노동과 궁핍한 생활을 하루하루 버텨낼 수 있었던 것은 '파사주' 거리를 오가며 각 상점들을 바라보면서 행복한 가정을 소망했기 때문이다. 그 많은 가게들 중 행복한 가정과 가장 유사한 곳은 단연코 제과점이었다. 유리창 너머 진열된 과자들은 가스등의 빛 속에서 더 아늑하고 몽환적인 가정의 모습을 꿈꾸게 했다. 그 공간에 오순도순 모여 앉아 다과를 나누면서 앞으로 꼭 이루고 말 가정의 분위기를 즐겼다.

과자는 간식이나 후식 그 이상의 것이다. 과자가 고대와 중세의 권력자들에게 평민들과 자신들을 구별 짓기 위한 도구였다면, 근대에 이르러서는 저마다 꿈꾸는 가정을 위한 도구가 되었다. 이제 그 여분의 것으로 취급된 과자에 대해 어떤 마음을 쓰는지에 따라 위로와 만족을 느꼈다.

우리는 어른이 되어서도 맘껏 어리광을 부릴 어머니의 품이 그립다. 그렇다고 그 유년의 그리움 때문에 어머니에게로 갈 수도 없다. 할 수 있는 일이라고는 고작 어머니와 함께 나누었던 공간과 시간을 느끼기 위해 과자를 맛보는 것이다. 그때 과자는 추억을 회상하는 과거가 될 것이다. 또한 우리는 술에 취한 아버지 때문에 숨죽이고 항상 목말랐던 어머니의 사랑 때문에 뭔가 부족한 듯 성장했다. 이런 어린 시절의 가정은 불안하고 걱정스러웠다. 이제 사랑과 행복으로 포근한 가정을 설계하며 제과점을 찾는다. 그때 과자는 소망을 다짐하는 미래가 된다. 과자는 과거와 미래의 가정을 현재로 불러낸다.

과자를 먹는 것은 그리움이자 미래의 생산력이 된다. 내 동심에 잠재력으로 있는 그리움을 현재로 끌어올리고, 내 이상에 가능성으로 있는 행복감을 미리 맛보는 게 과자의 참맛이다. 과자는 간식이나 후식이 아니다. 우리는 과자를 맛보며 영원한 '유년의 시기'를 살고 있다. 그 과자를 보는 섬세함 속에 무시하지 못할 문화의 깊이가 있다. 추억과 소망이 묻어 있기 때문이다. 그렇다면 과연 우리는 과자를 먹으면서 어떤 것을 소망하는 것일까? 이제 저마다의 과자가게로 달려가 그 여분의 것을 생각해 보자.

# 22

# 찢어지고 조각난
# 파편들을 잇자

2019년 1월 13일 CNN에 따르면, 개구리 줄기세포를 이용해 '제로봇'이라는 생체로봇이 만들어졌다. 스스로 생명을 유지하면서 자가 치유가 가능하다니 놀라울 따름이다. 이로움이 있으리라는 기대도 크지만 혹시 해킹이라도 당해 인체를 공격한다면 어떡할지, 그에 못지않은 우려도 있다. 19세기, 근대 과학의 괄목할 만한 성장 이후에도 이와 유사한 불안이 감돌고 있었다. 누드화에서 그랬고, 특히 인조인간이 등장하는 소설류에서 그랬다.

## '기계적 합리론'이 초래하는 불안감

근대는 영혼과 육체를 따로 떼어놓고 보는 영육이원론의 전성기였다. 당시 육체는 르네상스 시대와는 달리 분해와 조립이 가능한 듯 보였다. 이런 생각에는 해부학이 한몫했다. 근대의 해부도는 점차 기관과 조직, 세포로 더욱 좁혀지면서 육체가 죽은 물체 덩어리로 보이기 시작한다. 과학자들에 따르면, 육체는 물질에 불과할 뿐 그것을 원하는 대로 변형하고 지배할 수 있는 별개의 자아, 곧 이성이 있었다.

18세기 중엽부터 19세기에 이르자 눈이 휘둥그레질 누드화들이 봇물 터지듯 쏟아졌다. 프랑수아 부셰의 「오달리스크」(1745), 장 오노레 프라고나르의 「강아지와 노는 소녀」(1768), 자크 루이 다비드의 「사비니 여인들의 납치」(1799), 장 오귀스트 도미니크 앵그르의 「그랑드 오달리스크」(1814), 「터키탕」(1888), 피에르 오귀스트 르누아르의 「목욕 후」(1863), 귀스타브 쿠르베의 「샘」

(1868), 빈센트 반 고흐의 「잠자리에 든 여인의 누드」(1887), 폴 고 갱의 「지켜보고 있는 망자의 혼(마나오 투파파우)」(1892), 앙리 드 툴루즈 로트레크의 「거울 앞에서 옷 벗은 여인(1897) 등 적나라 하게 벗은 몸을 그리는 것이 유행했다.

　　혁명가들은 귀족 타도를 명분으로 삼았지만, 그들이 정작 부러워한 것은 관능적 빛깔의 육체들을 왕들처럼 향유하는 것이 었다. 속물근성으로 사생활의 쾌락을 흉내 내고자 했다. 혁명과 함께 추구된 그들의 사생활은 벌거벗은 육체에 집착하는 것이었 다. 여기서 혁명과 육체의 쾌락이 하나의 코드로 작용한다. 하지 만 부르주아지가 어느 정도 궤도에 올라 육체를 마음대로 주무 르자, 왠지 모를 불안감에 휩싸였다.

프랑수아 부셰, 「오달리스크」(1745)

## 사생활 보장이 초래한 불안감

바로 이때 작가들은 그들의 변태적 욕망을 묘사하기 시작했다. E. T. A. 호프만의『모래인간』(1816), 메리 셸리의『프랑켄슈타인』(1818), 빌리에 드 릴아당의『미래의 이브』(1886) 등에서 부르주아지는 인간 창조 게임을 즐긴다.

특히 소설『프랑켄슈타인』은 괴물을 만드는 재료가 참으로 별나다. 주인공 과학자 빅터 프랑켄슈타인은 묘지에 버려진 시체들 중 최상의 부위를 모아 창조해 낼 인간의 재료로 삼았다. 창자, 내장, 신경 등의 시체 조각들을 제자리에 다시 집어넣고 꿰매는데 해부학 실습장을 방불케 한다. 그는 3년간 계속된 실험 끝에 인간 최종병기를 만들어냈다.

이 괴물은 '혼종 부위들(partes Hominis)'로 구성된 '전체 인간(totum Hominis)'이다. 초능력은 찢어진 각각의 부위가 따로 있으면 죽은 듯하지만 결합되면 미친 듯이 발휘된다. 문학에서 소설 장르의 탄생은 사생활의 철저한 보장과 관련된다. 하지만『프랑켄슈타인』에서는 아이로니컬하게도 완전한 개인이 인간 집단에 온전히 소속되려는 욕망을 드러낸다. 마치 대가족 생활을 하다 독립한 자취생이 외로움을 못 이겨 명절 같은 특별한 날이면 가족들의 품을 그리워하는 것과 유사하다. 분리불안에 빠지면 무조건적인 결합을 갈망한다.

이 소설에서 괴물 탄생의 비법은 파편화된 시체들의 결합이었다. 이것은 해부학에서 볼 수 있는 절단된 육체, 파편화된 신체에 대한 반작용이며, 사생활이 철저하게 보장되던 근대의 예기치 못한 불안을 말해 주고 있다.

## 프랑켄슈타인의 괴물이 소통할 수 없는 이유

원작에서 이 괴물의 이름은 따로 주어지지 않았다. 괴물의 이름으로 오해되곤 하는 '프랑켄슈타인'은 그 괴물을 만든 과학자의 이름이다. 괴물로만 지칭될 뿐 이름이 주어지지 않는 이유가 있다. 2미터가 넘는 체구, 얼굴에는 온통 꿰맨 자국들, 살갗 위로 적나라하게 돌출된 근육과 혈관 등. 이 괴물은 당시 과학자들이 어느 범주에도 규정해 두지 않는 애매한 몸을 지녔다. 이질적인 육체로 결합된 혼종 육체는 분명 있지만 규정에 없기 때문에 호칭될 수 없는 괴물이다.

육체는 의미를 새기고 타인에게 읽힐 수 있는 하나의 기호다. 근대 이전 르네상스 시대까지 육체가 우월한 지위를 누릴 수 있었던 것은 기호로 여겨졌기 때문이다. 이것은 중세 기독교의 영향이었다. 눈에 보이지 않는 신이 인간의 육체로 태어나고 미사의 성찬을 통해 빵과 포도주가 그리스도의 살과 피로 변화되며, 죽은 자가 다시 육체를 갖고 살아나 구원받는다는 교리는 모두 육체성과 관련된다.

그런데 이 육체는 또한 언어로 이해되어 왔다. "말씀이 육체가 되어 우리 속에 있었다.(Verbum caro factum est et habitavit in nobis)"(「요한복음」 1장 14절) 포고문과도 같은 이 구절을 통해 기독교는 육체가 언어이며 신과 인간 사이에 있는 매체라 여겼다. 즉 언어와 마찬가지로 육체를 통해 소통한다는 주장이 르네상스기까지 계속되었다. 결국 육체는 인간과 신이 조화를 이루는 접점이며, 우주 안에 있는 모든 체계의 근원이자 인간과의 소통의 도구, 즉 기호가 된다.

장 오노레 프라고나르,
「강아지와 노는 소녀」(1768)

폴 고갱, 「지켜보고 있는 망자의 혼」(1892)

외젠 들라크루아, 「사르다나팔루스의 죽음」(1827)

오귀스트 르누아르, 「목욕하는 사람들」(1884-1887)

앙리 드 툴루즈 로트레크, 「거울 앞에서 옷 벗은 여인」(1897)

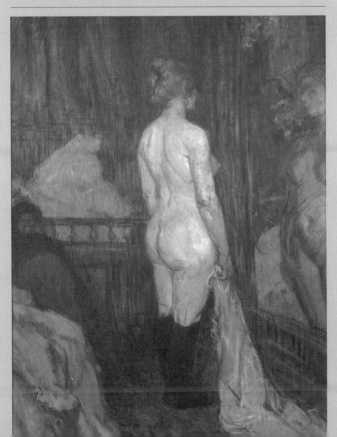

관중에게 표현하고자 하는 생각을 자신의 몸을 통하여 구체적으로 보여주는 퍼포먼스 등은 육체를 기호로 사용하는 대표적인 예다. 아니, 그런 거창한 예술이 아니더라도 일상에서 뭔가를 나의 몸으로 표현하고 소통한다면, 그것이 바로 근대 이전의 인간관을 반영한 삶이다. 몸으로 보이는 모든 행위와 표현이 언어다. 하지만 『프랑켄슈타인』의 인조인간은 그 육체로 소통할 수 없었다. 그 육체가 어느 범주에도 속하지 않기 때문에 소외되고 추방되었다.

## 권력의 금기로 배제되는 육체

괴물을 뜻하는 영어 '몬스터(monster)'는 '보여주다'라는 라틴어 '몬스타레(monstrare)'에서 왔다. 괴물은 자신의 정체를 보여줘야만 괴물이 아닌 근사한 이름이 부여될 수 있는 존재다. 소설 속 괴물은 사람들의 대화를 들으면 스스로 언어를 습득하고, 고전을 읽으면 감동하며, 심지어 사랑하는 대상을 그리워했다. 다른 인간과 별반 다르지 않은 괴물은 이런 행동을 통해 자신의 정체를 보여주었다. 하지만 그를 만든 빅터 프랑켄슈타인을 비롯한 인간들은 그를 배척하고 끝내 죽이려고 든다. 자신들이 만든 규정에서 이 괴물의 육체는 인간이 아니었다. 여기서 육체를 규정하는 자들의 권력이 드러난다. 권력은 금기를 만드는 자들이 갖고 있다. 금기를 만드는 자가 권력인 셈이다.

『프랑켄슈타인』의 저자 메리 셸리는 이 소설에서 과학자 빅터가 인조인간을 창조하기 위해 금지된 지식을 추구하도록 했다. 그녀는 영국 왕립학회의 과학 강연에서 도전적인 아이디어를 얻었다고 한다. 거기서 찰스 다윈의 할아버지인 에라스무스 다윈의 인공생명체 강연을 접했고 해부학자 갈바니가 죽은 개구리에 전기충격을 주어 근육에 경련을 일으키는 광경을 보았다. 이렇듯 과학의 제분야들이 발전할 수 있었던 이유는 금지된 것들에 대한 도전 때문이다.

프랑스의 철학자이자 정신분석학자인 자크 라캉(1901-1981)에 따르면, 인간은 자신에게 금지되어 결핍된 것만을 욕망한다. "나는 욕망한다. 내게 금지된 것을." 어떤 육체를 욕망할 때 그것은 금지된 지식에 대한 추구와 관련된다. 과거에는 신체 해부가 금기였지만, 그 금기를 위반했기 때문에 과학은 발전을 거듭했다. 19세기에 나타나는 프랑켄슈타인의 괴물, 뱀파이어, 늑대인간 등은 모두 금기에 대한 위반과 수용의 서사다.

'금기'라고 할 때 그것은 금기하는 자의 '권력'을 따져야 한다. 욕망하는 것은 금기가 우선이고 그 금기를 만든 권력이 뒤에 작동한다. 육체는 단순히 감각 매체가 아니라 권력이나 이데올로기의 문제로까지 확장시켜 살펴봐야 한다. 이 소설에서 빅터 프랑켄슈타인은 금기를 위반하여 인조인간을 만들었으면서, 이후 자신이 금기를 만드는 권력이 된다. 세계 곳곳에서 행해졌던 인종학살이나 종교전쟁, 소수자에 대한 박해와 크게 다르지 않다. 거기에도 바로 이런 식의 금기가 있었다. 그 시대를 지배하는 사회적, 정치적, 경제적 차원의 온갖 권력은 육체에 틀을 지운다.

과학기술과 산업혁명으로 노동의 형태가 다양해지고 부르주아지와 노동계급이 성장하던 19세기에 이르면 금지 조항들은 늘어만 갔다. 소수의 기득권은 그 금지 조항을 세뇌시키기 위해

『프랑켄슈타인』 일러스트(1831)

3부 현실에서 실재의 세계로

학교를 비롯한 각종 교육기관 속에 대중을 집어넣었다. 자신들의 권력을 거역하거나 그 주장에서 벗어나면 게으른 자, 낙오자, 비정상인, 정신병자 등으로 불렀다. 대중매체를 동원해 마녀사냥을 일삼아 격리시켰다. 자신들의 제국에 맹종할 노예들의 육체를 만들기 위해 금지법을 강화했다. 그렇게 결국 자신들의 독무대가 펼쳐진다. 자신들 이외의 모든 육체를 하나의 소모품으로 만들었다.

지금 우리는 고정된 육체의 이미지들 속에서 프랑켄슈타인의 괴물이 겪게 되는 감정을 느낀다. 그 규정들은 가난한 자들의 '질병'을 만들어냈다. 각종 유독물질과 금속가루, 먼지 등에 노출되는데도, 근면성실이라는 명목 아래 과도한 노동이 덕목으로 추가되었다. 각종 위험한 일에 내몰리고 건강이 위협받는 장기간의 피로 속에 방치된 현대판 괴물들, 그들에게 남은 것은 자신의 노동과 봉급에 비해 버틸 수 없는 생활비와 마이너스통장, 속앓이로 얻게 된 각종 질병의 진료 청구서뿐이다.

최근 전통적인 인간에 대한 규정은 도전을 받고 있다. 인공치아, 인공관절, 인공심장 등 보철물을 지닌 인간, 사이보그 또는 인조인간 등의 출현을 보면서 인간의 신체가 새롭게 규정되는 중이다. 하지만 육체의 개념이 그 어느 시대보다도 유동적인 오늘날 자신들만의 편익을 위해 금기를 만드는 권력 앞에서 우리의 몸으로 소통이 가능할지 의문이

메리 셸리의 초상화(1840)

다. 신체 자체를 고정된 관점에서 보지 않고 유동적 관점으로 볼 때 더 많은 소수자들이 인간으로 인정될 것이다. 『프랑켄슈타인』의 괴물이 또 하나의 인간이듯 말이다.

새로운 시대는 과거 괴물로 치부하던 또 다른 육체를 발견하면서 열릴 것이다. 과학과 자본을 통해 사생활이 발달한 19세기에 개인화되면 될수록 찢어지고 조각난 시체의 부위들을 이어붙인 초능력의 최종병기를 꿈꾸었듯, 우리는 혼종의 유동체를 갈망한다. 핏기도 없고 움직이지도 않던 살덩이들이 끊어진 힘줄과 혈관을 붙이니 움직이기 시작한다. 권력이 날카로운 메스로 해부한 시체들의 파편들이 신체의 새로운 혼종을 만들 것이다.

# 23

고흐의 '빈 의자'

"나는 세상에 빛과

책임이 있다!"

빈센트 반 고흐(1853-1890)는 '의자'라 이름 붙인 두 점의 유화를 남겼다. 「빈센트의 의자」와 「고갱의 의자」가 그것이다. 두 그림 모두 의자가 가장자리까지 꽉 들어차서 보는 이들의 시선을 압도한다. 고흐와 고갱이 완전 다른 세계에 존재한다는 듯 두 그림엔 아무런 공통점도 없다. 사람은 없고 그들을 상징하는 물건들만 놓여 있다는 기획이 같을 뿐이다. 고흐는 아를의 '노란 집'에서 고갱과 만난 후 처음 이 의자들을 그렸다. 고갱이 떠난 후 이 그림들에 계속 매진했고, 완성한 후에는 또 다른 「빈 의자」 소묘 다섯 점을 남겼다.

고흐가 고갱에게 주려고 자신을 수도사로 묘사한 자화상(1888)

## 고갱의 팔걸이의자

「빈센트의 의자」는 엷은 푸른색이 감도는 바탕에 노란색으로 대낮이 배경이다. 고흐가 즐겨 사용하던 담배와 파이프가 놓여 있다. 반면 「고갱의 의자」에는 밤을 배경으로 두 권의 책과 촛대 두 개가 놓여 있다. 동생 테오에게 보낸 편지에 따르면, 이런 구체적인 묘사 외에도 특징을 잡아 한마디로 두 의자를 일괄했다. 자신의 것은 나무의자이고 고갱의 것은 팔걸이의자라고.

「고갱의 의자」는 19세기 이래 영국에서 유행한 '클리스모스' 풍 '리젠시 양식의 팔걸이의자'였다. '클리스모스'란 다리가 활처럼 휘어져 있는 고대 그리스 의자를 말한다. 고대 그리스의 석관이나 묘비의 부조, 도자기 그림, 벽화, 문학이나 철학 작품 등을 통해 종합해 볼 때 당시 의자는 총 다섯 종류였다. 등받이와 팔걸이가 모두 있는 '스로노스', 팔걸이 없이 등받이만 있고 다리가 곡선인 '클리스모스', 등받이와 팔걸이가 모두 없는 '디프로스', 접이식 의자인 '오크라디아스', 매트를 얹고 기대어 식사나 대화를 할 수 있는 '클리네'. 이 기본 범주는 약간의 변형만 있을 뿐 지금도 그대로다.

이 범주로 보자면 「고갱의 의자」는 다리가 휘어져 있는 '클리스모스'이지만, 또한 팔걸이가 있기 때문에 '스로노스'에 해당된다. '스로노스(thronos)'는 보통 '보좌'로 번역되는 영어 단어 'throne'의 뿌리이다. 호메로스의 글에서 이 '보좌'는 발 받침대와 한 쌍을 이루어 신이나 왕의 권위를 상징했다. 그리스 기념물에서 신이나 왕, 영웅, 때로는 평범한 사람이라도 권위가 부여될 때 그들에겐 보좌가 있다. 예를 들어, 제우스는 보좌에 앉고 다른 신들은 '클리스모스'에 앉은 것으로 표현되기도 했다. 또한 소크라 테스를 비롯한 그리스 교사들도 '클리스모스'에 앉아 가르쳤다. 그런 점에서 보좌에 해당되는 고갱의 '팔걸이의자'는 권위를 드러내는 수단이다.

고흐는 '노란 집'에 화가 공동체를 만들 목적으로 십여 개의 의자를 미리 장만해 두었다. 하지만 고갱이 합류한다는 소식을 듣고 기뻐하며 궁색한 살림에 기꺼이 팔걸이의자를 보냈다. 고흐는 앞서 고갱을 수도원장으로, 자신은 평범한 수도사로 생각하겠노라 약속하고 그를 초대했었다. 그리고 수도사처럼 헌신적으로 고갱의 권위를 따랐다. 다섯 살 연상인 데다가 회계사로서의 사회 경력도 믿음직스럽고 그의 그림도 자신보다 인정을 받고 있으니 당연하다 여겼다.

이런 제의를 받아들인 고갱은 '노란 집'에 내려와 가사를 처리하고 체계를 잡았다. 그뿐만 아니라 그림의 원칙도 제시했다. 고갱의 권위가 고흐의 일생생활에 영향을 미친 것만큼 고흐의 미술에도 영향을 미쳤다. 함께 있었던 두 달 동안 고갱의 영향을 받은 고흐의 그림들이 다수 보인다. 하지만 그런 기대도 잠시, 둘은 계속 다투고 심한 갈등을 겪어야 했다.


**고흐의 빈 의자**

반면 「빈센트의 의자」는 팔걸이가 없고 다리가 직선이다. 그리스식 의자 유형으로 보자면 특별히 속할 데가 없다. 그런데 고흐는 테오와 지인에게 보낸 편지에서 고갱과 자신의 의자가 모두 '빈 의자'임을 거듭 강조했다.

'빈 의자'의 체험은 고흐가 스물다섯 살 되었을 때 일어났다. 고흐는 미술상으로서 실패한 뒤 여린 마음을 추스르고자 증조부와 조부, 아버지가 걸었던 목회자의 길을 택했다. 그리고 곧 신학생이 되기 위해 예비 어학 공부에 전념했지만 그 공부는 너무 따분하고 어려웠다. 결국 1878년 8개월 만에 신학 준비 과정을 포기하고 평신도 설교자가 되는 길로 바꾸었다. 그동안 공부방에 찾아와 지도해 주던 아버지가 집으로 돌아가게 되었다. 고흐는 바로 이때 테오에게 보낸 편지에 아버지의 '빈 의자'에 대한 기록을 남겼다.

이 편지에 따르면, 고흐는 아버지를 역까지 배웅한 후 기차가 떠나고 그 모습이 다 사라질 때까지 한참 동안 플랫폼에 서 있었다. 자신의 방에 돌아오자 이제는 필요도 없는데 전날과 다름없이 책과 잡지들은 무심한 듯 그대로 남아 있고, 아버지의 텅 빈 의자는 책상에 바싹 당겨져 있었다. 고흐는 빈 의자를 바라보며 아이처럼 서럽게 울었다. "곧 다시 만날 거라는 사실을 잘 알았지만 난 그때 아이처럼 슬펐어."

아버지의 빈 의자라는 이미지가 책상 앞에서 갑자기 떠오른 것은 신학 공부를 결심하기 전, 그러니까 이십 대 초반의 체험과도 관련된다. 열일곱 살 때 다니던 학교에 적응하지 못하고 뛰쳐나와서 고흐가 처음 시작한 일이 있었다. 삼촌이 운영하는 미술상의 점원 생활. 4년여 기간 동안 성실하게 일하자 스물한 살에 런던 지점의 물품 창고 일을 맡아 전근 가게 되었다. 기록에 따르면 다음 해 파리 지점으로 임시 파견되지만 적응하지 못하고 런던으로 돌아왔다가 그 다음 해에 파리로 다시 전근을 갔다.

빈센트 반 고흐, 「고갱의 의자」(1888)

「빈센트의 의자」(1888)

이렇듯 빈번하게 오간 것은 런던 하숙집 딸에게 실연한 데다가 테오의 친구 두 명이 자살하고 지인 한 명이 죽는 등 우울한 소식들이 연일 계속되었기 때문이다. 결국 고흐는 파리로 전근 간 다음 해인 1876년에 해고당할 상황에서 먼저 사직서를 제출했다. 고흐는 이 시절 외로움과 무기력 속에서 성서와 찰스 디킨스(1812-1870)의 글을 의지했다고 한다. 테오에게 다음과 같은 편지를 보냈다.

> 삽화를 그리면서 디킨스를 알게 된 루크 필즈는 디킨스가 죽던 날 방에서 빈 의자를 보았어. (……) 텅 빈 의자는 아주 많아. 그 수는 늘어날 거야. 조만간 빈 의자 외에 아무것도 남지 않겠지.
>
> ──빈센트 반 고흐, 『편지』에서

새뮤얼 루크 필즈, 「빈 의자」(1870)

루크 필즈(1843-1927)라는 화가는 디킨스가 죽자 그를 애도하며 그림 한 점을 그렸다. 이것이 영국 사회에 대단한 센세이션을 일으켰다. 그는 원래 삽화가로 시작해서 유화 화가로 유명해진 인물인데, 디킨스로부터 삽화를 부탁받았다. 함께 작업을 하다가 필즈는 디킨스가 죽었다는 소식을 듣고는 그 마음을 한 장의 그림으로 표현했는데, 그게 바로 「빈 의자」였다.

　고흐는 런던 근무 당시에 루크 필즈의 「빈 의자」를 보았고, 아버지가 떠난 자리에 그 이미지가 오버랩되었다. '빈 의자'라는 이미지에서 그동안 자신에게 큰 권위로 여겼던 두 사람의 부재가 슬픔으로 다가왔다. 아버지와의 일시적인 작별과 디킨스와의 영원한 작별은 빈 의자가 내포하고 있는 헤어짐의 미학이었다. 고흐의 아버지도 1885년 갑작스럽게 이 세상에 영원한 작별을 고했다.


## 고흐의 아버지 '페르 탕기'


　고흐가 친아버지 외에 일생에 한 번 아버지라 부른 인물이 있다. 2년간 파리에서 지내며 알게 된 화구상 탕기 영감(줄리앙 탕기, 1825-1894)이다. 당시 고흐의 상황은 1886년 2월 동생 테오에게 보낸 편지에 잘 나타난다. "1885년 5월 이후 (지금까지) 따뜻한 식사를 해본 건 여섯 번밖에 없어." 거의 9개월간 식사다운 식사를 하지 못한 고흐를 탕기 영감은 자신의 집으로 초대해 함께 먹고 대화를 나누며, 때론 그의 신세를 한탄하고 때론 그의 재능에 탄복했다. 종종 고흐가 캔버스, 물감, 붓 등 화구를 집어 들고 돈 대신 그림들을 내밀면 마치 그 그림의 진가를 인정한 듯 받아주었다. 탕기 영감은 아무도 관심을 가지지 않았던 고흐의 그림들을 자신의 화방에 전시하여 파리의 화가들에게 소개하기도 했다. 그는 자식을 챙기는 따뜻한 마음으로 고흐가 파리에 잘 적응하지 못하고 있으니 많이 이해해 달라고까지 당부했다. 그런 그

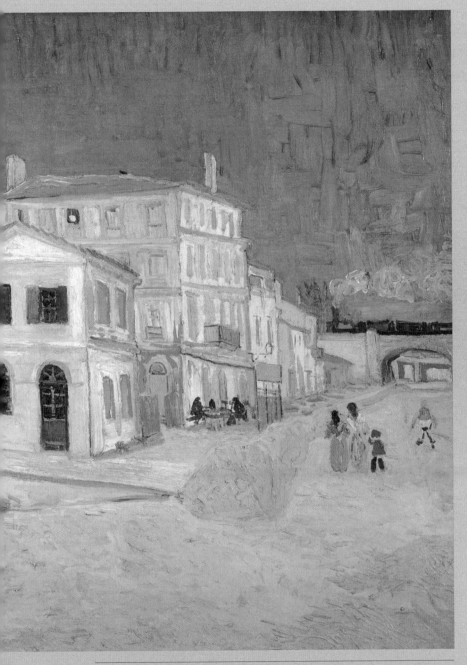

빈센트 반 고흐, 「노란 집」(1888)

를 파리 화가들이 '탕기 아버지(Pere Tanguy)'라 호칭했듯이, 고흐도 "나의 친구이자 아버지"라 부르며 마음을 담아 총 세 점의 초상화를 남겼다.

고흐에게 절박했던 것은 열일곱에 그만둔 학교 졸업장이 아니었다. 어디를 가나 인생을 먼저 산 어른들의 따뜻한 마음이 필요했다. 하지만 고흐가 십 대 이후 만난 어른들은 무엇이든 하라고 닦달만 할 뿐이었다. 미술상인이 되어 돈을 벌든가 최고의 목사가 되어 존경을 받든가, 아니면 유명한 화가가 되어 세상의 이목을 끌든가 하라는 식이었다. 심지어 고흐의 재능을 알아봤으면서도 그의 실력을 시샘하여 그의 약점을 들춰내는 어른도 있었다. 정작 고흐에게 필요한 어른은 돈을 많이 버는 자도 아니고 신의 사랑을 실천하는 자도 아니었다. 그렇다고 회화의 원칙을 세워 규정하는 자는 더욱 아니었다. 그저 자신에게 고여 있는 그 잠재력의 막힌 물꼬를 틔워주기만 하면 감사할 지경이었다.

작품을 만들어내고 자식을 낳은 어른은 진정한 권위를 지닌다. 권위(authority)의 라틴어 '아욱토리타스(auctoritas)'는 '만든 자' 또는 '낳은 자'인 '아욱토르'(auctor)에게 부여된 성질이다. 무엇을 창작해 낸 자(author)에게는 그 작품에 대해 통달하고 한결같은 어떤 능력이 있다. 그게 바로 권위다. 보좌를 만든 고대인들처럼 고흐는 바로 이런 권위가 세상에 존재한다고 믿었다. 바라는 길을 가지 않는다고 등을 돌린 아버지에게도, 또한 피를 보기까지 온통 통제하고 자기 방식만 고집하는 선배에게도, 억압하려는 권력만 있을 뿐 달관하고 일관된 그런 권위는 없었다.

## 울고 있는 어른

고흐는 죽기 전 2년 동안 '빈 의자'를 열심히 그렸다. 지상의 어디서도 그 의자에 걸맞은 진정한 권위를 보기 힘들었다. 참어른이 없었다. 말만 번지르르하게 하는 위선자들, 질투와 시기의 눈으로 꼬투리 잡아 숙청하는 혁명가들, 뭔가 선심 쓰듯 던져주고는 더 큰 잇속을 챙기는 선동가들만 있을 뿐이다. 하지만 죽던 해 고흐는 남겨두었던 '빈 의자'에 한 사람을 앉혔다. 두 손으로 얼굴을 가리고 휑한 머리를 숙인 채「울고 있는 노인」. 그 어른을 찾기까지 고흐는 빈 보좌를 남겨두었다.

고흐가 떠난 지 100년여가 지난 지금까지도 우리는 참된 어른을 기다리고 있다. 아마 더 나이 들고 머리가 하얗게 세거나 빠지더라도 그 마음은 더더욱 간절할 것이다. 그렇게 시대의 아버지가 절실했던 빈센트 반 고흐가 '현대미술의 아버지'가 되었다. 권위를 기다리며 그가 비워둔 '보좌'에는 이제 그의 권위가 빛난다.

나는 세상에 많은 빚과 책임을 지고 있다. (……) 내가 그림을 그리는 것은 예술적 취향을 만족시켜 주려는 것이 아니라, 진실한 인간의 감정을 표현하기 위해서다.

　　　　　　　　　　　　　　　　　　─빈센트 반 고호, 『편지』에서

우리의 비워둔 '보좌'에 이런 어른을 모시고 싶다. 한평생 더할 나위 없이 기쁠 것이다, 이런 어른이 되기 위해 산다면. 우리도 그때까지는 한구석에 '빈 의자'를 남겨둘 수밖에 없을 것이다.

「페르 탕기의 초상화」(1887)

「영원의 문에서(울고 있는 노인)」(1890)

# 나만의 향기를 뿜어라

코난 도일의 셜록 홈즈 시리즈 가운데 『바스커빌 가의 개』에는 편지지에 남은 향수 냄새를 통해 범인을 잡는 에피소드가 나온다. 범죄 전문가는 필수적으로 후각이 발달돼 있어야 한다는 설정이다. 역사상으로도 실제 그 냄새 때문에 붙잡힌 인물이 있다. 18세기 말 프랑스혁명이 일어나자 마리 앙투아네트는 시녀에게 자신의 대역을 맡긴다. 하지만 자기 몸에서만 나는 매혹적인 향 때문에 결국 잡히고 만다. 향수 때문에 비운의 여인이 된 것이다. 당시 왕족들이 그렇게까지 향수에 열광한 이유가 있었다.

마리 앙투아네트(1769)

## 유럽 최고 브랜드가 된 베네치아 향수

중세 도시의 고질병은 오물로 인한 악취였다. 성채와 성벽으로 둘러싸인 상황에서 공중변소의 배설물은 해자와 배수구에 마구 버려졌다. 또한 가옥들 사이의 하수구들이 노변에 방치된 채 곧장 강물이나 바다로까지 연결됐다. 대부분의 오물들이 밖에 그대로 드러난 상태라 미관상 흉했을 뿐만 아니라 그 악취는 코를 찔렀다. 더구나 14세기에 페스트가 유행하면서 당국은 공중목욕탕을 폐쇄시켰다. 이후 서양인들은 목욕뿐만 아니라 세탁도 자주 하지 않는 것이 습관화되어 몸에서 체취가 심하게 났다.

늦지대로 둘러싸여 악취가 심했던 베네치아는 일찍부터 향수에 관심을 갖게 되었다. 1003년 비잔틴 제국 황가 출신인 마리아 아르귀라가 베네치아 최고 지도자를 뜻하는 도제(Doge)의 아들인 조반니 오르셀로(983-1006)와 결혼했으며, 1071년에는 비잔틴 황제 콘스탄티누스 10세의 딸인 테오도레 두카스가 베네치아 도제 가문의 도메니코 셀보(?-1087)와 결혼했다. 우아하고 세련된 매력을 지녔던 이 두 명의 비잔틴 여인들은 자신들이 사용하던 향수를 갖고 베네치아로 들어와 신혼생활을 시작했다.

비잔틴 황녀들의 향기에 매혹되었던 베네치아인들에게 향수의 인기가 계속되면서 향수 관련 사업이 새롭게 번창해, 기존 교역 노선까지 개편되었다. 이 노선은 아시아, 아프리카, 유럽의 여러 항구도시들까지 포함하는 해양 노선으로, 각국의 항구들에서 원료와 가공품이 교환되었다. 이집트, 페르시아, 콘스탄티노플, 리디아로부터 향료가 다량으로 수입되었으며, 베네치아 장인들이 가공한 향수와 화장품, 비누는 유럽의 모든 왕실에서 크게 인기를 끌었다. 베네치아의 높은 장인정신과 실크로드 및 해양 노선이 결합되면서 르네상스 시기에 베네치아 향수는 최고의 브랜드가 되었다.

## 발자크의 '냄새 지리학'

향수가 주로 왕족과 귀족에게 사용되면서 이제 악취는 특정 계급과 구역에서만 풍기게 되었다. 어떤 직업을 가진 사람들인지, 어느 지역에서 왔는지에 따라 특정 냄새가 몸에 배어 있었고, 계급과 출신지를 경계 짓고 혐오하는 원인이 되었다. 이런 차별과 혐오는 1789년의 프랑스혁명 이후 왕족과 귀족이 힘을 잃

18세기 프랑스 향수 버너

고 부르주아 계급이 권력을 차지하고 나서도 계속되었다. 차별은 부르주아와 프롤레타리아 계급 사이에서도 심했지만 심지어 부르주아지 사이에서도 있었다.

근대화되기 전의 파리는 여전히 악취가 진동하는 데다가 산업혁명으로 인한 이주 빈민들로 붐볐다. 파리 시민들은 센 강변에 모여 살았고 다리 위에 집을 짓고 살기도 했다. 오물은 골목에 그대로 방치되었다. 이 시대에 살았던 오노레 드 발자크(1799-1850)는 파리를 주로 묘사한 작가이다. 『인간 희극』에서 발자크는 파리를 구획별로 냄새에 따라 구분했다. 또한 부르주아지와 프티부르주아지의 사회적 지위와 직업에 따라 경계를 지었다. 즉 "고상한 길, 존경받는 길, 더러운 길……" 등을 기준으로 지역을 나눈다. 예를 들면, 팔레루아얄 거리는 환락가와 증권거래소 지역이며 루브르궁전 옆에 있는 골목 골목은 우범지대라는 식이다.

부르주아지는 귀족 태생은 아니지만 재산을 가진 자들이었다. 도시의 대저택에 살며 대규모 상사나 기업, 거대 은행을 소유한 자산가들로, 이들은 프랑스혁명 후에도 귀족들의 생활양식을 모방하기에 급급했다. 반면 시골에 저택이 있으면서 소규모 상점이나 가내 수공업장, 전당포를 가진 자들이 프티부르주아지였다. 이들은 프롤레타리아트보다는 재산이 많았지만 자신들보다 재산이 훨씬 더 많았던 그랑부르주아지로부터 냄새로 인해 차별을 받았다.

그런데 19세기 중후반에 부르주아지도 아니고 프롤레타리아트도 아닌 '중간계급'의 숫자가 갑자기 늘어났다. 도시에 전기, 상수도, 하수도, 가스, 철도 등이 들어서면서 이 업무를 담당할 공무원들과 사무직 종사자들이 생겼고, 인구밀도가 높아지면서 초등교사들의 수도 증가했기 때문이다. 또한 출세하지 못하고 몰락하여 프롤레타리아트와 비슷한 처지에 놓이게 되는 부르주아지도 생겼다. 그렇게 되면서 부르주아지, 중간계급, 프롤레타리아트 사이의 계급갈등은 계속되었고, 적어도 19세기 말까지 이런 '냄새 지리학'이 통용되었다.

## 프루스트의 '후각 심리학'

20세기가 되면서 냄새에 따른 신분 차별은 약화되었다. 도시에 전기, 상하수도가 설치되고 상류계층이 독점하던 향수가 대중에게도 보급되었기 때문이다. 그렇다면 20세기 초에 냄새는 어떤 역할을 했을까?

프랑스 소설가 마르셀 프루스트(1871-1922)는 냄새를 기억의 문제와 관련시켰다. 여러 권으로 이루어진 그의 소설『잃어버린 시간을 찾아서』는 홍차에 적신 마들렌 과자의 냄새를 주인공

이 맡고 유년의 기억을 떠올리는 장면으로 시작된다. 냄새는 개인의 기억을 자극한다. 이 모티프는 프루스트의 소설뿐만 아니라 그의 유일한 시집인『시간의 빛깔을 한 몽상』에서도 동일하게 나타난다.

프루스트는 장미꽃이 "사랑의 향기를 발산했기 때문"에

"초인간적인 기쁨으로 충만해"졌다고(「꿈」) 밝힌다. 이것은 『잃어버린 시간을 찾아서』 1권을 떠오르게 한다. 마들렌이 섞인 홍차 한 모금이 입천장에 닿는 순간 주인공은 "감미로운 기쁨"이 자신을 사로잡으며 고립시켰고", "그 기쁨이 홍차와 과자 맛과 관련 있으면서도 그 맛을 훨씬 넘어섰으므로 맛과는 다른 성질이다."라고 고백했다. 그렇다면 향을 통해 얻은 기쁨이란 과연 무엇일까? 소설에서는 계속 궁금증만 유발하지만 시에서는 명쾌하게 대답해 준다.

> 제일 놀라운 것은 이 여인의 초자연적인 매력이었다. 그녀의 존재가 나에게 관능적이면서도 정신적인 열정의 흥분을 불러일으켰던 것이다. (……) 꿈은 모두 지워졌지만, 내 안에 여전히 그 항적(航跡)의 거품이나 관능적 향기 같은 커다란 동요를 남겨놓았다.
> ── 마르셀 프루스트, 「꿈」, 『시간의 빛깔을 한 몽상』에서

향기를 맡아 얻게 된 "초인간적 기쁨"은 다름 아닌 "초자연적 매력"을 가진 여인에 대한 몽상이었다. 비록 그 꿈이 모두 사라져도 자신 안에 남는 커다란 울림이 있다. 물론 프루스트는 "내 욕망"이 "육체적"으로 실현되지 않으면 극심한 "슬픔을 느꼈다."(「실재적 존재감」)고 말하거나 불같은 사랑 뒤에 오는 슬픔까지

도 솔직히 언급하였다.

어느 날 불현듯 헤어진 사람의 향이나 체취를 맡으면 그 사람이 떠오를 것이다. 하지만 또다시 찾아온 화려한 꿈을 기억하기 위해서는 지난 슬픔은 잊어버려야만 한다. "동양 담배의 가벼운 향기를 머금은 너의 입술 사이에서 나는 모든 것을 잊어버릴 것이다."(「실재적 존재감」)라며.

하지만 이 향이 슬픔을 줄 수 있다고 해서 거부해서는 안 된다. 향을 통해 얻게 된 몽상이 있어야 실재가 될 가능성이 그만큼 더 커지기 때문이다. 프루스트는 "이런 가상"이 "실재가 되는 힘"(「꿈」)이 있다고 고백한다.

> 그가 사라지고 난 뒤, 찬란했던 기억의 편린들을 떠올리려 온통 검은 대지 앞에서 그녀는 계속 회한에 잠겨 있었다.
> ── 마르셀 프루스트, 「바다」, 『시간의 빛깔을 한 몽상』에서

이 시구의 앞뒤 문맥을 보면 '그'는 태양이고 '그녀'는 바다라는 것을 알 수 있다. 낮 동안 비추던 태양이 사라지고 캄캄한 밤이 되었을 때 바다는 온통 검은 육지를 바라보며 회한에 잠겨 있다. 태양과 나눈 "찬란했던 기억의 편린들을 떠올리려" 한다. 낮이 과거가 되고 밤이 현재가 되었을 때, 낮과 밤의 시간을 병치할 수 있는 방법은 오직 몽상을 통해서다. 또한 아직 실재가 되지 않는 미래의 또 다른 낮을 현재로 불러올 수 있는 능력도 몽상이 있기 때문이다. 과거의 몽상은 회한이고, 미래의 몽상은 상상이다. 이렇듯 몽상은 다양한 "시간의 빛깔"로 향기를 통해 찾아온다.

지나간 과거에 대해 회한으로 찾아온 몽상은 오지 않는 시

간들을 나란히 겹쳐놓음으로써 슬픔을 뛰어넘는 강렬한 기쁨을 느낀다. 향기를 맡는 현재의 감각이 과거와 미래의 몽상을 통해 인간은 "초인간적 기쁨"을 맛보고 "초자연적 매력"을 느끼는 것이다.

그래서 프루스트는 "저속한 음악을 싫어할지언정 경멸하지는 말 것. 고급 음악보다 더 열정적으로 사람들이 연주하고 노래한다면"(「저속한 음악에 대한 찬사」)이라 말한다. 그러니까 향기를 통해 우리에게 찾아온 회한과 상상을 다 포용하고, 인생을 살려는 강렬한 열정을 느끼라고 몽상의 방법을 권유한 것이다. 그때 다시 찾아오는 행복이 있다.

> 이불 속에 데워진 내 손 안에서 네가 주었던 장미향 담배의 냄새가 되살아났다. 손에 입을 대고 한참 동안 나는 추억의 열기 속에서 애정과 행복과 "너"로 이루어진 진한 입김들을 발산하는 내 음을 들이마신다.
> — 마르셀 프루스트, 「진주목걸이」, 『시간의 빛깔을 한 몽상』에서

지금 우리 사회는 어떤가? 또다시 '냄새의 지리학'이 거론되고 있는 것 같다. 사실 프루스트보다 조금 늦게 태어난 조지 오웰(1903-1950)은 『위건 부두로 가는 길』에서 "하층 계급이나 냄새가 난다."라는 말을 했다. 사람의 체취는 섭취한 음식에 따른 분비물의 자연스러운 결과인데 근대 이후 그 냄새를 통제할 수 있었던 사람들이 30여 년 후 다시 통제하지 못하게 되었다. 그렇다, 빈부에 따른 신종 '냄새 지리학'이 다시 등장한 것이다.

요즘 들어 '냄새의 지리학'이 사라지고 냄새로 인한 '구분

짓기'가 아예 없을 수 있을는지 고민스럽다. 최소한 자신의 냄새를 통제할 수 있는 권리가 모든 사람들에게 주어진다면, 프루스트가 말하는 다음의 몽상이 가능할 것이다.

아무도 들을 수 없을지라도 우리는 영광스레 터무니없는 말들을 큰 소리로 외쳐대고, 키 작은 풀들은 고원의 가벼운 바람결에 살랑거리리라. 언덕길이라 그대가 발걸음을 늦추고 조금 헐떡일 때, 내 얼굴이 그대 숨결을 느끼려 다가가면 우리는 미칠 듯이 행복하리라.

── 마르셀 프루스트, 「실재적 존재감」, 『시간의 빛깔을 한 몽상』에서

마음껏 향기를 통제할 수 있고 냄새로 차별받지 않는 좋은 나라에서 살고 싶다. 바람 부는 언덕길이라도 꽃향기가 살랑거려서 가슴 벅찬 행복감을 흐뭇하게 느끼고 싶다.

# 육체의 상품화에
# 저항하라

일본의 로봇공학자 모리 마사히로는 1970년 인간이 유사 인간에 대해 느끼는 감정 이론을 발표했다. 밀랍 인형과 같은 유사인간을 보고 생기는 호감과 비호감의 그래프를 '언캐니 밸리 (Uncanny Valley)', 즉 '불쾌한 골짜기'라 하였다. 그래프로 볼 때 그 대상이 어느 수준 이상으로 인간을 닮으면 호감도가 곤두박질친다. 다시 인간에게 익숙한 감정을 불러일으키면 호감도는 상승하여 'V자'형 그래프선을 만든다. 인간을 그대로 닮은 인형과 로봇들이 쏟아지는 오늘날, 많은 제작자들은 '불쾌한 골짜기'에서 보이는 불쾌감에서 쾌감으로 바뀌는 그 지점에 신경 쓰고 있다.

---

### '패션 인형'에서 마네킹으로

프로이트는 가장 불쾌한 사물로 "밀랍인형, 마네킹, 자동인형"을 꼽았다. 그 이유에 대해 이런 사물들의 특징이 생물과 무생물, 인간과 비인간을 결합하고 있어서 사람들에게 일종의 혼란한 감정을 불러일으킨다고 설명한다. 그는 '혼란'의 감정이 유년기에 느꼈던 "실명, 거세, 죽음"에 대한 불안이자 그 속에서도 살고자 발버둥 치던 '자기보존'의 원초적인 감정이었다고 한다. 그런데 그 감정에서 일부 사람들은 쾌감을 느낀다고 했다. 프로이트가 말년에 관심을 보인 죽음충동 이론으로 요약하자면 유사인간 사물들이 사람들에게 삶과 죽음의 '혼란'을 일으키면서 무생물이 되고자 하는 인간의 죽음충동 때문에 일종의 쾌감을 준다는 것. 만약 '불쾌(언캐니)'에 대한 프로이트의 이론이 맞다면,

마네킹이나 휴머노이드의 일차적 목표는 인간을 그대로 모방하는 것일 뿐만 아니라, 불쾌감이 유쾌감으로 전환되는 또 다른 쾌감이 있다는 점에 유념해야 한다.

아직 패션 카탈로그가 없던 14세기에, 왕실 간에 최신 유행 패션을 과시하기 위해 인형이 교환되었다. 그런 교환 중에 프랑스 왕 앙리 4세(1553-1610) 때 이 '패션 인형'을 약혼녀 마리아 데 메디치(1575-1642)에게 선물로 보낸 것이 특별했다. 프랑스 패션 스타일로 꾸며진 이 인형은 피렌체의 새 신부가 혼수 장만을 하는 데 큰 도움이 되었다.

또한 태양왕 루이 14세(1638-1715) 시기에는 베르사유궁정의 최신 패션 경향을 반영하여 일상복은 작은 인형으로, 만찬용 고급 의상은 큰 인형으로 재현해 매달 유럽 각국의 궁정에 보냈다. 나무나 석고로 만들어진 몸통에 유리 눈을 박고, 머리에는 실제 머리카락이 있고 팔다리까지 움직일 수 있었다고 한다. '패션 인형'을 통해 파리 스타일이 유럽에서 절대 우위를 차지하게 됐다.

유럽 각국의 사람들은 이 인형을 보기 위해 관람료를 지불했으며 장인들은 고액을 지불하면서까지 이 인형을 가져다가 옷의 치수를 재어, 그 패턴대로 고객의 몸에 맞게 의상을 제작했다. 그런데 영국 사람들은 프랑스의 '패션 인형'을 그들 나름대로 새롭게 변용하여 발전시켰다. 18세기 영국에 있었던 '패션 인형'의 모습이 화가 조지프 라이트(Joseph Wright, 1734-1797)의 「고양이 옷 입히기(Two Girls Dressing a Kitten by Candlelight)」에 나타난다. 우측 하단에 누워 있는 인형은 설화석고로 만들어진 프랑스산 '패션 인형'이다. 마네킹이 등장하는 19세기 이전까지 '패션 인형'

조지프 라이트, 「고양이 옷 입히기」

은 그 역할을 톡톡히 해주
었다.

1900년대 진열창
에 유행 패션이 전시되면
서 마네킹이 일반화되었
다. 하지만 이 마네킹은 사
람들에게 거북함을 주었
다고 하는데, 그 모양이나
크기가 인간 신체와 거의
같았기 때문이다. 그래서
전신 마네킹은 아직 사용
되지 않다가, 1920년대에
마네킹이 사람들에게 친

숙해지면서 세계적으로 유행하게 되었다. 밀랍으로 제작된 이 마
네킹은 그 말랑말랑한 피부 질감이 시각적으로 느껴지면서 친근
감이 더해졌다.


## 초현실주의의 등장과 육체의 사물화

마네킹에 대한 불쾌감과 쾌감을 예술계에 계획적으로 도입
한 사람들이 있었다. 바로 초현실주의 예술가들이다. '초현실주의
(Surréalisme)'라는 용어를 처음 도입한 프랑스 시인 기욤 아폴리네
르(1880-1919)는 마네킹을 모티프로 한 일련의 시들을 썼다. 또한
아폴리네르와 영향을 주고받았던 이탈리아 화가인 조르조 데 키

**3부 현실에서 실재의 세계로**

리코(1888-1978)와 그의 동생 알베르토 사비니오(1891-1952) 역시 마네킹을 회화의 주제로 삼았다. 그뿐만 아니라 독일 화가 막스 에른스트(1891-1976)는 「신부의 해부학」(1921)을, 사진작가인 한스 벨머(1902-1975)는 기형적인 마네킹들의 사진집 「인형」(1934)을 내기도 했다. 초현실주의 작품에는 온통 마네킹들이 넘쳐났다.

20세기 초에 초현실주의자들이 등장한 이유가 있었다. 19세기 전까지만 해도 기계는 장인의 도구이자 보조물이었다. 하지만 19세기 후반부터 기계는 인간을 길들이기 시작했다. 이것은 마치 오늘날 인간이 스마트기기를 만들었지만 그 작동 원리에 적응하지 못하면 그 기계를 다룰 수가 없으므로 기계의 작동 방식에 자신을 맞추는 것과 같다. 20세기에 접어들면서 인간이 기계(의 작동 방식)를 닮아 가고 기계는 인간을 지배하기 시작했으며, 그래서 인간은 기계의 도구이자 보조물이라는 자각이 시작되었다.

사실 우리는 마네킹을 볼 때마다 인간의 육체를 사물(상품)로 개조하는 과정을 보게 된다. 인간을 모방해 유행 패션과 헤어스타일, 메이크업까지 잔뜩 갖춘 이상적인 마네킹을 만들었지만, 다른 한편

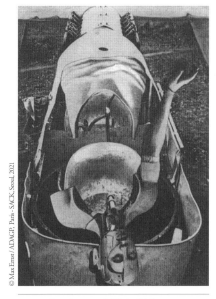

막스 에른스트, 「신부의 해부학」(1921)

으론 사람이 마네킹을 모방하게 되기 때문이다. 물론 이상적인 모습으로 자신의 신체를 직접 만들어 나가는 것도 자신을 표현하는 하나의 방식이다. 예를 들어, 운동을 규칙적으로 하고 다이어트를 하며 자신이 입는 옷의 색상 조화에 신경을 쓰는 것도 사실은 자신의 이상적 모습에 육체를 맞추는 것이다.

하지만 단순히 근사한 마네킹이나 모델의 몸매를 따라 하는 것은 주체성을 잃고 육체가 사물이 되는 또 하나의 예일 것이다. 당시 마네킹은 인간의 모방품일 뿐만 아니라 끔찍한 대체물이 되었다. 마찬가지로 오늘날 로봇이 우리 인간과 똑같아지는 것이 기쁘기도 하지만, 한편으론 우리가 사물처럼 취급되는 것은 아닌지 서글프기도 하다.


## 사물이 된 육체를 넘어

초현실주의 예술가들은 불쾌가 유쾌로 넘어가는 그 지점에 관심을 집중했다. 이들은 패션계에서 친근하게 사용되던 마네킹을 다시 거북해지도록 하기 시작했다. 나무, 금속, 플라스틱, 유리, 털 등의 다양한 재질로 마네킹의 부위를 제작하여 절단하고, 때로는 다른 물질들과 결합시켜 '혼종'의 형태로 만들었다.

이들이 이렇듯 불쾌한 것에 관심을 가진 이유는 프랑스 시인 앙드레 브르통(1896-1921)이 작성한 『초현실주의 선언문』(1924)에 잘 나타난다. 1차 세계대전 당시 프로이트의 정신분석을 토대로 의술을 펼친 군의관이었던 브르통은 이 선언문에서 마네킹과 '경이(merveilleux)'를 연결시키고 있다. 육체의 사물화인 마네킹을 보면서 인간은 불쾌하고 섬뜩하게 느낀다. 하지만 생명성과 물질성이 섞여 있는 그 마네킹으로부터 어떤 '경이로움'을 보게 된다. 불쾌한 것에 관심을 갖는 이유는 삶과 죽음, 또는 생명과 물질이 뒤섞인 혼란에서 오는 쾌감이었다. 브르통은 이것이 유쾌한 감정이자 아름다움이라 여겼다.

어떤 끔찍한 충격은 억누르기만 할 수 없는 법이다. 개인은 그 감정을 억누르고 있지만 불안과 공포를 일으킨 사물은 마음에 남아 있다. 공포심을 주었던 대상은 일반적으로 반복되면서 우리를 괴롭히는데, 이것을 '반복 강박' 또는 '억압된 것의 귀환'이라고 한다. 하지만 어느 순간 그 사물이 재등장할 때 불안감은 잦아들고 어떤 쾌감이 생기는데, 이것을 '언캐니'라고 한다. 그냥 '불쾌함'이라고 번역하면 매혹적인 감정까지 담지 못하기 때문에 이 단어는 그대로 쓸 수밖에 없다.

위에서 말한 '불쾌한 골짜기'에서 비호감으로 하락했던 선호도가 다시 호감으로 바뀌는 지점이 바로 '언캐니'의 지점이다. 최근 유행했던 각종 좀비류 문화 콘텐츠들을 볼 때 좀비는 처

한스 벨머, 「인형」(1934)

음에는 굉장히 거북한 존재이지만 색다른 감정도 주고 있다는 것을 알 수 있다. 브르통이나 프로이트의 설명처럼, '불쾌함'이 쾌감으로 바뀐 것이다. 이것은 좀비가 생명과 죽음이 뒤섞인 혼란스러운 존재, 그러니까 산 것도 아니고 그렇다고 죽은 것도 아닌 이중적 혼종의 존재이기에 오히려 더 매력 있다는 뜻이다.

초현실주의 예술가들은 삶과 죽음의 이중성을 산업자본주의가 만들어낸 기계 상품 속에서 보았다. 그들은 마네킹을 보면서 이런 이중성을 직관적으로 느꼈다. 초현실주의자들은 20세기 사람들이 어느덧 마네킹에 익숙해져 어떤 거부감도 없게 되자, 과감하게 톱과 망치를 들었다. 마네킹이 인간의 상징물로 옷을 입히는 도구가 아닌 이상, 또 그 사물이 인간의 대체물이 되어 인간을 맹종케 하는 이상 '토막 절단'을 계획한 것이다. 마네킹의 사지를 절단하고 이질적인 재료로 다시 이어 붙였다. 이들이 예술에 가한 새로운 비전은 "토막 절단(dismemberment)이 곧 구축"임을 보여주는 것이었고, 절단된 마네킹을 통해 이들은 합리화된 자본주의 사회에 다시 불쾌감을 선사한 것이다.


## 우리의 상처를 승화시키는 예술


2019년 베네치아비엔날레에 전시된 작품 중 자신의 육체를 소재로 창작한 작가의 작품이 있었다. 마리 카타야마(1987-)는 패치워크 직물, 장식 쿠션과 옷을 자신의 육체와 결합하거나 배치하여 작품 활동을 했다. 다리와 손에 영향을 미치는 희귀성 장애를 갖고 태어난 그녀는 결국 아홉 살에 다리를 절단하고 보조기를 차고 생활했다. 기성복을 입을 수 없었기 때문에 익숙해진 바느질로 화려한 옷과 장식품들을 만든 게 자연스럽게 작품의 소재가 되었다. 전시관에서 이질적인 재질로 자신의 몸과 배열되거나 착용된 그의 사진 작품들을 보았을 때 슬프도록 아름다웠다. 작가의 설명에 따르면, 학비를 벌기 위해 재즈바에서 노래를 불렀던 카타야마는 손님으로부터 "여자가 하이힐을 신지 못하면 더 이상 여자가 아니지!"라는 말을 들었다고 한다. 그녀는 이를 계기로 자신의 의족에 맞는 하이힐을 제작해 보란 듯이 걸었다. 이것 때문에 '하이힐 프로젝트'가 탄생했다고 한다.

인간은 삶과 죽음이 뒤섞인 존재를 통해 경이로움을 느낀다. 자신 속에 갖고 있는 두 요소 중에 죽음의 성질을 계속 억누르면 죽음은 자아로부터 분리되어 저승사자 내지 유령으로 우리를 찾아온다. 육체의 사물화를 넘어서려는 초현실주의자들의 노력은 이 죽음에 직면하여 그것을 승화하는 어떤 정신세계를 보이려는 것이었다. 그 하나의 예가 마네킹을 절단하여 새롭게 배치함으로써 가능했다. 우리는 거기서 일종의 예술적 아름다움을 느낀다. 그렇다면 그 시대보다 더 상품화된 우리 육체를 어떻게 극복할 수 있을까?

마리 카타야마는 자신에 대한 세상의 편견에 구속되지 않고 죽음과도 같은 육체, 사물화된 육체를 넘어서고 있다. 그녀가 자신의 육체를 이질적인 혼종의 존재로 만드는 것은 과거 모든 흔적들을 승화시켜 불쾌를 유쾌로 만드는 과정이었다. 상품이 되어버린 우리의 육체를 극복하기 위해 카타야마처럼 자신의 몸을 꿰매 작품을 만드는 바느질을 하고 싶다. 초현실주의자들이 마네킹에서 느꼈을 그런 '경이로움'을 직접 체험하고 싶다.

# '놀이'의
# 주체성을 되찾자

"포스트모던화는 큰 이야기의 쇠퇴를 의미한다." 일본의 평론가 아즈마 히로키(1971-)가 『게임적 리얼리즘의 탄생』에서 한 말이다. 거기에 덧붙여 "큰 이야기의 쇠퇴는 사람들의 현실 인식이 다양해진다는 것을 의미한다."고 하였다. 그의 말대로라면 현실 인식은 '거대담론'을 없애는 것에서 시작된다. 이전의 '작은 이야기'들은 그 밑에 있는 '큰 이야기'에 기생하고 있었다. 소설로 치자면 각 장의 이야기들은 주제와 관련해 이해되었고, 건축으로 치자면 인테리어 소품들이 건물 전체와 연결되어 의미를 가졌다. 뭐, 시위로 치자면 각 요구 사항은 지켜지는 둥 마는 둥 하나의 폼 나는 구호로 수렴되면 그뿐이었다. 이래저래 평범한 사람들은 '큰 이야기'에 주눅 들기 일쑤였다. 하지만 이제 '큰 이야기'를 부담스러워하는 것이 어느덧 대세가 되었다.

## 이야기 소비에서 데이터베이스 소비로

서양에서는 포스트모던 이후로 구호, 이데올로기, 주제, 거대담론이 지탄의 대상이 되었다. 그 주된 까닭은 경제, 군사, 외교, 정치판에서 '큰 이야기'가 강요되면서 동의하지 않는 사람들을 배제시켰기 때문이다. 아즈마 히로키의 설명에 따르면, 일본에서는 1979년에 시작된 애니메이션 「건담」 시리즈와 1995년에 방송 개시된 「신세기 에반게리온」에 있어 그 팬들의 소비 방식이 판이하게 달랐다. '건담'의 팬들은 허구의 이야기를 열심히 탐구했던 반면, '에반게리온'의 팬들은 캐릭터들을 소재로 또 다른 창작을 하고 등장인물을 피규어로 제작하는 일 등에 몰입하는 편이었다. 2000년대 이후 일본 오타쿠계 문화에서 '큰 이야기'가 사라지고 '데이터베이스'로 대체되어 소비된 것이다.

'데이터베이스 소비'는 게임에서도 볼 수 있다. 우리가 게임에 매달리는 이유 중 하나는 '게임 오버'되더라도 '리셋'할 수 있기 때문이다. 이전과 다른 방식으로 캐릭터와 연결시킨 옵션에 따라 전혀 다른 이야기를 구성할 수 있다. 캐릭터만 있다면 심지어 몇 번이고 죽더라도 리셋과 함께 처음부터 게임을 즐길 수 있다. 잡다한 게임의 스토리보다는 캐릭터들이 기억의 저변에 자리 잡는다.

각각의 캐릭터가 있고 '말수 적음, 파란 머리, 흰 피부, 신비한 능력'처럼 캐릭터의 특성이 있다. 이것들이 모여 데이터베이스가 되고, 이것을 새롭게 구성하여 '데이터베이스 소비'가 된다. '데이터베이스 소비'는 포스트모더니즘이 거대담론이나 이데올로기에서 벗어나 캐릭터와 그 배치에 대한 관심으로, 또한 창작자 주도형에서 소비자 주도형으로, 그뿐 아니라 이야기를 좋아하는 세대에서 시스템을 좋아하는 세대로 전환되었음을 보여준다.

얼마 전까지만 해도 마케팅 분야에서 한참 '큰 이야기'가 강조되었다. 이 상품을 구입하면 그 수익의 얼마가 오지의 아이들에게 돌아간다느니, 재생원료를 사용해서 지구 환경을 생각한다느니 하는 광고 카피가 먹혀들었다. 상품을 홍보할 때 의미를 던져주는 스토리를 덧입히면 분명히 판매량에 영향을 미쳤다. 고객들은 이런 문구를 통해 그 브랜드의 세계관을 보고 상품을 구입했다. 하지만 이제는 그렇지 않다. 우리 가운데는 문자로 기록된 미디어에 비해 이미지가 많은 만화를 잘 이해하지 못하고 판타지소설이나 마블 시리즈를 이해하지 못하는 세대가 있다. 이런 세대는 영화나 사진, 그림, 만화, 비디오를 무시하고 오로지 책만 강요한다. 스마트폰에 익숙해진 세대는 이미 그런 소비를 하고 있지 않은데도 말이다. '데이터베이스 소비' 세대에게 '큰 이야기'를 강조하는 세대는 '음모론'까지 퍼뜨리며 거대담론을 수호할 것이다. 하지만 그런 시대는 이미 한물갔다.

## 데이터베이스의 함정

데이터베이스 기술이 유감없이 작동되는 곳은 검색엔진에서다. 어떤 정보를 얻으려는 이용자를 특정 웹페이지로 접속시키는 검색엔진은 그 웹페이지의 저작권을 소유하지 않았다. 접속만 시킬 뿐인데도 정보가 많으면 많을수록 더 많은 검색을 유발하고, 검색이 많으면 광고를 더 많이 노출시킬 수 있다. 당연히 검색엔진을 제공하는 업체들은 광고 수익을 높이기 위해서 더 많은 정보 데이터를 얻고자 한다. 그러다 보니 사용자가 검색을 위해 링크된 사이트에 막상 접속하면 원치 않는 광고로 홍역을 치를 때가 많다.

우리는 검색 외에도 특정 단어나 이미지, 음악 소스를 사용할 때, 계좌에서 입출금이나 이체를 할 때 특정 데이터베이스에 접근해야 한다. 스마트폰의 전화번호 주소록, 수첩에 적어놓은 기록들 또한 그렇고 도표나 명단을 파일로 만들어 검색할 수 있다면 이것도 하나의 데이터베이스다. 우리는 특정 업체의 데이터베이스에 신상이 담긴 정보를 올리고 우리가 방문한 웹페이지와 검색어, 온라인 쇼핑 정보, 위치 정보까지 남긴다. 알지도 못하는 사이에 문자며 통화 내역 등 사용 정보가 데이터베이스 안에 고스란히 남아 있다.

하지만 데이터 입력이 잘못돼 오류가 있거나 관리 부실로 데이터 품질이 보장되지 않는다면 엄청난 피해를 입기 마련이다. 특히 데이터에 대한 의존도가 높을수록 데이터 오류로 입은 피해는 상상을 초월한다. 더구나 저장된 데이터는 사용자나 데이터베이스를 갖춘 회사의 서비스를 향상시키는 데에만 사용되지 않는다. 이 정보는 광고주와 마케터에게 매년 헐값에 팔려 활용되거나 간혹 불법으로 개인정보가 판매되는 경우도 있다. 인터넷이 정보 공유, 소셜미디어 시대를 열었고 자신의 목소리를 표현하는 수단이 되었지만, 그 접속에서 얻게 된 이윤은 대부분 사유화되고 독점되어 갔다. 온라인상에서 편리하다는 이유로 우리는 마땅한 권리마저 포기한 듯 살아간다.

중앙통제 및 해킹, 데이터 유출 등은 폐쇄적인 네트워크 안에서 수직형 데이터베이스가 안고 있는 문제점들이다. 이것은 교리나 이데올로기, 세계관과 같은 거대담론이 지배하던 시대의 작동 원리와 별반 다르지 않다. 이런 문제점은 표면적으로는 데이터베이스를 소비하더라도 여전하다. 그도 그럴 것이 어떤 데이터베이스든지 그 안에 과잉의 정보가 있기 마련이고 이윤을 남기기에 급급한 서비스 제공업체들의 방식을 무턱대고 따라가다 보면 사용자는 손해를 보기 마련이다. 그들에게 휘둘리지 않는 새로운 플랫폼이 필요하며, 우리의 신상 정보는 보호되어야 한다.

## '놀이하는 인간'의 주체성을 회복하라

건전한 '데이터베이스 소비'를 위해서는 사용자가 데이터를 운용할 수 있는 시스템과 주체성이 필요하다. 다행히 '웹4.0'과 앞으로 올 '웹5.0, 웹6.0'을 통해 이런 시스템이 하나둘 현실화될 것이다. 사용자는 서비스 제공자가 구성해 놓은 방식을 무턱대고 따르는 대신 주도적으로 정보를 활용할 수 있다. 게이머들도 캐릭터들과 그 속성들을 더욱 자유롭게 구성할 수 있을 것이다. 벌써 애니메이션, 웹툰, 영화, 문학 등의 창작자들은 한 사람의 시점이 아니라 등장인물들의 각기 다른 시점으로 사건을 묘사하여 일방적 세계관을 억지로 주입하지 않는다. 원작자는 데이터베이스 안에 축적된 캐릭터와 그 특성들을 사용자가 상상력을 발휘해 마음껏 활용하도록 함으로써 원작의 성격이나 자신의 의도와는 상관없이 온갖 이야기를 구성토록 하고 있다. 이때 필요한 것이 사용자의 주체성이다.

사용자의 주도적인 '데이터베이스 소비'의 한 예로 'BTS 현상'을 들 수 있다. 팬들은 BTS의 뮤직비디오를 보고 자유롭게 리액션 영상을 만들어 올렸다. 그러자 같은 취향을 가진 사람들이 팬덤을 형성하면서 타인에게 이를 권하는 방식으로 팬들은 계속 늘어났다. 또한 빅히트엔터테인먼트가 음반뿐 아니라 비디오, 웹툰, 도서, 다큐 등의 미디어를 제작하고 BTS의 캐릭터와 이모지를 데이터베이스화시키면서 팬들은 기획자의 뜻과 무관하게 자신들의 해석을 담아 마음껏 즐길 수 있었다. 'BTS게임'까지 만들어진다고 하니, 팬들이 어디까지 주체적인 리액션을 펼칠지 기대가 된다.

캐릭터들은 게임, 만화, 애니메이션, 소설, 일러스트, 트레이딩카드, 피규어, 기타 여러 상품처럼 미디어의 경계를 허무는 트랜스미디어 시대에 우리의 뇌리에 줄곧 남아 있다. 이런 다양한 캐릭터들 속에서 어떤 이야기가 맞고 틀리는지는 그렇게 중요한 것이 아니다. 이야기의 내용 자체보다는 상상력을 동원해 캐릭터들과의 새로운 이야기가 계속된다는 것, 그리고 거기에 사용자가 즐길 수 있다는 것이 값진 경험이다. 트랜스미디어에서 원본과 복사본의 구별은 사라지고 캐릭터와 그것에 대한 향유만 있을 뿐이다.

사용자가 주체성을 회복할 때, '데이터베이스 소비'는 '큰 이야기'가 사라진 후 '끝나지 않는 일상'을 넘어가기 위한 하나의 삶의 형태가 되었다. 즐기면서 일상을 살아가는 것이 바로 '게임적 현실'이다. 어쩌면 우리는 '놀이하는 인간', '호모루덴스'이기 때문에, 우리의 삶이란 이런 게임의 연속인지도 모른다.

컴퓨터가 있기 전부터 게임 속에는 상상이 있었다. 상상과 현실을 구태여 구분할 필요도 없는 놀이의 세계가 있었다. 그 놀이 속에서 우리는 장기판과 같은 상징 체계를 만들고 또 그런 현실을 받아들이게 되었다. 내게 주어진 하루하루의 '끝나지 않는 일상'을 넘어가기 위해서 현실을 '거대담론'으로 이해하기보다는 놀이마당으로 여기면 어떨까. 대의명분과 구호, 그리고 인생의 목표라는 큰 이야기는 일종의 폭력 내지는 허구일 수도 있다. 그런 큰 이야기는 강박증만 높일 수 있기 때문이다.

오늘 저장 용량 때문에 불필요하거나 중복된 데이터를 스마트폰과 PC, 클라우드에서 큰맘 먹고 삭제했다. 여기저기 저장 장치에 흩어진 데이터를 통합도 했다. 그리고 알게 됐다. 남겨진 것은 잊지 못할 사람들의 사진과 그 기록들이라는 것을. 고대 신화 공부를 하다 남는 게 캐릭터의 특성으로 흡수된 신과 인간이듯, 내 주변의 캐릭터들과 그들의 특성들만 남았다. 이제는 그 추억을 더듬으며 '데이터베이스 소비'를 시작하련다. 그리고 언젠가 추억이 될 현실의 등장인물들, 곧 나의 일상에서 만나는 사람들과 자유롭게 '놀이마당'을 펼치고 싶다. 오래전에 본 영화의 대사가 이런 '놀이마당'을 잘 표현하는 것 같다.

> "너는 죽어 다시 태어나면 뭐가 되고프냐, 양반으로 나면 좋으련?"
>
> "아니, 싫다."
>
> "그럼 왕으로 나면 좋으련?"
>
> "그것도 싫다. 나는 광대로 다시 태어날란다."
>
> "이놈아, 광대 짓에 목숨을 팔고도 또 광대냐?"
>
> "그러는 네년은 뭐가 되고프냐?"
>
> "나야 두말할 것 없이 광대! 광대지!"
>
> (……)
>
> 그래, 징한 놈의 세상.
>
> 하룻밤 신명나게 놀다 가면 그뿐.
>
> 광대로 다시 만나 제대로 한번 맞춰보자.
>
> ──영화 「왕의 남자」에서

큰소리치는 양반도 없고, 힘으로 겁박하는 왕도 없는 인생의 놀이판에서 신명나게 제대로 한번 놀아보자. 인간은 놀이하는 존재다!

## 아포칼립스와
## 포스트아포칼립스

---

# 현재에 집중하라

파국적인 세상을 그린 대표작으로 올더스 헉슬리의 『멋진 신세계』, 조지 오웰의 『1984』와 이 두 소설에 영감을 준 예브게니 자먀찐의 『우리들』을 꼽을 수 있다. 그 기본 플롯은 고도로 발달한 과학기술을 국가가 악용해 개인의 인권과 자유를 억압한다는 이야기로 구성되어 있다. 1920년대 과학 문명의 발전과 세계대전의 쓰라린 아픔, 구소련의 전체주의가 이런 장르를 가능케 했는데, 이러한 서사를 흔히 '아포칼립스'라 부른다.

## 아포칼립스, 숨겨진 것을 드러내다

'아포칼립스'는 그리스어로 '숨겨진 것을 드러냄'을 뜻한다. 이것은 종교 문학의 한 장르로 시작되어 '심판', '종말', '말세' 등 다양한 의미를 지닌 채 보통은 '묵시사상'이라 번역된다. 기원전 6세기 유대의 바빌론 포로기 때 시작된 묵시사상은 일부 예언서에 대한 유대인의 해석에 영향을 미쳤다. 또한 1세기 로마의 속주 시절까지 계속되어 '아포칼립시스'가 제목과 서두에 나타나는 신약성서 「요한계시록」이 기록되었다. 이때 '계시'라는 말이 '아포칼립스'다.

그런데 유대 민족의 고리타분한 이야기에 불과했을 '아포칼립스'에 대한 주제는 2000년대 이후 유대 사상과는 무관하게 줄곧 문학과 영화에서 활발하게 다뤄지고 있다. 세계 문학에서 가즈오 이시구로의 『나를 보내지 마』(2009), 율리 체의 『어떤 소송』(2013)이라든가, 한국 문학에서는 정용준의 『바벨』(2013), 손

홍규의『서울』(2014), 유진목의『디스옥타비아』(2017), 장은진의
『날짜 없음』(2017), 최진영의『해가 지는 곳으로』(2017) 등이 있
다. 문학뿐만 아니라 영화들도 파국을 주제로 지속적으로 제작
되었는데, 우리나라에서만 봐도「연가시」(2012),「타워」(2012),
「더 테러 라이브」(2013),「감기」(2013),「부산행」(2016),「터널」
(2016),「판도라」(2016) 등이 그렇다. 이제 곧 세상에 파국이 닥친
다는 '종말론'과 그 위기를 모면하기 위해 저항하여 유토피아나
디스토피아를 만난다는 내용이 '묵시문학'의 흔한 줄거리다.

　　미국의 문화비평가 프레드릭 제임슨(1934-)의 저서『정치
적 무의식』에 따르면, 문학에서 '아포칼립스'는 세계가 총체적 위
기에 직면했을 때 그에 대응하여 등장하는 '종말의 상상력'이다.
특히 이 상상력은 텍스트를 해석할 때 "드러난 의미 뒤의 잠재적
의미"를 찾는 데 도움을 준다. '종말의 상상력'이 필요한 이유는
텍스트의 표면에 드러난 내용이 본래 내포하고 있는 심층의 잠
재적 의미와 다르기 때문이다.

　　어찌 보면 겉으로 드러나는 행동과 마음속에 품고 있는 생
각이 다른 사람, 속과 겉이 다른 사람과의 빈번한 만남 속에서
'아포칼립스 상상력'은 손해를 입지 않으려는 당연한 반응이다.
표면에 드러나지 않은 숨은 의미를 찾으려는 의도에서 아포칼립
스의 전통이 자연스럽게 생겼고, 이것은 인간관계뿐만 아니라 아
직 오지 않은 미래의 일을 대비하기 위해서도 필요했다.

　　'묵시문학'은 재난과 재해라는 파국적 상황이 전제되고, 그
것의 비밀을 벗겨 해석하는 '파국'과 '계시'의 이중 구조를 갖고
있다. 특히 비밀을 벗겨낸다는 점에서 제임슨이 말하는 '아포칼
립스 상상력'은 앞에서 언급한 유대의 묵시사상과 크게 다르지

않다. 역사적으로 볼 때 묵시사상은 70년에 유대인들이 예루살렘을 로마에 빼앗기면서 끝났지만, 이후 중동 지역의 민간신앙과 초대 기독교, 이슬람교에서 공통적으로 나타나며 서구문명 전역으로 퍼져나가 현재에 이르기까지 줄곧 반복되고 있다. 인간에게는 정치, 경제, 사회, 환경, 자연재해를 계속 겪으면서 그 뒤에 이루어질 미래의 비밀을 알고 싶어 하는 강한 호기심, 즉 '파국'과 '계시'의 구조가 상존한다.

## '포스트아포칼립스' 시대의 권력 해체

'아포칼립스'의 또 다른 형태가 2차 세계대전 직후인 1950년대에 이르러 '포스트아포칼립스'의 형태로 잠시 동안 등장했다. 이것은 나치의 유대인 박해와 인간의 반인류적인 만행에서 '살아남은 자'들을 주제로 한 소설들이었다. 하지만 이런 주제는 냉전 종식 이후 세계화가 본격화되면서 잠시 주춤했다. 이윽고 새로운 세계 질서에 대한 유토피아 담론이 만들어졌다.

그런데 2000년대에 이르자 맥이 끊긴 것 같았던 '파국 서사'가 다

귀스타브 도레, 「계시록의 죽음」(1865)

시 득세하면서 '아포칼립스'와 '포스트아포칼립스' 장르가 함께 공존하게 되었다. 2001년에 발발한 9·11사태를 필두로 2008년 세계금융위기, 2011년의 후쿠시마원전 사고와 변종 바이러스의 확산 등 지구 종말에 대한 공포가 그 주요 원인으로 지목된다.

앞서 언급한 '아포칼립스'가 총체적 몰락으로 향하는 과정을 묘사한다면, '포스트아포칼립스'는 몰락한 이후 생존한 인간들의 삶을 다룬다. 그러니까 '포스트아포칼립스'에서는 파국 이후 종말의 끝에 완성될 유토피아나 디스토피아에 강조점이 있는 것이 아니라 생존자들이 재건하는 그 삶 자체에 강조점이 있다. 살아남은 자들은 남들을 대신해 죽는 희생자들, 다양한 목적을 가진 소규모 집단들, 파국으로부터 사람들을 구하는 지도자들, 해체된 정부 세력 등으로 범주화된다. 『워킹데드』와 같은 좀비 서사를 비롯한 살아남은 자들의 각종 이야기가 이에 속한다.

이때 살아남은 자들은 자원부족 속에 생활하는데, 환경 담론이 주로 다뤄진다. 환경 문제가 '아포칼립스'와 '포스트아포칼립스'에서 파국의 원인으로 제시된다는 점은 거의 비슷하다. 하지만 파국 이후 생존하는 경우 환경 담론은 인간과 자연이 분리되었다는 자각을 통해 자연과 다시 공생하려는 의지로 표출된다. 또한 생존자들에게 자원이 부족한 이유는 본인들 자신이 환경에 대한 책임을 등한히한 것과 관련된다. 지구온난화, 오존층 감소, 바이러스 실험, 살충제 및 살균제의 오남용, 핵전쟁과 같은 이슈가 심심찮게 파국 서사에 나타나는 것은 환경에 대한 인간의 책임을 더욱 분명히함과 동시에 하나의 경종을 울리기도 한다.

공공정책과 생활방식에 즉각적인 변화가 없으면 전 지구적 재앙으로 이어질 것이라는 암시다. 물론 인간과 관련된 환경문제외에도 홍수, 태풍, 대지진, 화산 폭발, 전염병 등의 자연재해와 행성 충돌, 외계 침공으로 인한 문명의 몰락이 파국의 원인으로 묘사되기도 한다.

또한 '포스트아포칼립스'는 거대 권력을 해체하여 새로운 세상을 재건하는데, 흔히 자본가들이 거대 권력으로 등장한다. 그렇다면 왜 '파국 서사'에 자본주의를 해체한다는 내용이 많은 것일까? 1989년 동구권 사회주의의 몰락에 이어 1991년 소비에트 체제가 붕괴하자 신자유주의적 자본주의가 세계 도처에 퍼져 나갔다. 거의 모든 국가는 금융자본주의 체제로 진입하였고, 자본의 실체는 복잡하고 파악하기 어렵게 되었다. 그런데 다른 사람들보다 먼저 자본을 축적한 금융자본가들은 공정한 경쟁 대신 기득권을 이용해 세습을 더욱 공고히해 나갔다. 오늘날 우리사회에서 자주 거론되는 '세습자본주의'라는 단어도 이런 현상을 반영하고 있다.

이런 비정상적 자본주의 체제가 더 이상 다른 체제로 바뀔 수 없다는 절망감은 앞에서 프레드릭 제임슨이 말했던 '아포칼립스 상상력'을 곤란하게 한다. 신분과 계급이 핏줄에 따라 결정되던 시대는 이미 사라졌음에도, 자본주의가 또다시 세습의 성격을 지녔다는 것이 많은 사람들에게 절망감을 주었다. 이런 상황이 자본가의 해체라는 상상력을 자극하여 '포스트아포칼립스'의 단골 메뉴가 되었다.

## 영화가 끝나고 엔딩크레디트가 나올 때,
## 비로소 아름다운 음악이 흐른다

이탈리아의 철학자 조르조 아감벤(1942-)은 철학자로서는 특이하게 '종말론'의 문제를 자신의 과업으로 삼았다. 그는 그동안 서구 전통은 신의 구원이 종말에 이루어진다고 오해하여 마지막 날에만 관심을 가졌고 그 결과 현재보다는 종말 자체에 주의를 기울이게 만들었다고 주장한다. 아감벤은 다가오는 종말이 아니라 현재가 중시되어야 한다고 한다. 그도 그럴 것이 현재는 무의미한 시간이 아니라 신의 '통치(il Regno)'가 계속되고 있는 값진 시간이기 때문이다.

발터 벤야민은 "주님의 날이 밤에 도둑처럼 온다."는 사도 바울의 의미를 완벽하게 이해한 후에 '매일, 매 순간이 메시아가 도래하는 작은 문'이라고 기록했다. (……) 결론적으로 바울은 시간의 끝점인 마지막 날이 아니라 계약을 맺어 종말을 시작하는 시

간에 관심을 두었다. 그러니까 (종말의) 시작 시간과 마지막 사이에 남겨진 것이 메시아의 시간이라고 할 수 있다.

— 조르조 아감벤, 『교회와 통치(La Chiesa e il Regno)』에서


아감벤은 종말을 시작과 끝으로 나누고 그 "사이에 남겨진 것이 메시아의 시간" 즉 "메시아가 날마다 도래하는" 현재라고 해석한다. 특히 그는 『통치와 영광(Il Regno e la Gloria)』에서 독일의 문학평론가이자 철학자였던 발터 벤야민(1892-1940)이 '종말론 사무소(il bureau escatologico)'를 다시 개업하려고 했다고 은유적으로 말한다. 이전에 '종말론 사무소'가 문을 닫았던 이유는 서구 전통이 종말의 끝에만 주의를 기울여 다룰 업무가 사라졌기 때문이다. 하지만 아감벤의 암시적 표현에 따르면, 벤야민은 이것을 다시 개업하여 "매일, 매 순간 메시아가 도래하는 작은 문"으로 현재를 만들려고 했다. '종말론 사무소'는 종말의 끝이 아닌, 종말의 시작과 끝 사이의 시간인 현재에 집중하도록 하는 것이 그 주요 업무다.

그렇다면 그동안 서구 사회가 종말의 시작이 아닌 그 끝에만 주의를 기울인 가장 큰 이유는 무엇일까? 필자의 생각에 그것은 바로 묵시사상 '아포칼립스' 때문이다. 유대교가 바빌론 포로 시대 영향을 받은 것으로 알려진 묵시사상은 앞에서도 말했듯이 로마의 지배를 받았던 서기 1세기까지 계속되었다. 유대인들에게 묵시사상은 전쟁 이후 마지막 날에 신이 다스리는 유토피아가 있을 것이라는 확신을 줌으로써 로마의 통치에 대한 반감을 부추겨 현실을 부정하고 유대 전쟁을 일으키게 만들었다. 하지만 유대인들은 로마에 패배하여 나라를 빼앗기고 만다. 전 세

계로 흩어진 유대인들은 이 모든 것의 원인이 묵시사상 때문이라고 생각하였다. 유대교는 그제야 기존 질서와 가치 체계, 사회를 부정하는 묵시사상의 위험성을 알고는 구약성서(마소라 사본)에서 묵시문학을 모두 제거하였다.

'아포칼립스'는 유토피아가 됐든 디스토피아가 됐든 그 종말의 끝에 초점을 맞춰 결국 현재를 무시하고 회피하게 만들 우려가 있다. 이런 커다란 약점을 막을 수 있는 길이 현대의 '포스트아포칼립스' 서사에 나타난다. 항상 그렇듯 문학이나 영화에서 디스토피아로 끝나도 또다시 도전하게 만든다면 그것은 '포스트아포칼립스'다. 그 서사는 종말의 때에 생존과 재건을 숙고하도록 만든다. 파국의 시대라도 끝까지 남아 새로운 세상을 만들 용기를 준다. '아포칼립스'였다면 하나의 대안을 그 완성으로 삼고 끝났을 것이지만, '포스트아포칼립스'는 하나의 대안으로는 도저히 해결될 수 없는 현실, 그것이 전염병과 같은 자연재해이든 인재이든 아니면 그 무엇이 가로놓여도 끝까지 생존하도록 할 것이다.

영화 스크린에 'The End'가 보여도 자리를 뜨지 않을 때, 그때에야 비로소 아름다운 음악을 감상할 수 있고 때로는 잠시 지난 후 재밌는 쿠키 영상도 볼 수 있다. '포스트아포칼립스'가 그렇다. 그것이 '남은 자'로 현재를 사는 벤야민과 아감벤 식의 '종말론 사무소'의 주 업무이자 재건의 시작이다. 이 사무소의 업무로, 종말은 계속된다.

# 지속 가능한

# '지구 공동체'

신종 코로나바이러스 감염증의 공식 명칭이 세계보건기구
(WHO)에 의해 'COVID-19'로 결정됐다. 'CO'는 코로나, 'VI'
는 바이러스, 'D'는 질병, 19는 발병 시기인 2019년을 뜻한다. 과
거 유행했던 '사스'와 '메르스'도 코로나바이러스의 일종이다. 코
로나바이러스는 외피의 단백질이 왕관 모양의 특이한 구조로 박
혀 있어, 왕관을 의미하는 라틴어 코로나(corona)로부터 그 이름
이 유래했다. 이 바이러스가 처음 나타난 1937년에는 닭에서, 이
후 박쥐, 새, 고양이, 개, 소, 돼지, 쥐 등 다양한 동물에서 발견되
었다. 이번 '코로나19'의 원인을 두고 박쥐인지 뱀인지 아니면 천
산갑인지, 그 정확한 감염 경로에 대해 논란은 있지만 야생동물
인 것만큼은 분명하다.

## 절벽생태계, 공생의 흔적들

최근 범유행(pandemic) 바이러스의 공통점은 동물의 병원
체가 인간까지 감염시키는 인수공통감염이라는 점이다. 이 감염
을 말할 때 유독 박쥐가 그 매개자로 자주 지목된다. 몇 해 전 '사
스'는 박쥐에 있던 바이러스가 사향고양이로 옮겨진 뒤 다시 사
람에게 전파됐고, '메르스'는 박쥐에서 중간 숙주를 거쳐 사람으
로 전염되었으며, '에볼라'의 첫 감염 장소도 박쥐 떼와 관련되었
다고 한다.

박쥐는 절벽에 있는 동굴에 산다. 절벽에 서식하는 생명체
와 그들을 둘러싼 환경을 연구하는 '절벽생태학(Cliff Ecology)'에

서는 '절벽생태계(Cliff Ecosystem)'에 관심을 갖는다. 그 생태계에 사는 동물로는 두꺼비와 같은 양서류를 비롯해 도마뱀, 뱀과 같은 파충류, 거위, 독수리, 매, 비둘기, 올빼미, 제비, 까마귀, 까치, 지빠귀, 부엉이, 찌르레기, 방울새와 같은 조류, 그리고 박쥐, 다람쥐, 마멋, 쥐, 코요테, 여우, 흑곰, 담비, 족제비, 스컹크, 스라소니, 고양이, 염소, 양 등의 포유류가 있다.

그런데 『절벽생태학: 절벽생태계에서의 패턴과 과정』의 저자 더글라스 라르손(1926-2017)은 이런 동물들뿐만 아니라 인간도 거기에 있었다고 주장한다. 호모에렉투스와 호모네안데르탈렌시스에서 호모사피엔스에 이르는 인류 화석이 이스라엘 카멜산을 포함하여 아프리카, 아시아 및 유럽의 절벽에 있는 동굴에서 수집되었다고 한다.

'절벽생태학'에 따르면, 구석기시대 사람들은 절벽에 집을 짓고 살았는데 습도가 적당하고 병원균을 옮기는 모기와 같은 해충의 피해도 적어서 안성맞춤이었다. 동굴 안에는 인간이 도구를 제작하던 흔적과 벽화, 그리고 동물의 뼈 등이 함께 발견되었다. 절벽에 서식했던 동물들은 사람과 공생한 것으로 추측된다. 지금까지 인간 주변에 사는 쥐와 비둘기 등 특정 동물들은 구석기시대부터 같은 생태계를 형성했던 본능을 갖고 있다.

인류의 절벽 거주는 농경 시기와 겹치는데, 그리스와 지중해 및 중앙아시아 주변의 절벽에 그 모습이 남아 있다. 고대 인류는 농경 시기가 본격화되면서 절벽을 떠나게 되었고, 이후로는 가끔만 동굴에 거주한다. 그 예로 미국 뉴멕시코주의 선주민 유적지 '반델리어 국립기념물'이 있다. 그러고 보면 오늘날 우리가 고층 아파트나 빌딩에서 아무렇지도 않게 살 수 있는 것은 우리

조상들이 절벽의 그 '암석 대피소'에서 살았기 때문인지도 모른다. 지금의 콘크리트 고층건물은 그 시기의 특성을 반영한 하나의 환경일 수 있겠다.

## 바이러스 사냥

농경시대를 거쳐 산업시대에 이르는 오랜 기간 동안 인간이 해결해야 할 가장 큰 과제는 위생, 즉 전염병의 예방과 치료법을 발견하는 것이었다. 19세기 중반이 지나서 미생물의 존재가 밝혀지고 그 가운데 전염병을 일으키는 세균과 바이러스가 있다는 사실이 알려졌다. 세균학의 아버지인 루이 파스퇴르(1822-1895)와 로베르트 코흐(1843-1910)가 병원균을 발견한 이후 비밀에 싸여 있던 전염병의 원인이 하나둘 드러나기 시작했다.

하지만 세균을 병원체로 여기는 것으로는 구명되지 않는 질병이 있었는데, 천연두, 홍역, 소아마비, 인플루엔자 등이 대표적인 예였다. 드디어 1898년 이런 전염병의 병원체는 세균보다 더 작은 미생물인 것으로 밝혀지면서 '독즙' 또는 '독가스'를 뜻하는 라틴어 '비루스(virus)'라 명명되었다. 1933년 전자현미경이 개발되면서 바이러스의 구조까지 확인할 수 있게 되었다.

바이러스 중에 가장 위협적인 것은 독감을 일으키는 '인플루엔자'다. '영향을 받는다'는 뜻의 '인플루엔자'라는 용어는 바이러스의 존재를 모르던 1743년에야 이탈리아어로부터 유래되었다. 하지만 독감은 이미 고대와 중세의 기록에 자주 언급된다. 기원전 400년대에 독감 증상과 유사한 질병이 히포크라테스에 의해 기록되었고, 1387년 중세의 기록에도 나타난다. 16세기에 유럽 전체에, 그리고 18~19세기에도 독감이 창궐했다. 그중 1918년에 있었던 스페인독감은 2500만 명에서 5000만 명의 목숨을 앗아갔다. 이 독감이 우리나라에서는 '무오년독감'으로 칭해져 740만 명을 감염시키고 14만 명을 희생시켰다. 1957년의 아시아독감, 1968년 홍콩독감, 1977년 러시아독감도 있었다.

그런데 1997년 특이한 독감 바이러스가 발견되었다. 홍콩에서 3세 아이를 호흡기로 감염시킨 것으로 알려진 독감바이러스는 인간 사이에서만 전염되는 것이 아니었다. 이 바이러스는 야생 조류에서 시작되어 가금류를 거쳐 사람에게 전파됐는데, 때로는 돼지의 몸속에 머물며 변형된 후 인간을 감염시켰다. 2009년 돼지독감은 전 세계에 퍼져 20억 명이 감염됐다. 돼지에 일단 들어간 조류독감 바이러스는 인간까지 감염시킬 수 있는 유전자 재배열이 일어난다. 돼지의 몸속, 또는 다른 야생동물 속에서 재배치된 바이러스가 인간에게 도달할 때쯤 바이러스는 돌연변이를 일으키기 때문에 예측 불허의 새로운 바이러스로 탈바꿈한다.

치명적인 바이러스를 통제하기 위해서는 사전 대책을 찾아야 한다. 한마디로 바이러스를 사냥해야 한다. 신종 바이러스의 순서는 항상 조류를 비롯한 야생동물에서 시작하여 가축을 거쳐 인간에게 퍼진다. 그렇기 때문에 인간에게 발병이 일어나기 전 단계에서 예측이 가능하며 그 바이러스를 찾아 차단할 수도 있다. 이번 '코로나19'의 전염성을 가장 먼저 보고한 것은 캐나다의 인공지능 기업 '블루닷'이었다. 이 기업은 2018년 12월 31일 전 세계 뉴스와 항공 데이터, 동식물의 질병 데이터 등을 수집하고

반텔리어 국립기념물

스페인독감 유행 당시
월터리드육군의료센터(1919, 워싱턴)

스페인독감 환자들을 수용한 미군 야전병원(1919,
룩셈부르크)

분석해 세계보건기구(WHO)나 미국 질병통제예방센터(CDC)에 앞서 '바이러스의 확산'을 경고했다. 이탈리아 로마에 본사를 둔 유엔식량농업기구(FAO)는 현재 야생동물에게 일어나는 일을 감시한다. 새들로부터 표본을 채취하고 야생동물의 질병을 모니터링해 세계 어느 지역에 독감바이러스가 있는지 살피고 인체 감염 여부를 분석하고 있다.

## 숙주의 조종을 막기 위한 동물들과의 공생

숙주를 조종하는 기생생물이 있다. 스탠퍼드대학교 의과대학 신경학과 교수인 로버트 새폴스키는 『마음의 과학』에서 인간 행동을 좌우하는 기생생물로 톡소를 소개하고 있다. 톡소플라즈마에 감염된 쥐는 더 이상 고양이를 두려워하지 않고, 오히려 고양이 오줌에 성적 흥분을 느껴 저돌적으로 접근한다고 한다.

　　　　　　　　　　　　　3부 현실에서 실재의 세계로

이유인즉 톡소는 쥐의 편도체에 기생하면서 공포와 불안을 담당하는 뇌의 뉴런들을 교란시키는 한편 성적 흥분 회로를 활성화한다. 결국 톡소의 숙주가 된 쥐는 고양이에게 잡아먹힐 가능성이 높아진다. 또한 동충하초 균류는 개미의 몸속으로 들어가 숙주를 조종한다. 개미로 하여금 집단을 떠나 나무 위로 올라가게 만들고 1.5미터 높이에 있는 나뭇잎에 죽은 듯 머물며 잎맥을 억센 턱으로 깊숙이 깨물도록 한다. 동충하초 균류는 개미 속에서 양분을 모조리 취한 뒤 빈 껍데기만 남은 말라빠진 개미 머리로 가느다란 한 줄기 실을 뻗는다. 이 줄기가 바로 동충하초다. 그 균사체 줄기 끝에 포자주머니를 매달았다가 포자를 방출한다. 땅바닥에 떨어진 포자는 또 다른 개미를 감염시킨다. 미생물이 숙주의 행동을 조종하여 후손을 이어간 것이다.

좀 엉뚱한 상상을 하자면, 지금 지구상에 만연한 독감바이러스는 톡소나 동충하초 균류처럼 자신들이 머무를 숙주들을 조종하고 있는지도 모른다. 바이러스는 전 세계에 골고루 퍼지고 싶어서 자신들의 숙주로 조류를 낙점해 두었다. 지구에서 개체수가 가장 많은 조류는 닭이다. 아니, 조류뿐만 아니라 땅 위의 짐승 중에서 가장 많다. 그래서 먼 훗날 지구에 남은 닭뼈들의 화석을 보고 지구를 '닭들의 행성'이라고 말할지도 모르겠다. 바이러스는 인간의 식성을 조종해 닭고기를 좋아하게 만들었다. 소고기나 돼지고기는 종교나 개인에 따라 싫어하는 경우가 있더라도 대부분의 사람들은 치킨을 즐긴다. 현재 닭의 개체수는 한 사람당 세 마리 꼴로, 한 해에 도살되는 닭만 해도 650억 마리가 넘는다. 아마도 바이러스는 인간을 조종해 닭을 양계장에서 대량 사육하게 했을 것이다.

에드바르 뭉크, 「스페인독감을 앓고 있는 자화상」(1919)

　많은 가축들은 닭들처럼 '공장식 축산'으로 생산된다. 사육 공장 안에 있는 동물들은 기본적인 행동조차 불가능한 환경에 방치되었다. 몸을 자유롭게 움직일 수도 없고 날개를 펼 수도 없는 철장 안에서 모이를 먹고 반복해서 알을 낳으며, 동료의 사체 위에서 깃털과 자신의 몸을 쪼아대며 이상행동을 보인다. 걸을 수 없을 뿐만 아니라 꼼짝도 못 하고 선 채로 배변조차 같은 자리에서 해결해야 한다. 죽은 동물들은 축사 안에 방치되어 있다가 왜 죽었는지도 모른 채 분뇨와 함께 버려진다.

인간, 동물, 환경 등 생태계 모두의 건강은 서로 긴밀하게 연결되어 있다. 이전엔 야생동물들이라도 서로의 종이 다르면 단기간에 감염되는 경우는 없었다. 하지만 비좁은 사육장과 비위생적인 도축, 그리고 무분별한 유통이 병행되면서 서로 다른 동물들에게서 나온 병균과 바이러스 등이 서로에게 옮겨 가더니 훨씬 더 강력해졌다. 조류독감이 널리 퍼지면 그해에 전 세계 사람들의 바이러스 감염률도 높아진다. 세계보건기구 추산에 따르면 평균 매년 10억 명이 독감에 걸려 65만 명이 사망한다고 한다. 그 수치는 더 높아질 전망이다.

찬란한 서양 문명을 꽃피웠던 고대 로마 제국도 5세기에 있었던 열대열말라리아 전염으로 폐허가 되었다. 당시 정치적으로 혼란했던 로마는 하천이나 해안 정비에 관심이 없었는데, 모기가 늘어나자 말라리아 감염은 통제 불능이 되었다. 사람들이 하천이 많은 전원을 피해 도시로 몰리면서 그 도시는 더욱 더러워졌다. 말라리아로 군대는 전투력을 상실했고 결국 게르만족의 침입으로 로마 제국은 멸망하였다. 제국이 계속되지 못했던 이유 중 하나는 전염병 때문이었다. 지금도 정확히 비슷한 상황이 전 지구에 발생하고 있다.

바이러스의 범유행을 보면서 인간과 인간, 인간과 동물 사이의 관계를 돌아보게 된다. 앞서 '절벽생태계'에서 구석기시대의 인간은 다양한 식물과 동물의 서식지인 절벽을 이용하여 거친 지구 환경과 과다한 스트레스를 견뎌 나갔다. 당시 생태계를 유지할 수 있었던 것은 인간과 조류, 포유류, 양서류, 파충류가 공생 관계에 있었기 때문이다. 우리는 지금 생태계 안에서 어느 정도의 공생을 하는 것일까? 조종하는 것일까? 아니면 조종당하는 것일까?

최근 들어 미래학자 제러미 리프킨(1945-)은 공생과 공감을 통해 '생활권'이 지속 가능하다고 주장한다. 이런 '생활권' 의식이, 달걀이나 새끼만 낳다가 '공장식 축사'에서 '살처분'되는 가축에게까지 확대된다면 지금의 바이러스도 더 강력해지지는 않을 것이다. 그럴 때 지구는 '닭들의 행성'이 아닌 '공생의 행성'이 될 것 같다. 동물과 공생할 수 있는 지구 공동체가 될 때 생태계는 건강한 모습으로 지속 가능하기 때문이다. 그 옛날 절벽생태계에서의 공생을 교훈삼는다면 지구 공동체는 지속 가능할지도 모른다.

환경인문학과 인류세

# 생태계를
# 회복하기 위하여

『총·균·쇠』의 저자로 잘 알려진 재러드 다이아몬드(1937-)는 문명이 붕괴되는 가장 큰 원인 중 하나를 "이해관계의 충돌"로 본다. 정책을 결정하는 엘리트들의 단기 이익과 사회 전체의 장기 이익이 충돌할 때 단기 이익이 선택되어 그 집단 전체가 붕괴에까지 이르게 된다고 한다. 이런 현상은 집단만의 문제가 아니라 지구 전체의 운명과도 직결된다.

## 닭뼈와 플라스틱 행성

지구상에 생물이 출현한 이래 다섯 번의 대멸종이 있었다. 그 멸종으로 지구는 생물종 75퍼센트 이상을 잃었다. 일각에서 현재 지구는 여섯 번째 대멸종을 겪고 있다고 한다. 다른 대멸종에선 화산 폭발이나 운석 충돌이 용의선상에 올라 있지만, 이번에는 인류가 유력한 용의자로 지목되었다. 산업혁명이 시작된 18세기 후반 이후 지구 온난화, 해수면 상승, 오존층 파괴 등이 나타났는데, 그 직접적 원인이 인간에게 있기 때문이다. 이런 이유로 2000년 2월, 대기화학자이자 오존층 연구로 노벨화학상을 수상한 폴 크루첸(1933-)은 지금의 지질 시대를 '인류세(Anthropocene)'라 부를 것을 제안했다.

지질 시대는 지질학적 특징을 따라 대(era), 기(period), 세(epoch)로 구분되는데, 예를 들면 21세기는 신생대 4기 홀로세에 속해 있다. 하지만 크루첸은 이 시대를 인류세로 호칭해야 한다고 주장했다. 이에 동조하는 많은 과학자들의 지지를 얻어 구성된 인류세 워킹그룹(AWG, Anthropocene Working Group)은 2021년까지 인류세 지정에 대한 공식 제안서를 지질 시대를 정의하는 국제층서위원회에 제출할 계획이다. 단 이들은 폴 크루첸과는 달리 원폭 투하가 있었던 20세기 중반을 인류세의 시작으로 본다.

그렇다면 인류세의 흔적으로 남을 지질학적 특징은 무엇일까? 주로 거론되는 것으로 최고치의 이산화탄소 배출량, 합성유기화합물, 플라스틱, 살충제, 방사능물질, 불소가스 등이 있다. 그 밖에 핵실험으로 인한 방사성 낙진, 희토류 원소, 콘크리트, 알루미늄이나 납 등의 금속도 그 흔적으로 꼽힌다. 인간이 만든 화학물질들은 지구온난화, 해수면 상승, 이상기후, 바이러스 확산 등의 원인이 된다.

2019년 유럽환경청의 보고에 따르면, 유럽 전체 바다의 75퍼센트가량이 오염되었는데, 그중 플라스틱 쓰레기의 피해도 심각하다. 코에 긴 빨대가 박힌 거북이, 플라스틱과 비닐을 먹고 죽은 고래, 미세플라스틱이 축적된 플랑크톤 등 사람이 무심코 버린 플라스틱 때문에 바다 동물들이 목숨을 잃고 있으며, 해양생태계가 파괴될 지경에 이르렀다. 그뿐만 아니라 생물상의 급격한 변화도 인류세의 큰 특징이다. 특히 양계장에서 기르는 닭의 경우, 지구에 사는 모든 조류를 합친 것보다 더 많기 때문에 인류세를 상징하는 유력한 지표 화석이 닭뼈일 가능성이 높다는 주장도 나오고 있다.

## 환경인문학이란 무엇인가

　21세기 세계 환경 변화의 주요 원인은 인간과 관련되어 있다. 환경 문제는 거기에 내재된 인간의 가치 문제와 연결된다. 인간이 선호하는 행동과 관행이 환경에 영향을 미친 것이다. 인간의 선호는 그 사람이 가진 동기와 신념, 가치에 따라 달라진다. 그렇다면 산업사회가 일으킨 심각한 환경 파괴로부터 지구 생태계를 구하기 위해서라도 우리의 가치관은 바뀌어야 할 것이다. 가치관 형성에는 철학, 역사, 언어와 문학, 종교, 심리 등이 작용하는데, 근대 이후 숫자와 통계로 객관성이 확보되다 보니 이런 분야에 주의를 덜 기울인 것이 사실이다. 환경 분야에서도 마찬가지였다.

　지난 2013년 '환경인문학연구소(Humanities for Environment, HfE)'가 설립되었다. 전 세계 180개 이상의 인문 기관의 CHCI (Consortium of Humanities Centers and Institutes)에서 지구환경변화를 인문학 연구에 초점을 맞춰 연구하고자 설립하게 된 것이다. 이 연구소는 환경과 관련된 문학, 역사, 철학, 예술을 연구하기 위해 다양한 분과를 조직하여 "인류세에 있어 인문학의 역할은 무엇인가?"라는 주제로 북미(애리조나주립대학교, 웨이크포레스트대학교, 클라크대학교), 유럽(트리니티칼리지 더블린), 호주(시드니 대학교) 등 3개 대륙의 인문 센터들을 모았다. 각 센터에는 지역사회, 기업, NGO, 정부 및 학술 협력자가 포함되었다. 연구소는 이 특별한 주제의 인문학을 '환경인문학(Environmental Humanities)' 또는 '생태인문학(Ecological Humanities)'이라 지칭하고, 전 세계 환경 도전에 대한 보다 광범위한 인식과 이해, 보다 효과적인 참여를 유도하고 있다. 그 결과 전통적인 인문학의 범위를 넘어 친환경과 물질에 관련된 주제를 연구한다.

또한 '환경인문학'은 환경 문제에 대한 새로운 사고방식을 만들고자 여러 분야의 방법을 융합한다. 과학과 인문학 사이뿐만 아니라 자연과 문화 사이의 전통적인 격차를 좁히며 정의, 노동, 정치에 관한 인간의 문제에 얼마나 많은 환경 문제가 이미 복잡하게 얽혀 있는지를 밝히고 있다.


## 생태학에서 생태인문학으로


'환경인문학'이라는 이름과 함께 사용되는 '생태인문학'은 그동안 발전했던 생태학의 문제를 인문학과 연결시키려는 의지를 담고 있다. 이때 생태계의 범위를 어디까지 둘 것인지에 따라 많은 논란이 생긴다. 생태학을 뜻하는 영어 'ecology'에서 '에코'는 '집', '세간', '살림'을 뜻하는 그리스어 '오이코스(oikos)'에서 첫 음절의 이중모음 '오이'가 '에'로 축약된 것이다. 뒤의 '로지'는 '언어', '이성', '원리'를 뜻하는 '로고스'에서 왔다. 그렇다면 생태학은 '집, 세간, 살림에 관한 이야기 내지 원리'를 뜻한다. 이때 '에코'란 집이나 가족에서 시작하여 일정한 지역사회의 생물과 무생물의 환경이라는 좁은 의미에서 지구 전체 환경을 포함하는 넓은 의미를 가진다.

생태인문학 내지 환경인문학으로 해석되는 다음의 사례를 보자. 모기를 매개로 세계에 엄청난 피해를 입히는 전염병들이 있다. 말라리아, 지카바이러스 질병, 뎅기열 등이다. 아프리카와

바다새들이 플라스틱 쓰레기를 집짓기에 사용하다 먹기도 하면서 죽곤 한다.

플라스틱 골프티스를 물고 있는 새

'기후정의'를 외치는 아이들

비닐봉지를 물어뜯고 있는 술회색랑구르 원숭이

'기후정의' 시위자 (2019년)

**레이첼 카슨**

중남미, 인도는 물론 동남아시아에서 집중적으로 기승을 부린다. 이런 질병들은 1980년대 이전까지는 살충제 DDT로 퇴치할 수 있었다. 하지만 매해 5000건에 불과하던 말라리아 발생이 1999년 별안간 5만 건으로 늘어났다. 인도의 경우 10만 명으로 줄었던 말라리아 환자의 수가 약 300만 명으로 다시 늘어났다. 이런 피해는 개발도상국가들에서 특히 두드러졌다.

1970년대 이후 DDT 사용이 금지된 이유는 해양생물학자인 레이첼 카슨(1907-1964)의 사상이 미국을 넘어 전 세계로 파급되었기 때문이다. 그녀는 『침묵의 봄』에서 DDT와 같은 합성 살충제가 자연계와 인간에게 얼마나 위험한지를 구체적으로 파헤쳤다. 농산물의 수확량을 높이기 위해 뿌린 DDT가 토양과 지하수를 오염시키고 강과 호수로 스며들어, 플랑크톤에서 큰 물고기에 이르는 생태계 순환 과정에서 축적된다. 매우 안정된 화학 구조라 쉽게 분해되지 않고, 한번 체내에 흡수되면 지방조직에 저장돼 쉽게 배출되지 않는다. 우리나라에서도 금지된 지 40년이 흘렀지만 신생아들에게서 검출되었으며, 2017년에는 계란과 닭에서도 다량의 DDT가 나와 문제의 심각성을 절감케 했다.

현재 DDT는 대부분의 국가에서 판매 및 사용이 엄격히 금지됐다. 하지만 금지와 함께 말라리아나 뎅기열, 기타 곤충에 의해 전염되는 질병이 다시 기승을 부리기 시작했다. 우리나라에서는 DDT의 도입 이후 사라졌던 머릿니가 2018년 초등학생에게서 나타났으며, 2020년 2월에는 프랑스 파리에 때 아닌 빈대가 창궐했고, 북아프리카에서 중동, 인도를 거쳐 중국에 메뚜기떼가 나타나기도 했다. 이런 경우 생태계를 보전하고 환경오염을 막기 위해 DDT를 전 세계에서 금지하는 것이 옳은 것인가, 아니면 사용하는 것이 바른가에 대한 고민이 생긴다.


## 환경(생태)인문학의 역할

2006년 WHO는 사실상 DDT를 사용하도록 하는 발표를 했다. 물론 실내 벽면이나 지붕, 축사 등에 제한적이었지만, 인명을 구할 수 있다는 판단에 따른 것이다. 이런 결정에 대해 환경단체에서는 무조건적인 반대가 있었다. 환경주의자들의 반대를 무릅쓰고 DDT가 다시 허용되기까지 많은 시간이 걸렸다. 이와 비슷한 상황은 계속 발생할 때마다 환경단체의 원칙을 예외 없이 고수해야 할지 주저하게 될 것이다. 하지만 사회생태학을 주장한 미국의 사상가 머레이 북친(1921-2006)은 일방적인 생태운동에 대해 그 위험성을 일깨우고 있다.

어떤 생태운동은 기괴한 혼합물로서, 어떨 때는 생태파시즘의 색깔을 띠기도 한다. (……) 히틀러가 '인구 통제'라는 명목 아래 수백만의 사람들을 아우슈비츠 같은 살상의 막사로 보내도록 한 '피와 흙'(민족과 자연)이라는 이론을 고안한 것은, 바로 이런 종류의 조악한 생태야성주의로부터였다.

—머레이 북친, 『사회생태학 대 심층생태학: 생태학 운동을 위한 도전』에서

머레이 북친의 주장에 따라 판단하건대, 혈통과 자연 보전을 명분으로 제3세계의 인명 피해에 눈을 감는 태도를 보인다면 그것은 또 다른 폭력, 즉 '생태파시즘'이 될 것이다.

그렇다면 그런 위험에 빠지지 않을 수 있는 방법은 무엇일까? '환경인문학'은 환경 문제에 있어서 가장 심각한 인명 피해가 오염된 환경 자체보다 가난 때문이라는 교훈을 얻었다. DDT 금지와 같은 환경운동은 잘사는 나라에선 인체에 피해가 적은 살충제가 사용되어 문제가 없지만 그것을 살 수 없는 빈곤국에선 오히려 더 큰 재앙을 일으켰다.

선진국의 많은 환경운동가들은 DDT 금지 운동을 성사시켜 새들의 죽음으로 침묵했던 봄을 깨우고 생태계를 복원하며 지구를 살렸다고까지 확신했지만, 빈곤 지역에 사는 수십만, 수백만의 인명을 죽음으로 내몬 셈이었다. 만일 환경운동이 거대 제약 기업들로 하여금 저렴하면서도 덜 해로운 살충제를 새로 개발하도록 했다면 얼마나 좋았을까? 하지만 현재까지 그런 살충제는 개발되지 않았다. 가난한 국가들을 위해 많은 비용을 들여서 신약을 개발하는 것이 제약 회사로서는 수익이 나지 않기 때문이다.

선진국이 경제 성장으로 온실가스를 뿜어내고 있을 때 빈곤국은 점점 더 늘어나고 있다. 전 세계에 사막화가 진행되어 해마다 식량 2000만 톤이 사라지고 있다. 한국에서 7년간 생산된 쌀이 매년 없어지는 꼴이다. 물 부족을 겪으며 전기를 사용할 수

없고, 화장실이 없는 환경에 사는 가난한 사람들은 오염된 지하수를 먹고 전염병에 시달린다. 20초에 한 명, 하루에 4000명이 목숨을 잃는데, 희생자는 대부분 아이들이다. 잘사는 계층이 경제 성장을 이루는 대신 그 역습을 받는 계층은 가난한 사람들이다. 그런 상황에서 선진국과 제3세계에서 동일한 환경운동을 전개하는 것에는 문제가 있다.

'환경인문학'은 사회와 자연이라는 환경에 인문학이 어떤 기여를 할 수 있는지를 파악한다. 환경 문제의 경우 하나의 원칙만을 내세우는 것이 아니라, 여러 지역의 환경과 능력, 그리고 다른 대안을 사용하는 정치적, 제도적, 문화적, 인지적 요인을 연구하고 반영한다. 또한 과학적 분석을 토대로 인류의 경험과 호기심, 상상력을 반영하여 아직까지 미처 떠올리지 못했던 통찰력을 보여주려고 한다. 그래서 서두에 밝혔던 '이해관계의 충돌'이 있을 때 '환경인문학'은 그 생활권 영역 안에서 사회-생태적으로 지속 가능한 장기 이익이 될 수 있도록 의견을 제시할 것이다. 환경에 대한 인문적 관심이 절실한 이유가 바로 '사회-생태적 지속 가능성'에 있는 것이다.

# 공진화를 꿈꾸며

그리스 신화에 보면, 묘책이 전혀 없는 문제로 '한 가닥 실로 달팽이집 꿰기'가 출제됐다. '밀랍 날개'로 탈출한 다이달로스가 이 난제를 풀었다. 실을 개미에 묶어 달팽이집을 돌아 나오게 했다. 단순한 생명체가 고도의 지능을 가진 인간보다 나은 법. 개미는 군집을 할 때 더욱 놀라운 지혜를 번뜩인다. 분업으로 집을 짓고 먹잇감을 구하는가 하면 어느 곳에서든 도구도 없이 귀갓길을 절대 잃는 법이 없다. 심지어 뇌가 없는 아메바나 짚신벌레도 생명을 유지하고 보존한다. 그동안 인간은 자신의 지능만 굳게 믿어 자연 파괴와 생명 경시를 일삼았다. 물질을 과소평가하고 자원 남용을 부추겼다. 이제 우리는 자연의 신뢰를 잃은 듯 계속된 재앙을 맛본다.

## 인간중심주의에서 벗어나 물질로 눈을 돌려보자

무생물인 자연은 뇌 없이도 대단한 일들을 벌인다. 예를 들어, 지구의 대기권과 해양, 호수, 하천 같은 수권의 결합체계(coupled system)는 특정한 바람의 흐름을 만든다. 때때로 그 진행 방향이 예측을 벗어난 변덕쟁이 태풍과 허리케인을 발생시키기도 한다. 이런 자연재해는 뇌와는 전혀 무관한 물질 자체의 작용으로 발생한다.

물질에 대한 사고의 전환은 이른바 '신유물론(New Materialism)'이라는 이름으로, 마르크스의 유물론과는 전혀 다른 방향으로 전개되었다. 68혁명으로 1970년대에 인기를 끌었던 마르크스주의가 사라지고, 1980년대부터 1990년대에 언어에 관심을 두는 후기구조주의가 호평을 받았다. 그러면서 이전 사상들이 현실을 등한시한다는 비판과 함께 현실에 바탕을 둔 사상을 모색하게 되었다. 이윽고 언어적 패러다임 대신 사회현상을 물질의 관계로 이해하는 신유물론이 등장하였다.

로시 브라이도티

'신유물론'이라는 용어를 1990년대 중반에 처음 사용한 사람은 마누엘 데란다(1952-)와 로시 브라이도티(1954-)였다. 영화 제작자, 컴퓨터 프로그래머, 건축가, 철학자였던 데란다와 페미니즘 철학자인 브라이도티에 의해 이 용어는 각각 독립적으로 사용되었지만, '인간중심주의'에서 생물과 무생물을 모두 포함한 '물질중심주의'로의 전환을 일깨웠다. 마르크스의 유물론에 빗대어 다시 부각된 물질론이기 때문에 '새로운(new)'이라는 말을 유물론에 붙여 '신유물론'이라 하였다. 하지만 패러다임에 있어 '신유물론'은 마르크스가 상품만을 '유물'이라고 한 것과 큰 차이를 보인다.

이것은 유물론을 철저히 다시 읽도록 이끌며, 그것의 엄격한 마르크스적 규정으로부터 분리된다. (……) 푸코의 신유물론, 즉 들뢰즈에 의해 제안된 새로운 물질성은 (……) 페미니즘 이론을 위해 돌이킬 수 없는 위치를 차지하고 있었다.

브라이도티에 따르면 마르크스는 인간중심적이었다. 서구 휴머니즘의 전통 속에서 마르크스는 인간을 염두에 두었기 때문이다. 마르크스의 유물론은 산업혁명으로 눈부시게 발전했던 증기기관이나 연료, 기계 등에 대해선 다루지도 않고 인간의 노동 분석에만 집중했다. 당시 인문학과 사회과학은 이성과 자유를 지닌 인간은 인과율의 지배를 받는 사물과 질적으로 다를 뿐만 아니라 우월하다고 생각했다. 그래서 인간이 야생의 자연을 지배하고 정복하여 찬란한 문화를 꽃피우는 것은 당연한 일이었다. 또한 인간의 역사는 자연의 물질과 무관하게 전개되고 발전한다고 전제했다. 반면 신유물론은 인간의 손이 미치지 못한 자연물과 장소뿐만 아니라, 인공물과 과학기술 등 인간 자체가 아닌 모든 사물과 그 사이에서 일어나는 현상에 관심을 가졌다.

인용문에는 브라이도티와 데란다에게 영향을 끼친 선대의 학자로 미셸 푸코(1926-1984)와 질 들뢰즈가 언급되고 있다. 물론 이들은 '행위자-연결망 이론(Actor-Network Theory)'을 주창한 브뤼노 라투르(1947-), 유물론 페미니스트 생물학자인 다나 해러웨이(1944-)와 행위자적 물질론을 전개한 철학자 카렌 바라드(1956-)를 비롯한 일군의 신유물론자들의 저서에서 심심찮게 거론된다. 푸코와 들뢰즈는 대표적인 68혁명 학자로서 공통적으로 마르크스주의 철학자 루이 알튀세르(1918-1990)의 「우발성의 유물론을 위하여」를 연구한 것으로 알려져 있다. 이미 마르크스의 유물론을 넘어서려는 움직임이 신유물론으로 표명되기 전에 30여 년간 줄곧 시도되고 있었다. 그러면서 물질성은 현대 과학과 정신분석학의 영향 아래 재규정되었고, 발전된 자본주의의 상호 작용 안에서 비판적으로 탐구되었다.


## 이원론에서 일원론으로

신유물론의 가장 놀라운 용기는, 물질과 정신, 자연과 인간, 객체와 주체를 분리하는 이원론을 뜯어내고 그것을 인간중심주의의 원흉으로 지명한 점이다. 이원론은 자연 파괴와 자원 낭비의 죄목으로 대충 몽타주를 만들어 수배됐지만, 그 범죄의 심연에는 그릇된 물질관이 도사리고 있었다. 인간으로만 구성된 집단이라 해도 거기엔 일말의 물질이 있기 마련이다. 삶은 상호관계 속에 있는 사물의 매개 없이는 지속될 수 없다. 그런데도 물질 자체인 세계를 물질과 따로 떼어 사고하도록 북돋운 것이 정신과 물질의 이분법이었다.

신유물론은 근대적 이원론을 처단하고 일원론을 주장했다. 우리는 주체와 객체의 분리 없이 일체가 되는 경험을 간혹 한다. 예를 들어 명연주자가 악기를 다루거나 레이싱 드라이버가 경주용 코스를 달릴 때, 명필가가 일필휘지로 한시를 써 내려갈 때 각 신체와 물체는 하나가 되어 움직인다. 이들이 이런 행동을 할 때 몸에 밴 습관처럼 움직이는 것이 관찰된다. 우리도 가끔씩 입고 있는 옷이나 안경, 컴퓨터 자판이나 마우스 등이 살갗이나 눈, 손가락 등으로 느껴질 때가 있다. 이런 일원론을 설명하기 위해 신유물론은 일원론의 핵심을 인간도 물질이라는 사실에 두고, 인간이 물질과 마찬가지로 환경에 적응하면서 변한다고 하였다.

인간과 물질은 한쪽만 일방적으로 변하는 것이 아니라 함께 변화해 가는 '공진화(co-evolution)' 과정을 거친다. 물질의 특성은 분자들의 배치에 따라 달라지는데, 분자의 배치를 바꾸면 목재도 딱딱하게, 금속도 물렁하게 할 수 있다. 인간도 분자로 구성되어 있기 때문에 10억 분의 1미터인 '나노' 차원에서 배치만 살짝 바꾸면 물질에서 일어나는 변화와 동일한 법칙이 적용된다. 정통 진화론에서는 서로 다른 종의 개체가 '공진화'를 한다고 여기지 않았지만, 최근에는 종들의 변화를 전체적으로 이해하기 위해 다른 생물종 간의 상호 작용을 받아들인다. 이런 공진화는 생물 간에만 일어나는 것이 아니라 생물과 무생물 사이에서도 일어난다. 인간이 자기가 만든 기계와 상호 작용하면서 인간과 기계의 공진화도 일어난다. '공진화'에서 비로소 인간과 물질의 일원론이 가능해졌다.

물질 간의 공진화에 있어서 영향을 주고받을 때 영향을 끼치는 '행위자'는 인간 행위자에서 비-인간 및 무생물에까지 확장된다. 변화란 행위자가 수행하는 것으로 배치와 배치물이 바뀌면서 행위자도 다른 개체로 바뀌게 된다. 그러므로 신유물론은 인간만이 우월한 주체라는 아집에서 벗어나 생물과 무생물의 배치와 배치물의 이해에 초점을 둔다. 공진화, 행위자, 배치를 통한 일원론이 과학, 철학, 지리학 및 페미니즘까지 포함하는 원리로 한참 전개되고 있다. 물질론적 일원론이 늘 변화하는 세계를 좀 더 분명하게 이해할 수 있도록 한다.

## 너는 흙이니 흙으로 돌아가리라

이 세계의 변화를 물질들의 상호작용과 공진화로 본다면 생명현상은 거기에 어떻게 관여할까? 이 물음은 생명이 있는 생물과 무생물의 공진화가 진정 가능할지에 대한 물음에 닿아 있다. 신유물론의 효시쯤 되는 질 들뢰즈는 우리 몸의 생명현상도 물질들 속에서 되풀이되는 일종의 습관이라 말한다.

> 심장, 근육, 신경, 세포 등에는 어떤 영혼이 있다고 해야 한다. (……) 이 영혼의 모든 역할은 습관을 붙이는 데 있다. (……) 물, 질소, 탄소, 염소, 황산 등으로 이루어져 있으며, 그래서 자신을 구성하고 있는 모든 습관들을 서로 얽고 조여 매고 있다.
>
> —질 들뢰즈, 『차이와 반복』에서

인용문에 따르면 영혼은 심장을 비롯한 생물의 각 장기와 신경, 세포에 깃들어 있다. 분명 생물이 살아서 숨 쉬도록 하기 위해서는 뭔가 작용하는 행위자가 있어야 하는데, 그게 바로 영혼이다. 그런데 그 다음 문장에서 영혼은 분자로 구성되었으며 생명체에 습관들을 조여 매고 있다고 한다. 여기서 습관이란, 이 책의 제목 '차이와 반복'에서 추측할 수 있듯이 '반복'을 말한다. 그렇다면 영혼이란 물질 분자로 구성되어 장기와 세포, 신경으로 하여금 계속 변하여 '차이'를 일으키며

'반복'하도록 한다는 것이 분명해진다.

영혼은 생명들에게 분자들이 상호 작용하여 공진화를 반복하게 한다. 거기엔 영혼이 더 우월하다는 이유로 내장과 신경, 세포에게 '갑질'할 수 없다. 신유물론에서 물질세계의 내용은 지속적인 공진화 과정이다. 세계는 물질들의 연관을 통해 항상 변화하고 있다. 물질은 이 변화하는 세계에서 상호 영향을 주고 있다. 생명현상도 그 안에서 일어난다. 어떤 경우에는 질소가 '행위자'가 되고 어떤 경우에는 탄소가 또 그렇게 되어 번갈아 작동한다.

무기질에서 생명성을 발견한 또 한 사람을 든다면 들뢰즈보다 한 세대 앞선 프랑스 철학자 가스통 바슐라르(1884-1962)일 것이다. 그는 '흙'에서 모든 물질들이 "올바른 생태계"를 구성한다고 했다. '흙'을 통해 암석, 퇴비, 광물과 같은 무기질이 유기질과 서로 작용하여 '상호 공명(résonance réciproque)'되는 일종의 배치가 만들어진다고 보았다.

가스통 바슐라르

이쯤에서 성서에 기록된 최초의 인간 아담이 흙으로 만들어졌다는 언명이 의미심장하게 다가온다. 히브리어로 '흙'을 뜻하는 아담에게 "너는 흙이니 흙으로 돌아가리라."(「창세기」 3장 19절)라는 명이 주어졌다. '흙 인간'은 채소와 과실로 생명을 유지하는데, 채소와 과실은 원래 신이 직접 창조한 것이 아니라 땅이 그 열매를 맺도록 땅에게 위임된 것이었다. 이후 땅의 작용으로 나온 식물을 '흙인간'이 경작한다. 오랜 세월이 흘러 아담의 후손 아브라함은 이런 인간의 운명을 받아들이고 '흙과 같은 나'(「창세기」 18장 27절)라고 고백한다. 그 점에서 바슐라르가 말한 '흙(땅)의 상상력'은 아주 의미심장하다. 물질과의 울림인 '상호 공명'은 나는 '흙'이라는 겸허한 자각 속에서 사회와 국가, 세계와의 어울림으로 나아갈 수 있기 때문이다.

> 인간은 자기가 다른 존재와 달리 특별하다는 순진한 자존심만으로는 스스로의 정체성을 확보할 수 없다. 인간은 진화하는 존재이고, 특히 현대에는 기계와 함께 진화한다.
> **—브루스 매즐리시, 『네 번째 불연속: 인간과 기계의 공진화』에서**

오늘날 기계와의 공진화를 목전에 둔 우리에게 신유물론은 무엇보다 절실하다. 이 세상이 딱딱하게 굳어진 흙덩이가 아닌 탱탱하고 보들보들한 살결로 인간과 함께 공진화되기를 꿈꿔 본다.

파국 이후, 다가올 미래를 대비하기 위해서라도 지금부터 그 의미를 곱씹어 보자. "너는 흙이니 흙으로 돌아가리라."

## 에필로그

　이 책의 기본 구상은 2019년에 있었던 학술 세미나와 관련된다. 필자는 2019년 6월 베네치아국제대학교에서 "인문학은 이 행성을 어떻게 구할 수 있을까?"라는 주제의 세미나에 참석했다. 문학, 역사, 철학, 예술 전공자들과 함께 지구 환경 변화에 대한 인문학의 역할을 재조명하기 위한 모임이라 기대가 컸다. 라틴 고전에 나타나는 키케로의 '인문학'과 현대 철학자 질 들뢰즈식 '브랜드' 개념으로 필자는 참여 신청을 했고, 다행히 허가를 받았다. 마침 첫 모임 장소인 영접관에 전시된 '알렉산더 맥퀸'에 대해 아주 상세하게 해설할 기회도 얻었다.

　네 명의 교수가 세미나를 주도했는데, 보스턴칼리지에서 신유물론을 가르치는 엘리자베스 윌리스 교수는 철학사에 나타나는 '휴먼'의 개념 변화를, 텔아비브대학교에서 르네상스를 가르치는 도릭 타나이 교수는 환경론적 휴머니즘을, 베네치아의 카포스카리대학교에서 문학을 지도하는 사울 바치 교수는 생태학적 문학과 지구 환경을 가르쳤다. 뮌헨대학교 독일박물관의 책임연구자인 헬무스 트리슐러 교수는 인류세와 환경인문학 강의를 해주었다. 미국, 독일, 이탈리아, 러시아, 스위스, 벨기에, 중국, 일본, 인도, 네팔, 이스라엘 등에서 온 참석자들은 전 세계적으로 벌어지고 있는 환경 도전에 대한 광범위한 인식과 이해를 공유했다.

세미나는 주로 오전에 진행되었고, 오후에는 박물관과 전시관, 특히 비엔날레와 갤러리, 인근 섬의 유적지 등을 견학하는 일정이 주어졌다. 오후 견학을 일례로 든다면 이런 식이다. 점심을 먹고 지도교수를 따라 참석자들은 한 교회 건물로 들어갔다. 입구에는 "조안 조나스의 전시관"이라는 현수막만 있을 뿐 다른 어떤 사전 지식도 없었기 때문에 전시 책자를 보고서야 전시 제목이 「Moving Off the Land II」라는 것을 알았다. 바다로 들어간 사람들, 그리고 수중동물과 이종교배된 사람들의 모습이 전시되는 사진과 비디오가 대부분이었다.

한 시간 남짓 관람을 마치고 건물 옆 파라솔 그늘 아래에서 일행들은 저마다 느낀 점을 말했고 자연스럽게 토론으로 이어졌다. 당시 보스턴칼리지 박사생들이 조교를 맡아 토론을 진행했는데, 저마다 관심 분야의 관점에서 질문을 던지면 그것에 대해 누구나 코멘트를 할 수 있었다. 필자는 이종교배를 통한 그로테스크, 플라톤의 『티마이오스』에 나타나는 아틀란티스섬이 화산 활동으로 바다에 가라앉은 이야기, 알렉산더 맥퀸이 플라톤에게서 영감을 받아 만든 "아틀란티스 컬렉션" 등의 이야기를 했다. 모두 생각나는 대로 말하고 질문하고 답하면서 대화는 계속 이어졌다. 더 이상 어떤 코멘트도 없을 때마다 교수들이 한마디씩 거들었지만 토론을 주도하지는 않았다. 두 시간에 걸쳐 여러

　　　　　　　　　　　　　　　　　　　　　　　**에필로그**

주제들이 논의된 후, 인간이 육지를 떠나 바다로 갈 수밖에 없다는 이 전시회의 제목이 결국 환경 문제로 귀착된다는 점을 실감했다.

견학 이후 일정은 팀별로 진행되었는데, 필자는 주로 예술사와 철학을 전공하는 스위스와 벨기에 박사생들, 이탈리아 저널리스트와 한 팀이었으며 특히 인근 섬들을 여행할 때는 역사를 전공한 러시아와 독일 박사생들과 함께했다. 저녁엔 룸메이트였던 뮌헨대학교 환경학 박사생들과 시간을 보냈다. 강행군의 일정으로 지칠 즈음에는 베네치아의 라군 축제가 기다리고 있었다. 세 번의 밤 시간을 축제의 일부인 재즈페스티벌에 참석했던 일이 색다른 경험이었다. 도시 전체가 20여 개의 박물관과 여러 사조의 건축물, 그리고 비엔날레, 전시실로 가득하여 인문학을 이해하는 데 큰 도움을 얻었고, 참석자들과의 대화를 통해 수많은 통찰이 번뜩이는 값진 경험을 할 수 있었다.

한 달여의 베네치아 생활을 마치고 귀국하여 뜻밖의 제의를 받았다. 처음으로 거행되는 "BTS 인사이트 포럼"에서 '서사를 가진 브랜드의 힘'이라는 주제로 강의를 요청받은 것이다. 그동안 저술을 준비하던 「덕후, 게임, 그리고 은둔형의 인문학」 문제를 녹여 세계적으로 일어나고 있는 'BTS 현상'을 '데이터베이스화된 서사'로 해석했다. 또한 2019년 8월부터 《경향신문》 기획특집으로 지면의 한 페이지 전체를 할애받아 30회 연재할 기회를 얻었는데, 베네치아에서 얻은 경험, 'BTS 현상'을 비롯한 대중문화, 그리고 그리스와 라틴 고전에 대한 생각들을 정리할 수 있었다. 이 책은 그 글들을 다시 보완한 것으로 바탕에는 환경인문학 포럼을 지도한 엘리자베스 월리스 교수의 신유물론, 도릭 타나이

베네치아국제대학교 세미나에서(오른쪽이 필자)

교수의 르네상스와 환경인문학, 사울 바치 교수의 생태학적 문학, 헬무스 트리슐러 교수의 박물관학과 인류세 이론 등이 녹아 있음을 밝힌다.

　　제목을 정하기까지 꽤 오랜 시간이 걸렸다. 마지막 원고가 2020년 3월 초에 완성되고 9개월만이다. 애초에 연재된 제목인 '물질인문학'으로 내려고 했는데 좀 딱딱한 감이 있었다. 다른 제목을 붙이기로 하고 보니, 막상 '물질인문학'이라는 관점을 지닌 마땅한 단어가 쉽게 떠오르지 않았다. 오랜 고민 끝에 "인공지능과 흙"이라는 제목을 민음사 양희정 부장으로부터 제의받았다. 책에 대한 조언과 이미지를 준비한 정성어린 편집에도 감사 드린다.

## 인공지능과 흙

1판 1쇄 찍음  2021년 3월 15일
1판 1쇄 펴냄  2021년 3월 20일

지은이    김동훈
발행인    박근섭·박상준
펴낸곳    (주)민음사

출판등록  1966. 5. 19. 제16-490호
주소      서울특별시 강남구 도산대로1길 62(신사동)
          강남출판문화센터 5층 (우편번호 06027)
대표전화  02-515-2000  |  팩시밀리  02-515-2007
홈페이지  www.minumsa.com

ISBN 978-89-374-4431-9  (03100)